U0645681

照片专题摄影：纪实摄影师　黄亦民

照片专题策划、编辑：广州岭南文化研究会项目总监、广州市社会科学院
　　　　　　　　　城市文化研究所客座研究员　赵安然

▲ 白鹅潭疍家（水上居民）的木船停靠在芳村一带岸边，远处的白天鹅宾馆是1983年开业的中国第一家中外合作的五星级宾馆，也为广州人打开了一扇通往世界的"窗口"，开启了改革开放后人们认识"广式生活"的全新视角。　1984年摄

▲ 20世纪80年代，舞厅被解禁。广州的年轻男女在北京路青年文化宫跳交谊舞，曾是广州人时尚活力的体现。 1984年摄

▲ 冰箱、彩电、自行车是广州改革开放的"新三样"，但20世纪80年代，购买彩电要凭券到广州市旅游商品商店购买。1985年摄

▲ 20世纪80年代的广州文化艺术界迎来了"思想开放"，广州文化公园首次展出人体油画。1986年摄

▲ 为举办第六届全运会，广州自 1984 年开始兴建天河体育中心，当时周边还没有高楼大厦。天河体育中心于 1987 年建成。1987 年摄

▲ 改革开放后的广式生活开始讲究"扮靓"，20 世纪 80 年代惠福西路开了新潮的发型屋，满足年轻男女"扮靓"的需求。 1988 年摄

▲ 吃炖品、喝老火汤是广式生活的美食表达。食客在路边的炖品店赏味，可以坐也可以站着。只要价钱实惠、味道出众，自然不乏"饕餮"光顾。1989 年摄

▲ "食在广州"的金字招牌享誉国内外。中国出口商品交易会最早在流花路展馆举办，"广州食街"主办机构利用休会期间特地在广场展示知名广式美食，食客冒雨打伞品尝裹蒸粽。1989 年摄

▲ 广州年轻男女开始举办婚礼、穿西装、着婚纱。第十甫路的一家婚纱店橱窗销售从台湾进口的婚纱。 1989年摄

▲ 改革开放后广州个体工商户涌现，西湖路、惠福西路的个体服装档口是广州服装业和外贸的重要起源地。1990年摄

▲ "统一祖国，振兴中华。"位于人民北路的"广州站"不仅是广州往来全国的火车枢纽站，更是南来北往的人们相约"碰头"的地标。而且，每当有盛事在广州举办，这里都会拉起祝贺标语——1991年，这里就竖起了标语牌，祝贺第一届世界女子足球锦标赛在广州举办。1991年摄

▲ 改革开放带来的自由贸易基本覆盖广州人的衣食住行。年轻人喜欢到鞋店选购自己喜欢的皮鞋。
1992 年摄

▲ 逛花市是广州人过新年的习俗，20世纪90年代，幼儿园也组织小朋友逛越秀区西湖花市，拉着衫尾排着队，成为花市的一道风景线。 1992年摄

▲ 广州历来是文化艺术演出的首选地。20世纪90年代，广州友谊剧院率先举办国内第一届新年音乐会。1993年摄

◀ 广州第一家麦当劳于1993年2月20日在广东国际大厦开业，成为广州第一家洋快餐，无论是普通市民还是大老板，在这里都可平等地享受新奇的汉堡薯条。这也是广州不分圈层和等级的美食之道。1993年摄

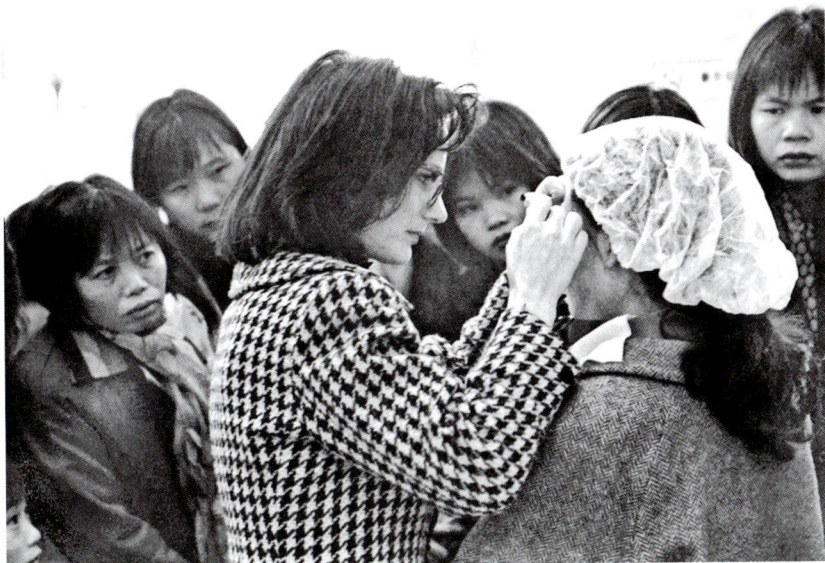

▲ 广州最高端的广州友谊商店引入不少国际品牌，并请来洋人化妆师为顾客示范化妆方法。 1996 年摄

▲ 广州历来领风气之先，90 年代开启了游乐场建设和文旅消费。拥有旋转秋千和摩天轮的东方乐园是当时广州最热门的游乐场，1985 年 7 月开业，2005 年拆除后，原址改为如今的白云国际会议中心。1996 年摄

▲ 新世纪以来，天河区开发提速，中山一路立交以东的城市更新、房地产开发，造就了今天的广州大道到珠江新城一带楼宇经济发展。 2002 年摄

▲ 广州早年建有多个公交站场，其中，中山八路的公交站场属于市中心较大规模的一座。 2003年摄

▲ 广州白云机场原位于白云区，后因广州枢纽城市地位提升，机场吞吐量扩大，广州在花都区建设新白云机场。2004年8月5日零时，新白云机场正式启用，老机场随之关闭，并一度成为摄影爱好者镜头中的场景。2004年摄

▲ 有 2000 多年历史的广州传统中轴线是岭南文化在广州起源、传承的重要载体。
2011 年，广州市越秀区举办了第一届广府庙会，并在城隍庙忠佑广场开幕，多
支民俗文化表演队伍沿着中山四路、文德路、北京路等路段巡游。 2011 年摄

▲ 街头的"走鬼档"曾是广州贸易自由和经济蓬勃的体现。老城区的路边人行道
上个体流动摊档成为不少市民购买服装的好去处。 2012 年摄

◀ 每一次承办大型运动会，都是广州城变的机遇。广州举办第十六届亚运会之前，建成了海心沙开幕式场馆和观光塔广州塔。海心沙和广州塔成为广州城市中轴线跨江的重要一步。照片为后来建设的海心桥与广州塔构成的"弯弓射大雕"，摄于2022年疫情期间，寓意广州人抗疫的决心与勇气。

◀ 位于海珠广场的一德路专业市场集中，曾聚集了服装、工艺品、海味干货等市场。由于道路狭窄，工人拉货全靠手推车和三轮车。繁忙的货运与清净的圣心大教堂"石室"形成强烈对比。这种反差感正是广州这座城市的特点。2017年摄

▲ 城市的经济发展和更新改造，造就了广州如今的一江两岸蓬勃生机。广州城市发展和广式生活的演进，都是一部与江对话的"历史"。 2023 年摄

▲ 为了解决出行的"最后一公里"和快递送餐等物流需求，广州"电鸡"大规模上路，成为交通出行新方式，却也让城市面临新的治理挑战。2023年摄

▲ 广州修路一直是"求通不求直"，比如海珠涌大桥环岛路的一段，为了尊重住户权益而绕道建设，形成一只"海珠眼"，倒成为广州城市的一景。2024年摄

▲ 交通出行更好更快，是城市和经济快速发展的成果。在《粤港澳大湾区发展规划纲要》实施五周年之际，大湾区重要海上通道深中通道在2024年通车，开启了深圳、中山、南沙一小时交通模式，加速了广州融湾向海进程。 2024年摄

▲ 广州人过春节除了逛花市，还会逛灯会，越秀公园和文化公园的灯会历史最悠久。2025 年的越秀公园灯会也全面升级，自贡锦鲤灯饰吸引了成千上万的广州人和四面八方的外乡人前往观赏。2025 年摄

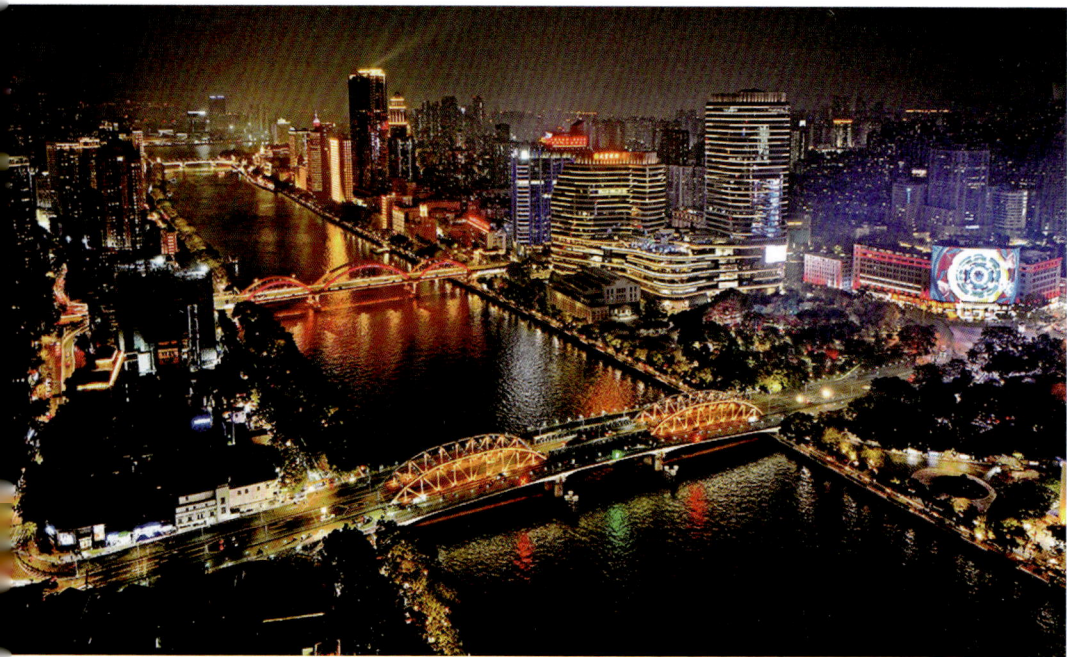

▲ 因城市交通需要，广州市中心的跨江桥梁从最早只有一座海珠桥，增加到如今已超过 10 座。随之改变的是，珠江游船的功能从最初的渡江改变为观光。华灯初上，珠江两岸的建筑"灯光秀"格外靓丽，不少游客乘坐游船饱览珠江夜色，感受广州夜景的魅力。 2025 年摄

广式
生活

第一辑

顾 问 / 张跃国
　　　　周成华
　　　　王文琦
主 编 / 柳立子
副主编 / 陈雅涵
　　　　赵安然

CANTONESE
LIFESTYLE

GUANGXI NORMAL UNIVERSITY PRESS
广西师范大学出版社
·桂林·

广式生活
GUANGSHI SHENGHUO

图书在版编目（CIP）数据

广式生活. 第一辑 / 柳立子主编；陈雅涵，赵安然

副主编. -- 桂林 : 广西师范大学出版社，2025. 8.

ISBN 978-7-5598-7678-2

Ⅰ．C913.3

中国国家版本馆 CIP 数据核字第 2024KE0165 号

广西师范大学出版社出版发行

（广西桂林市五里店路 9 号　邮政编码：541004）

网址：http://www.bbtpress.com

出版人：黄轩庄

全国新华书店经销

湖南省众鑫印务有限公司印刷

（长沙县榔梨街道保家村　邮政编码：410000）

开本：787 mm × 1 092 mm　1/16

印张：17.75　插页：10　字数：250 千

2025 年 8 月第 1 版　　2025 年 8 月第 1 次印刷

定价：69.00 元

如发现印装质量问题，影响阅读，请与出版社发行部门联系调换。

让生活方式成为每座
城市的最佳定义

　　"人们来到城市，是为了更好地生活。"2000多年前亚里士多德如是定义城市的价值。人们生活在城市，体验不同事物，拓宽人生视野，丰富生命阅历。城市生机勃勃，城市生活方式给予人无限可能：有更多元时空与家人、朋友共度，分享悲喜哀乐，感受心灵陪伴；有更多样机会发展个人才能和技能，拥有精神满足；有更多种可能体验美好生活的不同内容与形式，追求兴趣爱好。每个城市的发展史，本质上就是在这座城市生活的人向着美好生活前行的历史。

　　城市如人，都是独立的生命体，有着自己独特的地域性格与气质，也有着自己深厚的情感与认同。城市不同历史时期留下的独特文化层层累积，对自然环境、空间形态、人文景观等产生了持久深远的影响，也潜移默化地影响着当地居民的日常生活和精神理想，这种群体性的生活方式正是构成地域独特气质的文化基因与哲学基石。

　　广式生活，是以广州为核心的岭南地区纵贯2000多年发展积淀而来的城市生活方式，既涵盖地域人群结合自然环境营造城市建筑、塑造城市景观的个性表达，也囊括地域人群为适应自然环境而构建的行为模式、融合审美偏好而形成的衣食住行、生活风尚、礼仪制度的独特气质，更包括人群的创业故事与事业理想；既是为了获得支持生活需求和品质追求的物质基础，也是为了享受实现创业和事业理想的精神愉悦，并将自身价值选择、行为取向、情感偏好与城市连为一体，凝成城市的独有精神。面对这样一个蕴藏丰厚的内容库和素材源，对"广式生活"的描绘书写，始终都只能是由写作者从中不断抽筛和选取其认为最具地域特色、最显人文魅力、最现发展活力的元素、片段、场景乃至其组合，通过提选、提取、提炼之后展开的表达、呈现和传递。

由此，广州市社会科学院城市文化研究所力图连续编撰出版《广式生活》集刊，围绕"聚焦广式，传承文脉；贯通时空，归真生活；融汇气韵，共鸣情感"这一目标，打造国内首个以城市生活方式研究为主要内容的学术集刊。同时为了强化"广式生活"的可体验性与沉浸感，基于人们接收外界信息主要通过视觉、味觉、听觉、嗅觉和触觉等途径，将集刊的编撰框架分成广式生活的图景、色彩、味道、声音、气韵、质感等若干栏目：

栏目一：广式生活的图景（含山水格局、空间形制、轴线关系、城市风貌、文化遗迹和城市地标等）；

栏目二：广式生活的色彩（含地道物产、建筑园林、服饰家居、特色手工、民俗文化等）；

栏目三：广式生活的味道（含家常餐饮、粤厨名菜、香茶名点、中西美食等）；

栏目四：广式生活的声音（含传说信仰、生活礼仪、粤语粤剧、流行音乐、现代娱乐等）；

栏目五：广式生活的气韵（含书韵诗意、墨香画韵、向海而生、商通万里、革新求变等）；

栏目六：广式生活的质感（含崇尚自然、自得适志、波澜不惊、知行合一等）。

每个栏目下收录一定数量的主题文章，每一集并不一定齐备六个栏目，可视收录文章情况进行符合框架逻辑的优化与整合。收录的每篇文章都力图从以广州为核心的岭南地区之 2000 多年历史文化长卷中找一小切口选题立论，着重展示以广州为核心的岭南地区的人文风貌和精神气质，力争以小见大、见城见人，共情共鸣广式生活。

岭南，北接五岭，南望南海，江河纵横，气候温和，以其独特地域环境和丰厚文化底蕴，既持续孕育了广州这座全球唯一能称为千年商都的一线城市，更绵延厚植了一批既拥有共同文化基因又表现形态多元生机的城市。广式生活作为岭南城市独树一帜的生活方式，有如一幅鲜活画卷，既承载着历史的厚重，又涌动着现代的激情。广式生活也像极了八门出海的奔腾珠江，是创新与包容的碰撞，是激情与温情的共舞，是古老与现代的对话，是奋斗与逸趣的平衡，将传统与潮流、烟火与梦想融为一体，流淌在每一个生活在这里的人心中。过着广式生活的岭南人，也始终保持着一种"快中有慢"的智慧，他们在繁忙中学会享受，在压力中找到释放，在追逐梦想的路上不忘生活的本真；他们始终拥有着一种"乐天自得"的坚守，城市生活不仅是生存，更是一种对热爱的追求、对美好的向往。

柳立子　于从云山居

2025 年 2 月 23 日

目 录 | C O N T E N T S

广式生活的声音

广式生活的气韵

广式生活的图景

Prospect

山水格局、空间形制、轴线关系、城市风貌、文化遗迹和城市地标等

01

图景

广州"三轴"与粤文化的传承、传播

———

王世福　赵安然　李　刚

摘要：《广州面向2049的城市发展战略规划》提出"两洋南拓、两江东进、老城提质、极点示范"16字空间发展方针，聚焦"三脉""三轴""三核"构筑广州战略空间新图景。"三轴"是指传统中轴线、新中轴线和活力创新轴线，直接指向城市空间格局的持续延伸与城市功能要素的跃迁升级。本文尝试通过广州城市空间的三次蜕变、城市轴线的三次更迭，呈现城市变迁与岭南文化传承、传播的关系，呈现"老中轴""新中轴"乃至最新的"活力创新轴"规划理念对广州文化精神的诠释。

关键词：城市轴线；文化传播；城江对话；大湾区

广州，因海而兴商，因商而交融，因融而城涵。因地处海陆连接点，广州自古就是海陆交汇的商贸城市，商贸基因赓续千年；频繁的商贸往来，给广州带来源源不断的外来文化，与本土文化交融共生，造就广州开放包容的文化特质；多元共生的文化基因印记投射在城市空间，就成了广州多元涵构的城市意象。广州城的诞生与成长更多是顺从于商贸发展和生活需要的自然规律，而较少受制于中原固有的城市模式[①]，这让广州历经千年成

---

① 潘安、郭惠华、许滢等：《羊城春秋：广州城市历史研究手记》，中国建筑工业出版社，2017年。

长、数轮规划，依然保留着独特的岭南风貌。无论是城市规划还是文化传承，都反复诠释着这座城市独特的精神文化内核：既兼容并包也坚持底色，既高度容错也不断修正。正如广州城市轴线的建设"求通不求直"，广州精神亦然，岭南文化亦然。

一、城市原点："历代官署皆此处"

"六脉皆通海，青山半入城"，古人对广州城的描述颇具意境，宛如一幅"水墨画卷"缓缓铺开，"着墨"于南越国宫殿的"城市原点"，"墨迹"便顺着"宣纸"的纹路徐徐晕开：自秦统一岭南，任嚣建城、赵佗立国于此，到唐宋明清的城墙蜿蜒而起，到近代城市版图向南生长、现代的东部大开发，广州城的水道、轴线和与之伴生的场景鲜活涌现。

公元前204年，赵佗建立的南越国以广州为首府建城，其宫署和御苑的选址成为广州城市生长时间轴上最早的空间原点。南越国宫署遗址一直是历朝官署所在地，也是广州近代至今的行政中心，这一延续在世界城市的发展史中极为罕见。①

但唐以前，因水道密布且连年水患，加上当时建筑物以茅棚和竹寮为主，这个府城并没有"城"的感觉。直到唐朝中期解决了永久性建筑的材料问题，广州城才开始使用砖瓦建房修路。据北京路千年古道遗址的考古发现，唐代城墙位于最底层，意味着城与路在这个朝代才出现，岭南城市风貌才有了雏形。宋朝时期，广州城最重要的两项城市"工程"就是治水和砌城墙，著名的六脉渠和砖砌城墙都始修于宋代。这也说明彼时人们才开始有意识地解决城市空间结构和水系治理问题，古代广州"六脉皆通海，青山半入城"空间格局由此形成。

---

① 杨逸、李培、钟展锋：《广州传统中轴线如何"活起来"》，载《南方日报》2024-08-20(A01)。

到了明朝，广州的古城墙基本稳定，清代广东巡抚部院与广州将军府等军政机构以及官衙陆续在轴线周边区域"落户"。往来广州官署的人员动线是从南边的沿江登岸或在接官亭落了车轿，走过永清门，到了城内，再穿过大南门、双门底一路往北，便是机要所在。这时，北连越秀山、南抵珠江水的广州内城古代中轴线便有了清晰的概念，轴线的功能也越发明确。

二、传统中轴："只求通不求直"

在民国时期，无论是广州市政府合署、潮州会馆，还是南华医学堂、中央银行旧址、黄埔军校同学会旧址，都相继出现在以南越国宫署遗址为起点、以北京路为中轴往东西南北拓展的区域。这里形成了广州各类行政机关所在的政治中心，商铺、集市林立的经济中心，书院、学宫、庙祠等传经诵道的文化中心。民国广州政府历经多年开拓出广州一条北缘起自越秀山中山纪念碑，经中山纪念堂、政府大楼、中央公园到天字码头的动线，随后近代民主革命的重要历史事件都在此发生，也因此形成了近代城市中轴线。值得一提的是，民国时期，广州引进国外专家修建海珠大桥，为城市轴线进一步延长创造了条件，也使得广州核心区的商业、文化活动得以跨江，奠定了未来数十年珠江以南的发展基调。

因秦代到民国时期的政治活动、民间活动和文化活动需要而进行的城市空间规划，广州传统中轴线形成了"双轴线"空间结构：以南越国宫署为原点、北京路千年古道为中心的古代中轴线；以广州起义路为载体、承载广州起义与解放战争记忆的近代传统中轴线及其周边地区。传统中轴线范围北至五羊雕塑，南至珠江，西至人民路，东至东濠涌高架，共约4.5平方公里。

说起起义路，还有段"古"（故事）。它旧称维新路，原计划要修成一条笔直通到河岸边的马路，但需要拆除千顷书院与梁氏千乘侯祠。因两座书院背后有着庞大的宗族势力，修路计划被迫变更为绕开书院和宗祠，起义路的"大拐弯"就出现了。[①]这成了广州传统中轴线与其他城市笔直的中轴线的最大区别。

实际上，"只求通不求直"的轴线规划既反映城市建设者对文化和宗族精神的尊重，也体现出城市文化包容、通达的精神内核。城市规划兼顾人民文化需求、生活需求和贸易需求的理念，也逐渐演变成一种根植于自由贸易，通过自由交往实现传播、传承的文化特征，让岭南文化以一种"只求通"的方式在全球传播至今。

历经千年沉淀的传统中轴线，岭南文化地标元素最丰富。比如，岭南独有的商贸市集便诞生于此。古代轴线上的"双门底"是居民摆摊售卖各类物品的聚集地，"如云如霞，大家小户，售供座几，以娱岁华"。特别是每年年末更有售卖年花的花市，"粤省藩署前，夜有花市，游人如蚁，至彻旦云"[②]。古籍上所指的"花市"只是一种简单集聚和交易的形态，但由于其在古代轴线历经数百年的传承，成为岭南传统民俗文化活动的代表，如今更成就了"广州过年，花城看花"的文旅品牌，而越秀花市的"西湖牌楼"也成为传统花市的象征。

书院是传统中轴线的又一文化地标。乾隆年间，广州是全国唯一的对外通商口岸，与世界各国贸易交流频繁，商贸的往来让广州人积累了雄厚的经济基础，同样为老中轴线沿线的书院提供了物质基础。19世纪，广州府92所书院中选址位于府城内的有30所，占总数的32.6%，位于城镇的有12所，位于城市近郊的有19所。[③]

① 杨朔峰：《文旅融合视域下广州城市近代中轴线文创设计研究》，广州大学2022年硕士学位论文。
② 黄佛颐编纂：《广州城坊志》，广东人民出版社，1994年，第219页。
③ [美]蒂莱曼·格里姆：《广东的书院与城市体系》，载施坚雅主编，叶光庭、徐自立、王嗣均等译，陈桥驿校：《中华帝国晚期的城市》，中华书局，2000年，第565—593页。

表一：广州传统中轴线区域内古代书院

书院名称	建设年份	现今地点	历史底蕴
番禺学宫	创建于明洪武三年（1370）	越秀区中山四路42号	宋代以来一直是广州的三大官学机构之一，也是三大学宫里唯一现存的一座。后成为第六届农民运动讲习所的举办地，1961年被公布为全国重点文物保护单位，现为毛泽东同志主办农民运动讲习所旧址纪念馆。
青云书院	始建于清康熙三十八年，于康熙四十年（1701）建成	越秀区惠福东路389号	又名梁氏千乘侯祠，是古代梁姓宗族子弟的合族祠式书院，是广州仅存的七间古书院之一，也是广州市文物保护单位。现已被改造成网红咖啡厅、文化场所。
万木草堂	始建于清嘉庆十三年（1808）	越秀区中山四路长兴里3号	前身邱氏书室，为广东邱氏子弟到省城应试的居住处。1891年康有为租用邱氏书室部分房舍创办长兴学舍，后更名为万木草堂，成为戊戌变法的策源地。
庐江书院	始建于清嘉庆十三年（1808），重修于道光、光绪年间	越秀区教育路流水井29号	广东省目前仅存的布局保存较为完整的书院之一，现已成为岭南金融博物馆。

中轴线还承载了近代广州民主革命的"红色记忆"，民主起义与解放战争等近代历史旧址分布在传统中轴线区域，成为广州文化旅游和爱国主义教育的"打卡点"。

表二：广州传统中轴线区域内近代红色景点

场馆名称	所在地点	历史沿革
中山纪念堂	越秀区东风中路299号	坐落于孙中山先生当年的总统府旧址上，由广州人民和海外华侨为纪念孙中山先生集资兴建，民国十八年（1929）动工，民国二十年（1931）竣工。2001年6月25日被公布为第五批全国重点文物保护单位。
广州起义纪念馆	越秀区起义路200–1号	旧址原为国民党广东省会公安局，民国十六年（1927）广州起义后在此成立了广州苏维埃政府，被誉为"东方的巴黎公社"。1987年，广州市政府在此创建广州起义纪念馆。
中华全国总工会旧址纪念馆	越秀区越秀南路89号	旧址纪念馆原为"惠州会馆"，建于民国时期。中华人民共和国成立后，广州市人民政府拨款对旧址进行修缮，并辟为纪念馆。1985年5月1日重新开放为中华全国总工会旧址纪念馆。

三、新中轴：四大馆跨越式绽放

民国时期，广州市政府将位于天河的机场由城东迁移到城北，把工业区放在"河南"，为天河区日后的发展留下了足够的空间[1]。改革开放后天河区成为城市经济新增长点，广州市的第二条城市轴线——新中轴线也因此诞生。如果说"老中轴"见证的是秦汉以来2000多年的广州城变，那么"新中轴"见证的是20世纪80年代以来改革开放40多年的广州辉煌。

1984年，广州市政府编制的第14轮城市总体规划获国务院批准，这是改革开放后广州第一部具有法定地位的城市总体规划。该规划明确了广州市是广东省的政治、经济、文化中心，是我国的历史文化名城之一，又是

---

[1] 潘安、郭惠华、许滢等：《羊城春秋：广州城市历史研究手记》，中国建筑工业出版社，2017年。

我国重要的对外经济、文化交往中心之一。在这个时期,天河北片区开发计划提上日程,从瘦狗岭、广州火车东站、中信大厦到天河体育中心建成一条轴线的构想初步形成。

但无论如何,城市东移和经济发展需求在推动着新中轴线建设提速。在1992年的"广州新城市中心——珠江新城规划"国际设计大赛中,美国托马斯规划服务公司明确提出将自燕岭公园(瘦狗岭)经天河火车站、体育中心、中央大道、海心沙岛到赤岗岛一带作为广州城市发展新的景观轴线,并且沿一条南北向绿化景观轴线布局商务区,住宅区围绕珠江公园布置的规划。这一方案最终被采纳。

值得一提的是,广州市承办第六届全运会的机遇,尽管可为天河区的发展助力,但因天河体育馆等场馆和道路的规划以及"六运"配套小区阻断了新轴线的连贯性,让规划者产生了纠结。此外,天河体育中心至今与珠江新城、广州东火车站的空间关系仍不顺畅,也是这一时期的遗留问题。

林树森同志在《广州城市新中轴线》一文中提到,当时的"广州市政府选择了天河新区以南、珠江北岸,即冼村、猎德村、谭村这一城市中的'农村地区'进行规划建设"[①]。这意味着,"新中轴"长达30年的规划开发过程,是一个城市最高决策层基于新城市中心发展、基础设施建设、城市更新等需要而规划的,无论片区土地开发模式、交通组织方式、建筑物分布、地上地下公共空间的设计运营,还是城市景观布局、文旅体育元素的配置,每一步都在城市发展决策和规划体制机制改革下推进。

新中轴线在规划时期虽经过"纠结",但在功能定位和文化配套上却是坚定的。比如,在强调"对称之美"的花城广场上,广州大剧院和广东省博物馆造型基本上相似并呈轴对称分布在中轴线上;第二少年宫和广州

---

① 林树森:《广州城市新中轴线》,载《城市规划》2012年第6期。

图书馆恰好在此时应居民文化生活所需，同时被放进了花城广场，轴对称地建设在大剧院和博物馆的北面。因此，四个场馆又被称为"广州CBD的四大文化建筑"，也是粤文化从历史城区到新城区的一次传承。

表三：珠江新城四大文化场馆信息

场馆名称	建设时间	所在位置	设计风格
广州市第二少年宫	2005年建成	天河区华就路273号	采用"探索宝殿"设计理念，给人由内而外的通透和明亮感。
广州大剧院	2010年建成	天河区珠江西路1号	设计灵感为"圆润双砾"，是"世界十大歌剧院之一"。
广州图书馆（新馆）	2010年建成	天河区珠江东路4号	以"美丽书籍"为设计理念，是世界上规模最大的城市图书馆之一。
广东省博物馆（新馆）	2010年建成	天河区珠江东路2号	设计理念来源于传统漆盒，空间概念借鉴广东传统工艺品象牙球，整体创意为"绿色飘带上盛满珍宝的容器"。

传说秦汉时期，南越王赵佗的镇国之宝阳燧宝珠流入民间，被波斯商人重金买走。前往波斯国的船行至珠江时突遇狂风大浪，宝珠从商人掌心跃起，如一道白光射入江中，钻到一块巨石底下。这就是后来的"海珠石"①，也是英国建筑大师扎哈·哈迪德"圆润双砾"的设计灵感来源。将广州民间故事全新诠释在CBD四大文化建筑之一的广州大剧院身上，是"老轴线"和"新轴线"的一次梦幻联动。

有趣的是，大剧院的设计和建造过程一直处于中西方文化碰撞之中。由于文化和观念上的差异，扎哈·哈迪德建筑师事务所与BIAD华南设计中心在合作初期经常发生争执和冲突，经过一段时间的沟通和磨合，双方

① 冯艺馨、饶晓杉、图虫：《广州大剧院：新中轴线上的城市精神花园》，载《城市地理》2023年第6期。

才逐步适应，发挥各自所长，达到了前所未有的默契，最终形成了中西文化融合的结晶。扎哈·哈迪德在广州大剧院落成之际，曾撰文表达她对广州的感激之情，并评价广州大剧院是她最钟爱的设计作品之一。

广东省博物馆被称为"月光宝盒"，同样是粤文化在CBD的一种现代表达。严迅奇建筑事务所有限公司的设计灵感来源于广东传统的工艺品——象牙球，建筑造型仿佛一只雕通的宝盒[①]。馆内所藏的西周时期的信宜铜盉、南宋的鎏金腰带、元代的釉下褐彩凤鸟纹荷叶盖罐等，都是镇馆之宝。

如今，在"新中轴"上的国际知名文化地标里，每天上演着世界各地的优秀剧目，展出着海上丝绸之路往来的艺术品，汇聚了全球顶尖文化艺术团队。这是一出出文化融合的大戏，也是新中轴线搭建的传统与现代对话、岭南文化与国际文化对话的平台。

广州传统中轴线到天字码头和海珠广场便是终点了，早年开发海珠桥南广场的规划也没有实现。所以，新中轴线被寄予了城市轴线首次跨江的期许。2009年，广州新中轴南延正式提上日程，市政府组织开展了广州新城市中轴线南段及珠江后航道沿岸地区城市设计竞赛，包括"岭南家园花城绿轴宜居社区"方案在内的三个方案，在面向社会征求意见后修改、深化，最终确定新中轴南段"绿轴"的概念。

在"新中轴"的城市功能上，一是在天河区，城市东拓，城市中心东移，随着广州东站、天河北—珠江新城—金融城建设，形成天河中央商务区（CBD）；二是在海珠区，沿江南大道、工业大道、东晓路向南扩张，沿新港路向东扩张，形成琶洲会展中心、琶洲电子商务区。逐渐形成"黄金三角"结构，构成了广州现代城市的核心——中央活力区（CAZ）。在

---

① 广东省博物馆/严迅奇建筑事务所有限公司：《精雕细琢的传统宝盒》，https://www.gooood.cn/guangdong-museum-by-rocco-design-architects-ltd.htm。

空间形态上，形成"燕岭—广州东站—珠江新城—广州塔"新城中轴线。

因新中轴实现了首次轴线跨江，规划者萌生了在珠江南岸正对的轴线中心上建设一个观光塔的想法——广州地标新电视塔就此诞生。当年，广州新电视塔面向世界征集设计方案，而"小蛮腰"的设计方案从全球50多家竞赛单位中胜出。其"扭转"的设计让塔身像是一位灵动的舞者，让塔身相对珠江旋转45°，塔身的转动仿佛就"与江水的流向和人流发生了关系，顶层的椭圆形旋转到新城的南北轴线，展现了未来新城在南北方向的发展"[①]。

新中轴线南段规划四个文化场馆，包括广州市文化馆新馆、广州艺术博物院（广州美术馆）新馆、广州科学馆和广州博物馆新馆，将珠江北岸的历史文化和时尚魅力一脉相承地延续到了南岸。

表四：广州新中轴线南段"四新馆"信息

名称	位置	建设时间	设计特点
广州市文化馆新馆	海珠区新滘中路288号（海珠湖东北侧）	2023年初建成	以"十里红云一湾水，八桥画舫十六亭"为设计主题，用传统建筑和园林空间的巧妙组合再现岭南水乡园林的佳境，包含公共文化中心、翰墨园、曲艺园、广府园、广绣园等多组主题园林建筑，以及由它们共同形成的大型园林景观。
广州艺术博物院（广州美术馆）新馆	海珠区艺苑路198号	2023年11月建成开放	建筑面积8万平方米，以"水中盛放的英雄花"为主题，突出岭南风格和广州地域特色。

———————————

① 广州市新鑫电视观光有限公司：《广州市新中轴线电视塔方案设计报告》，2005年。

续表

名称	位置	建设时间	设计特点
广州科学馆	广州塔南侧	2023年11月开工，预计2027年底建成	总建筑面积约8万平方米，采用"悬浮城坊"设计方案，灵感源自宋朝哥窑青瓷等，将成为科技传播和交流的平台。
广州博物馆新馆	广州塔以南地块	预计建设期限为48个月	总建筑面积8万平方米。

至此，从天河北小轴线到珠江新城花城广场开发，再到轴线南延，广州已基本形成燕岭公园（瘦狗岭）—天河体育中心—中信大厦—天环广场—花城广场—海心沙—广州塔—海珠湖—海珠湿地全线12公里的新中轴线。而从文化传播的视角看，无论是"新中轴"北段的"四大馆"，还是广州塔、南段"四新馆"，都是新广州重要的文化载体，是岭南文化旧城向新城传播，进而向国际传播的载体，而沿着城市轴线而行的文化传播路径成为广州传承岭南文化的独特方式。

四、活力创新轴：面向国际"融湾向海"

民国时期广州政府对东部的东山口经济带、天河五山高校区、黄埔港口区的超前战略布局，让东部成为决定广州科创活力区的基础性节点。从20世纪90年代开始，广州加大对高新技术产业的投入，以天河五山为原点建设了天河高新区，以及后来的广州科学城。

21世纪元年，《广州城市发展总体战略规划》出台实施，"南拓、北优、东进、西联"的"八字方针"从真正意义上打开了城市格局，之后进一步加入"中调"，形成"十字方针"，确定了广州新世纪的城市发展方向。其中，培育越秀、天河、黄埔三大经济强区，很好地打通了东山口经济带、天河五山高校区、黄埔港口区的产业优势，顺势构建城市东进的经济增长极。与此同时，广州规划者跳出"云山珠水"的空间格局，把"跨江发展"改为"跨江面海"，把广州定位为"滨海城市"。

延续此思路，东进和南拓自然是广州扩大城市空间和拉动经济发展的引擎。2022年，广州市政府对科技创新提出更高要求，在《广州市科技创新"十四五"规划》中首次正式提出以中新广州知识城、广州科学城、广州人工智能与数字经济试验区和南沙科学城为核心的科创走廊，作为"一轴四核多点"的科技创新空间功能布局核心，也让"活力创新轴"有了雏形。

2023年的《广州面向2049的城市发展战略规划》以"十六字方针"取代了"十字方针"，"南拓""东进"信心更坚定："两洋南拓、两江东进、老城提质、极点示范。"东进战略将东江并入珠江高质量发展带，南拓战略沿"狮子洋—伶仃洋"向海入湾，指向湾区战略中的"未来广州"。更具空间赋能创新意义的是，广州将集结最强、最优的科技创新资源，以东进、南拓的战略"会师"，建立起一条贯通国家知识城与南沙科学城的科创脊梁。

2024年9月国务院批复的《广州市国土空间总体规划（2021—2035年）》明确提出"活力创新轴"，且在《广州活力创新轴总体规划》中对其范围给出了定义和定位：北起中新广州知识城，南至南沙科学城，串联了东部中心、狮子洋增长极等重要战略节点，贯通广州南北，缝合湾区东西的关键区域，面积约1567平方公里；三大定位包括"国际开放合作承载地、国家自主创新策源地、湾区四链（创新链—产业链—人才链—资金链）融合引领地"。这显然是依珠江对城市空间的又一次战略升华举措，指向的正是"融湾向海"的前景。

根据2024《世界领先海事之都》（LMC）研究报告的排名，在纽约湾区、旧金山湾区与东京湾区中，仅有纽约、东京进入LMC的前25名，而

表五：2024年LMC排名（前25名）

城市	排名	城市	排名
新加坡	1	温哥华	13
鹿特丹	2	巴黎	14
伦敦	3	休斯敦	15
上海	4	北京	16
奥斯陆	5	安特卫普	17
纽约	6	悉尼	18
东京	7	洛杉矶	19
汉堡	8	大阪	20
哥本哈根	9	迈阿密	21
釜山	10	阿布扎比	22
迪拜	11	深圳	23
香港	12	宁波	24
		广州	25

粤港澳大湾区有香港、深圳与广州3个城市进入该项排名[①]。

值得关注的是，按照四大湾区LMC的排名变化，深圳于2024年首次进入全球前25名、排第23位，但是香港、广州的排名呈现下降趋势，香港由第4位降至第12位，广州由第17位降至第25位。

[①] 王世福、郑艳萍、刘铮：《全球海洋中心城市的湾区实践——以粤港澳大湾区为例》，载《城市观察》2024年第3期。

表六：粤港澳大湾区、纽约湾区、东京湾区城市LMC排名变化表

湾区	城市	2024年	2022年	2019年
粤港澳大湾区	香港	12	6	4
	深圳	23	——	——
	广州	25	22	17
纽约湾区	纽约	6	8	12
东京湾区	东京	7	5	8

"向海"的机遇迫切要求广州、深圳、香港在港口建设、国际贸易、海洋产业等多个方面协同联动，将各地的优势资源汇聚成大湾区的优势资源。从地理位置和功能定位来看，广州建设海洋创新发展之都与建设全球海洋中心城市的交汇点，关键节点在南沙，海洋文化与港口经济都将在这里面向国际。

《广州市建设海洋创新发展之都规划》和《广州市海洋经济发展"十四五"规划》中都突出了南沙作为广州建设全球海洋中心城市的担当作用，这要求南沙不只是规划人口300万、服务人口1000万级片区，而是要在能级与影响力上相当于中心城区的核心区。"再造一个新广州"的南沙承担着广州参与湾区竞合的职能与使命，这也符合新批复"国空"总规提出的"打造成为立足湾区、协同港澳、面向世界的重大战略性平台"定位。

五、"城与江"的三次对话

在广州2000多年的发展图景中，水的元素充分体现。西江、北江、东江和沿海等四条由中原进入岭南地区的水路交汇于广州，让广州岭南首府地位得到历史的验证。广州"因水兴城"，自秦汉时期中原来客多从城西

水驿入广州城,明清的广州十三行和港口贸易的兴盛得益于水路的通达,从西江、北江到珠江且直达出海口,在长期的城市演进中,主城区珠江沿岸是城市发展的脉络,岭南文化也在此处与海上丝绸之路紧密相连。

在纵观广州传统中轴线、新中轴线和活力创新轴线的变迁后,不难发现,广州城市空间发展是一个"城与江"的故事。六脉渠东起仓边路、长塘街,南至玉带濠,西至海珠北路,北至越华路附近,支流分成"左三脉"和"右三脉",遍布了传统中轴线的各街巷社区,如今和玉带濠、西濠一同变成传统轴线区域的排水暗道。无论是古代轴线还是近代轴线开发,都在与六脉渠"打交道",治水患、挖渠道,六脉渠的支流经渠道出城,汇入东、西、南濠后排入珠江。与此同时,中原前来岭南的人、货都需经北江、西江进入珠江后,在码头登岸,然后换车入城。就是这样,顺应水脉的流势,轴线也从城市原点一路往南,贯通珠江边的天字码头和海珠广场。

"新中轴"的"城江对话"中,海心沙和海心桥是一种全新的文化表达方式。站在繁华的CBD南边缘,一个宛如城市绿洲的小岛隔水相望。作为广州亚运会开幕式主会场的海心沙,最初只是新中轴线的一个延伸点,后期开发过程中却因为人们对江的喜爱和期待,变成"网红景点",粤剧"红船"、花卉展和园博会、国际灯光节、知名音乐会和演唱会等文化旅游元素纷纷在这里闪亮登场,甚至有猎德村的居民划着船到海心沙的江面上免费享受音乐会。这种特殊的"城江对话"方式在国内城市少有,更胜似威尼斯的风情。中国工程院院士、华南理工大学建筑设计研究院首席总建筑师何镜堂及其团队为"新中轴"设计的广州首座跨江步行桥——海心桥,将这场对话进一步升级。海心桥设计理念为"琴鸣绢舞,岭南花舟",以粤曲"水袖飘绢"的形态融入桥型当中,桥拱则是"岭南古琴"的造型,在现代形态中融入岭南文化元素。

而最"年轻"的活力创新轴则是广州再次依珠江升华城市的空间战略

举措,从"城江对话"升级为与海洋的对话,创新轴"融湾向海",既是在诉说广州跟海洋的故事、粤文化的故事,也将成为国际友人、海外华侨读懂广州、读懂中国的一个"窗口"。广州"融湾向海",首选文化融合路径。广东与港澳有共同的地域文化,也就是岭南文化、粤文化,粤语、粤剧、粤菜等文化要素的传播,紧密地关联着港澳,更联系着海外华侨华人①。得益于广东向海而生、千年通商,粤文化先天就是一种国际化的文化。1000多年的海丝文化是广州生猛鲜活的海洋文化基因的重要来源,也是粤文化走向国际化的实证。而广州作为国家中心城市和粤港澳大湾区的极点城市,显著的中心性和辐射性区位优势是传承、弘扬粤文化的先天机遇。一方面,中心性使广州能够与香港、深圳、澳门、珠海形成紧密的联系与协同;另一方面,广州的辐射性将带动湾区内部肇庆、江门、惠州等城市的发展,并进一步辐射湾区外围的粤东西北,以及更大范围的泛珠三角经济区。因此,将广州建设成为粤文化核心区的具体路径应是"强本源—联网络—国际化",即从历史文化名城本体建设到湾区文化协同,再到推动湾区走向国际化。

广州要实现从历史文化名城本体建设到湾区文化协同,再到推动湾区走向国际化,需积极以粤文化为核心形成一种"湾区合力"。首先,通过识别广州历史名城中最具历史价值的文化要素,持续做深、做实历史文化保护与利用工作,以活化创新的多种形式强化文化遗产的教育和体验意义,培养地方自豪感,同时积极申报各类世界文化遗产,巩固广州作为粤文化之源的地位。其次,利用广州的岭南文化中心地位,协同湾区各地政府部门、文化团体和不同学术力量规划统筹湾区文化资源,形成同源多元的文化网络,打造湾区内由粤文化统领的文化地理图景。最后,广州应近

---

① 《推进粤文化国际化——访华南理工大学建筑学院教授王世福》,中国社会科学网-中国社会科学报,https://m.thepaper.cn/baijiahao_4077925。

融港澳、远联海外，塑造全球华人的集体情感，增强世界各国人民对于中华文化的认同感。

同时，相比东京湾区、旧金山湾区和纽约湾区，粤港澳大湾区被列入世界文化遗产、世界遗产城市、世界记忆工程等名录的项目数量更多，大湾区面向世界输出粤文化，具有丰厚的条件。如《广州市建设海洋创新发展之都规划》就提出注重打造出新出彩的海洋文化名片，促进海洋文化和滨海旅游深度融合发展，推进海上丝绸之路史迹活化利用等，这都将成为广州借以融湾向海、向世界传播粤文化的抓手。

六、结语

广州在全国开战略规划之先河，坚持规划在前、建设在后，编制城市总体规划前先对城市定位、发展目标、城市功能和空间布局等战略问题进行宏观的前瞻性研究，通过战略空间格局支撑城市能级提升，在新世纪探索出一条战略规划引领的中国式城市现代化道路。

注重规划引领的广州，还是一座从不抗拒外来文化的城市。从城市名称来看，只有"番禺"是广州原生的，"广州"二字来自广西梧州的"广信"，但是有人安给它了，它也就接受了，并作为城市正式名称。广州还有"五羊城""羊城""穗城"的别称，而"五羊献穗"典故中的羊也是自北方而来的物种。因此，广州的名称、昵称无不反映了这座城市文化包容和海纳百川的性格[①]。正是广州的这种性格，使各种文化在此汇聚、融合、传播，也使它的每次空间格局变迁都必然考虑了文化的传承，既有传统的岭南文化沉淀，同时又包容南北文化、国际文化。

广州的城市文化演变与城市空间格局的变迁紧紧相随。广州传统中轴

① 潘安：《商都往事：广州城市历史研究手记》，中国建筑工业出版社，2010年。

线是古代岭南文化的起源地、传承地，新中轴线是岭南文化过去与现代的融合地，活力创新轴是岭南文化走向国际化的"出海口"，所以，城市轴线的发展与粤文化的核心建设形成耦合关系。

我们同时认为，广州要强化粤文化核心作用，需要城市空间的响应，在文化点的资源挖掘与保护性发展上，需要围绕空间做文章，通过设置博物馆，连接历史街道、河涌等线性要素来促进精品街区的成熟，并择机推动试点精品街区的复兴。在文化点的体验和宣传上，要塑造"核心—辐射"的区域多主题文化线路，并协同彰显"同源多元"的区域文化片区景观。

展望未来，广州"三轴"的建设愿景旨在使"老"与"新"的历史、现在与未来交相辉映；而作为粤文化的承载母城，广州应以"粤文化枢纽、全球化高地"为城市战略定位，配合"大广州"空间结构优化，通过"强广佛中心城区"与"强南沙"形成"老广州""新广州"两大发展极核，以粤文化为内核，使广州进入更高的世界城市序列，扩大世界影响力，引领粤港澳大湾区成为更具竞争力的世界级智慧城市群①。

作者简介

王世福，华南理工大学建筑学院副院长、教授、博士生导师
赵安然，广州岭南文化研究会项目总监，广州市社会科学院
　　城市文化研究所客座研究员
李刚，华南理工大学建筑学院博士后、副研究员

① 王世福、张弘、刘铮：《粤港澳大湾区时代广州走向全球城市的思考》，载《城市观察》2018年第3期。

民国时期广州市城市土地征税的缘起与实施

黄素娟

摘要： 民国时期广州市土地征税制度的形成与实施有着独特的缘起与实践历程。孙中山目睹诸多城市因城市化等因素而地价飞涨，提出效仿德国征收土地税和土地增值税的"平均地权"思想，成为广州土地征税制度的思想基石。同时，广州市政厅初期税源有限，而香港、上海等地征收城市土地税成果显著，这种现实情况促使广州为调整市政税收结构而筹备建立土地征税制度。1926年8月1日，广州市土地局正式组织成立，专门负责进行土地测量、土地登记和征收土地税。由于土地税征收涉及民众切身利益，广州商民组成联合会与政府谈判协商，达成双方都能接受的修正案。1928年10月起先行征收临时地税。至20世纪30年代，土地税已成为广州市财政收入中最重要的税种之一，为城市基础设施建设提供了更为充裕的资金支持。

关键词： 土地税；平均地权；税收结构

随着西方城市建设观念的传入，近代中国的城市空间发生了巨大的变迁，兴建起马路、住宅、桥梁、公园、公共建筑，供水、供电及排污系统等基础设施。由此，城市土地需求量激增，城市政府开始有意识地进行土地利用和土地管理，对城市土地进行征税的制度在香港、上海、青岛等被殖民政府强占或借用的区域率先得以实施。这与传统中国历代王朝以征收农田土地税为主的制度大相径庭，预示着近代城市在国家统治秩序中日趋重要的地位。香港殖民政府于1841年6月14日进行第一次土地拍卖，共售出土地404幅。业主除支付拍卖金额外，每年还需按地段向香港殖民政府缴纳土地年税。土地拍卖及地税收益也成为香港殖民政府早期的主要经济来源，开中国城市土地课税的先声。[①]上海公共租界紧随其后，于1866年开始征收土地税。[②]1898年，德国殖民政府在胶州湾租界内起征土地增值税。[③]广州于1928年开始征收临时土地税，是近代中国最早由华人主导实施城市土地征税制度的城市，其土地登记的规章及土地局的实践被誉为"在吾国为创举"，可供各省市实行之借鉴。[④]本文尝试将土地征税制度放回到民国时期广州城市的具体时空脉络下加以探讨，并梳理广州城市土地税收的缘起、实施和运作过程，为当代城市发展和城市管理提供一定的借鉴。

一、广州市土地征税的思想基础："平均地权"

广州市土地征税制度的思想基础是孙中山所主张的解决中国土地问题的方针"平均地权"。"平均地权"是辛亥革命胜利后孙中山推动民生主义的纲领之一。1912年4月1日，在南京同盟会会员饯别会的演说中，孙氏认为民族主义和民权主义俱已达到，今后将致力于民生主义的社会革命。在他看来，"若能将平均地权做到，那么社会革命已成七八分"。他试图在广东首先推动平均地权，以为各省之楷模。自1912年4月25日起，他在粤一个多月时间里，多次出席欢迎集会、宴会，发表讲话、演说，或接受记

---

① 何佩然：《地换山移：香港海港及土地发展一百六十年》，商务印书馆（香港）有限公司广州出版社，2004年，第25—27页。
② 贾彩彦：《近代上海城市土地管理思想（1843—1949）》，复旦大学出版社，2007年，第26页。
③ 马维立：《单威廉与青岛土地法》，青岛出版社，2010年，第33页。
④ 李宗黄：《模范之广州市》，商务印书馆，1929年，第239页。

者访问，宣讲自己关于民生主义、社会政策等方面的主张，或解答有关民生主义、平均地权的疑难。一时间，孙中山的思想言论充盈广东舆论界，引领舆论导向，左右广东城镇上层社会的思维。[①]在1912年5月4日的演讲中，他说道，"提倡民生主义在在需财……必须实行税契及平均地权之法"。[②]据孙氏的演说，"平均地权"的步骤如下：

（1）自行报价：有业之家，有税亩多少，值价若干，自行呈报。

（2）照价纳税：国家按业主自报地价抽税，值百抽一。

（3）照价收买：当国家需地时，如开铁路、建工厂等，随时可照地契之价收买。

（4）涨价归公：业主自报地价登载户籍，此后地价之增加，咸为公家所有，私人不能享有其利。[③]

上述步骤可概括为"照价纳税"和"土地国有"。"土地国有"不是指全部土地归属国家，而是指国家可以照价购买铁路、公路、工厂及其他公共发展计划的用地。孙中山的设想是改变前清的照面积、分上中下三等的土地纳税法，并取消厘金、盐税等，改为征收单一的地税。[④]美国学者史扶邻（Harold Zvi-Schifferin）指出，孙氏的"平均地权"是针对城市，而非农村。孙氏看到的土地问题是像伦敦、纽约、上海、香港等城市，由于城市化、工业化及交通发达，地价陡增。因此，孙氏认为应在工业发达之

---

① 丁旭光：《孙中山与近代广东社会》，广东人民出版社，1999年，第307页。
② 《孙中山先生演说词》，载《民生日报》1912年5月6日，第3页。
③ 中国社会科学院近代史研究所中华民国史研究室等编：《孙中山全集》（第2卷），中华书局出版社，1981年，第321、355、522页。
④ 《在广州报界欢迎会上的演说》，载中国社会科学院近代史研究所中华民国史研究室等编：《孙中山全集》（第2卷），中华书局出版社，1981年，第356页。

前，开始实施土地改革方案。[①]故而，广州是孙氏推行"平均地权"的重镇。1912年6月9日，孙氏在广州行辕邀请记者、省会男女代议士研究地价抽税问题。但话题很快转到省议会与政府的权限之争。[②]这场争执也显示了"平均地权"推动之困难重重。

孙中山认为当时青岛所施行的土地管理制度最符合其"平均地权"的思想。1912年9月28日，孙氏到青岛进行为期三天的访问，对青岛的建设尤为惊叹，认为"青岛应当成为未来中国城市的典范"。[③]其时青岛的土地管理制度是由德国人单威廉博士（Dr. Ludwig Wilhelm Schrameier，1859—1926）起草的。单氏生于德国埃森，研究神学及东方语言学，1885年11月随驻华公使来华。1889—1897年间，单氏先后在德国驻广州市领事馆、德国驻上海总领事馆任通译官。1898年，升任胶州湾租借地行政委员，主持青岛驻港建市计划，制定《胶州土地行政条例》（1898年9月2日颁布）。[④]该条例最特殊之处在于，含有对土地投机所得征税的条款，包括：（1）每笔土地交易均须缴纳土地增值税；（2）每年对土地征收6%的土地税；（3）参加土地竞拍的申购人应提供土地使用计划。这些条款可以有效地避免囤积土地，防止土地投机。[⑤]孙中山极为赞赏该土地条例，将由国家统一收买土地、以防土地投机贻害社会等主张写进了《实业计划》中。[⑥]

1923年初，孙中山电邀单威廉来广州参与土地登记、测量及征税条例的编制。[⑦]1923年7月30日，广东省省长廖仲恺公布由单氏起草的《广东

---

① ［美］史扶邻：《孙中山的早期土地政策——"平均地权"的起源与意义》，高申鹏译，载《中山大学学报论丛》1992年第5期。

② 《地价抽税之研究》，载《民生日报》1912年6月11日，第4页。

③ 马维立：《单威廉与青岛土地法》，青岛出版社，2010年，第40—41页。

④ ［德］单威廉：《中国之土地制度》，中国地政学会，萧铮译，1934年，第1页。

⑤ 马维立：《单威廉与青岛土地法》，青岛出版社，2010年，第333页。

⑥ Sun Yat-sen, *The International Development of China*. (New York and London: G.P. Putnam's Sons, 1922), p. 24.

⑦ ［德］单威廉：《中国之土地制度》，中国地政学会，萧铮译，1934年，第1页。

都市土地税条例草案》。该草案共37条，侧重征收土地税和土地增值税。在运作上，廖氏建议先在广州市试办，设立一个直隶省长公署的土地局，由省长派员专责办理。[1]但随后廖氏忙于筹集军饷、统一财政，并未真正着手推行土地税。

1925年7月广州市政府改组之际，市政委员长伍朝枢再次聘请单威廉为市政府顾问，专办土地税。[2]伍朝枢指出，征收都市土地税是"根据民生主义之平均地权、节制资本之意义"而行。他举青岛为例，"施行土地税，节制地主，资本家不能高抬其物价，贫民实受其益"。[3]1926年1月，《广东都市土地登记及征税条例草案》正式颁布。该条例的大致内容如下：

（1）土地登记：取代司法登记局，统归市政府土地局管辖。已在司法登记局登记者，免费登记，但须测量绘图存案。所有登记、测量、登录执照统共征收产价2%。测量不似登记局各个土地的约略测量，为全市区有系统之精确测量。

（2）地税：每年分两次缴纳，建筑宅地征产价的2%、无建筑宅地征2%、农地征5‰、旷地征2‰。

（3）土地增价税：防止垄断土地，除土地改良费不征外，其余土地收其增价1/3，余2/3归地主。

（4）转移费：所谓土地转移，即赠与买卖、继承典质、永租及抵押等。凡土地一经转移，其关系人应将转移事由，呈报土地局登记，目的在保护土地继承人或关系人之权利。转移费征收地

---

① 《大元帅指令第五三六号》，载《陆海军大元帅大本营公报》1923年10月26日第34号，第44—57页。

② 1925年12月，单威廉因行路倾跌，遂致肾病复发。于1926年1月5日逝世，葬于河南南石头乡。见《第十六次市政委员会会议》（1926年1月14日），载广州市政府编：《广州市政会议录》，1934年，第925页。

③ 《伍梯云博士演讲：广州市政发展之计划（五）》，载《广州民国日报》1925年8月21日，第10版。《都市土地税不日实行》，载《香港华字日报》1926年1月29日，第1张第3页。

价的 1‰。[①]

从上可见，广州市政厅试图重新测量、登记、管理土地及重新分配土地收益。条例中强调，土地登记与广东高等审判厅所办的不动产登记的最大区别在于，是以系统、精确的土地测量作为土地登记的基础，进而成为征收土地税的标准。李宗黄指出测量登记是平均地权的基础，"整理土地，首在平均地权，然平均地权非一蹴而就，必先测量登记完竣后，方可措手"。[②]征收土地增值税则是防止土地投机、达到平均地权的核心。征收转移费是为了明确产权关系的变动。并设置一个全新的行政管理机构——土地局来负责具体的各项工作。这是近代中国第一部由华人主导制定的针对城市土地登记及征税的规章，在当时被誉为"自有中国以来未有之创举"。[③]

二、广州市的市政税收结构调整

广州市政厅积极推动土地征税制度，也与其市政税收结构的调整息息相关。广州市政厅成立之初，其主要的税源来自房捐警费、税契、饷捐和牌照费。（1）房捐警费是其中收入最为稳定且最大宗的，其征收有强大的警察权力作为保障。这一收入是由公安局征收，亦使用于警费支出。房捐自光绪二十七年（1901）开办，按租价二十抽一。至光绪二十九年（1903）裁撤房捐总局，改归巡警总局经理。而警费自光绪二十八年（1902）省城开设巡警总局起征，亦按二十抽一。有房铺警费、六段铺屋

---

① 《都市土地登记及征税之条例》，载《香港华字日报》1926年1月8日，第1张第3页；1926年1月9日，第1张第3页。
② 李宗黄：《模范之广州市》，商务印书馆，1929年，第238页。
③ 《都市土地税不日实行》，载《香港华字日报》1926年1月29日，第1张第3页。

警费、满汉八旗巡警局收房捐警费等名目。^①民国后，广州市警察厅（1914年改称"省会警察厅"）删繁就简，统一核收房捐警费。1911年至1920年，房捐警费平均每年收入约为49万元。1921年市政厅成立后，警察厅改组为公安局，大肆整顿警务，房捐警费剧增。该年3月至10月平均每月收入高达72 248元。^②（2）市政厅第二类税源为税契。广东省内不动产税契原由广东省财政厅办理，广州市政公所成立后因省财政厅欠市库数十万元，无款清偿，遂将市区税契拨归市政公所代办。1921年2月28日，改为财政局税契股专办，全年收入约为45万元。^③（3）第三类税源是各类饷捐，包括花筵捐（附花捐清濠费）、戏院捐、影画捐、白话剧捐、游艺场捐、演唱瞽姬牌照费、手托戏牌照费、技艺戏捐等。其中以花筵捐为最大宗，1921年收入约为47万元。^④（4）第四类税源是车船牌照费，由公用局征收。1921年3月至10月，各种车辆牌照费总收入为174 958元，各种船舶牌照费总收入为14 449.58元。^⑤此外，市政厅尚有禺山市场和大沙头公地等少量收入。^⑥从市政厅历年公布的财政预算上看，市政收入不敷市政支出。1921年，市政预算岁入总额为197万元，岁出总额为293万余元，不敷高达96万余元。1922年，市政预算岁入总额为484万余元，岁出总额为527万余元。1923年，市政预算岁入总额为869万余元，岁出总额为911万余

① 广东清理财政局编订，广东省财政科学研究所整理：《广东财政说明书》，广东经济出版社，1997年，第248页。

② 《公安局报告书》，载广州市市政厅总务科编辑股编：《广州市市政概要》，广州市市政厅总务科编辑股发行，1922年，第95—100页。

③ 《财政局报告书》，载广州市市政厅总务科编辑股编：《广州市市政概要》，广州市市政厅总务科编辑股发行，1922年，第25—26页。《广州市财政事项报告》，载广州市市政厅总务科编：《广州市市政报告汇刊》，广州市市政厅总务科编辑股发行，1924年，第36页。

④ 《财政局报告书》，载广州市市政厅总务科编辑股编：《广州市市政概要》，广州市市政厅总务科编辑股发行，1922年，第3—17页。

⑤ 《公用局报告书》，载广州市市政厅总务科编辑股编：《广州市市政概要》，广州市市政厅总务科编辑股发行，1922年，第23、28页。

⑥ 《财政局报告书》，载广州市市政厅总务科编辑股编：《广州市市政概要》，广州市市政厅总务科编辑股发行，1922年，第20—24页。

元。^①故在 1923 年为应军饷，广州市政厅大肆召变官市产，^②招致民众极大的反感。

因此，1925 年广州市政厅改组后拟以土地税代替各种临时性的税收。1925 年 7 月 1 日，大元帅府改组为国民政府，在广州成立，将政府工作重心从军事斗争渐次转变到国家建设上。^③广东省政府和广州市政厅也随之改组为委员会制。广州市政府在改组宣言中称要在短期内实施"取消苛细杂捐，停办官产，另谋适合租税原理之市政收入"的措施。^④土地征税就是广州市政府认为"适合租税原理之市政收入"。

1926 年 8 月 1 日，广州市土地局正式组织成立，专门负责进行土地测量、土地登记和土地税征收等工作。1926 年初，市政府派蔡增基到小吕宋、上海、香港等处详细考察土地登记情况。蔡增基（1892—?）祖籍广东香山，出生于檀香山，17 岁结识了正在夏威夷从事革命活动的孙中山，由此成为孙氏"革命事业的追随者"。1911 年回国，次年进入广东省议会工作。不久赴美进入哥伦比亚大学进修。1915 年学成归国，一直从事金融、财政方面相关工作。1921 年 2 月 25 日蔡氏出任广州市政厅财政局局长，1922 年 8 月出任北京政府农商部秘书，兼任香港工商银行经理。^⑤1926 年 4 月，广

---

① 《广州市财政事项报告》，载广州市市政厅总务科编：《广州市市政报告汇刊》，广州市市政厅总务科编辑股发行，1924 年，第 73—76 页。

② 辛亥革命后，广东军政府将前清官府遗留下的各种文武官局署及其群房、田地、围塘等不动产和土地统称为"官产"。"市产"原指市区内的旗产和因市政建设产生的土地，后来范围扩大至所有具有共有或无主性质的土地资源。1923 年 5 月至 1924 年 2 月，市政厅利用召变官市产筹集军饷，引发巨大民怨。乔素玲、郭华清、潘淑华、沈成飞等学者曾先后对之加以探讨，梳理出事件来龙去脉及其对广州社会、孙中山的革命事业带来的影响。详见黄素娟：《从省城到城市：近代广州土地产权与城市空间变迁》，社会科学文献出版社，2018 年，第 200—214 页。

③ 曾庆榴：《广州国民政府》，广东人民出版社，1996 年，第 136 页。

④ 《广州市市政府改组成立报告》，载广州市市政厅编辑股编：《广州市市政报告汇刊》，广州市市政厅总务科编辑股发行，1926 年，第 1 页。

⑤ 黎志刚、杨彦哲：《从〈蔡增基回忆录〉看民国史上的航运、经济、政治和日常生活》，载上海中国航海博物馆主办：《国家航海》（第 19 辑），上海古籍出版社，2017 年，第 117—142 页。

州市政府委任蔡氏为筹备专员，一面编订各项土地登记号数，一面刊发土地登记法规单行本。[①]8月1日，土地局正式成立，由蔡氏任局长，局内设三课：测绘课负责测量和制图，登记课负责掌册、登记和审查，地税课负责地价管理和征税。[②]该局陆续颁布一系列相关法规，如《广州市不动产登记章程》（1926年8月14日颁布）、《广东都市土地登记及征税条例施行细则》（8月20日颁布）、《清理广州市铺底顶手登记简章》（10月1日颁布）及《举报瞒纳土地增价税之奖励章程》（10月19日颁布）等。[③]另外筹设土地裁判所及土地评议会，并将全市土地划分成十区，分区开展测量。[④]但征收土地税却遭到商民的强烈抗议。

三、商人团体与市政厅的土地税率之争

土地登记及征税的条例引发广州商民的极大抗议。广州总商会称《广东都市土地登记及征税条例草案》"所拟条例，条目颇繁、征税亦重"。[⑤]广州总商会、广州市商会、广州特别市商民协会和广东省商会联合会（简称"四商会"）等联席讨论，认为广州市内连年受军事的影响，加上省港罢工至今9月余，仍未解决，地方经济元气挫伤；议决要求政府维持地方经济，保护市场，将此都市土地登记暂缓开办，以恤民困。[⑥]1926年底，

---

① 《市土地税筹备进行近讯》，载《广州民国日报》1926年4月15日，第10版。

② 广州市土地局宣传股编辑：《广州市土地局年刊》，1929年，第2页。

③ 《广州市不动产登记章程》，载《广州民国日报》1926年8月14日，第10版。《广东都市土地条例施行细则》，载《广州民国日报》1926年8月20日，第10版。《清理本市铺底顶手登记简章》，载《广州民国日报》1926年10月1日，第10版。《举报瞒纳土地增价税之奖励章程》，载《广州民国日报》1926年10月19日，第10版。

④ 《土地局组织土地裁判所之进行》，载《广州民国日报》1926年10月21日，第10版。《请委派土地裁判官评价委员》，载《广州民国日报》1926年11月18日，第10版。《测量西关街道布告》，载《广州民国日报》1926年12月21日，第10版。

⑤ 《四商会联席讨论都市土地税条例》，载《广州民国日报》1926年3月3日，第10版。

⑥ 《四商会请缓办市土地登记》，载《广州民国日报》1926年3月15日，第10版。

四商会与广州实业联合会对土地登记、土地税及土地转移增价税三项讨论月余，先后召集会议十余次，不同意条例中的9项规定。核心的要求是延长登记期限，减轻税率，豁免土地税推行后其他与土地税性质相类之各项税捐，及撤销转移增价税。①总商会代表商人团体将修改条例意见致函土地局被批驳后，再函省政府。经省政府委员会第18次委员会议决，将修改条例意见交财政、实业、司法、土地四厅（以下简称"四厅"）会同审核。②

商人团体联组"广州各界促进改善土地税联合会"，与省政府四厅力争，双方达成了土地条例的修正案。1927年3月26日，各界在总商会召集大会讨论应对四厅审核。各行商人、实业界、各团体等代表到会者60余人，推举总商会胡颂棠、市商会谭棣池、商联会林泽丰、商协会黄旭昇、实业联合会司徒子衡等5人为主席团。大会议决组织广州各界促进改善土地税联合会（以下简称"地税会"），以四商会与实业联合会为主体，旨在联合各界呈请改善土地条例。③地税会的成立在争取修正土地税条例中起到了关键作用。该会一面向政府递交意见书，一面向市民下发紧急传单，并由实业联合会广为募集资金，扩大社会影响力。④地税会代表先后与四厅代表廖朗、沈藻悠、朱宗良、卢维泽如等人，在土地厅召开多次会议。至1927年5月，双方在延长登记期限、降低税率及土地税推行后豁免其他与之性质相类的各项税捐等问题上达成共识，但在转移增价税一项上仍有争执。四厅代表认为，增价税是为了实行平均地权，不允撤销；地税会代

---

① 《四商会实业会联议土地税法情形》，载《广州民国日报》1926年12月17日，第10版。
② 《土地局复商会函》，载《广州民国日报》1926年11月16日，第10版。《广东省政府委员会第十八次会议录》（1927年3月17日），载广东省档案馆编印：《民国时期广东省政府档案史料选编》第1册，1987年，第97页。
③ 《四商会讨论救济土地征税条例》，载《广州民国日报》1927年3月28日，第9版。
④ 见《广州民国日报》1927年4月13日第9版《改善土地税条例联合会会议纪》，1927年4月30日第10版《改善土地税条例联合会开始募捐》。

表则以之"未合平均地权之真义，徒使实业买卖停顿，影响税收"，力主撤销。彼此辩论剧烈，结果四厅只允减轻税额，但为维持实业界与安定人心起见，又特许重新自由申报产价一次，以资救济。其办法是：无论产额若干，每申报一宗，纳费2元，官厅即给予新契。[①] 至此，地税会与四厅达成协商，形成《修正广东都市土地登记及征收条例暨施行细则》（简称"修正案"）。

这一修正案在多方争执之下，于1927年10月正式公布。1927年6月12日，土地局新局长王铎声邀请地税会代表黄曾民、林立、杨公卫、司徒子衡到局磋商。双方达成共识，以试办一年的名义公布修正案。[②] 然而，1927年7月21日至23日《广州民国日报》又连续刊载土地局对于修正案提出的异议，[③] 并按照旧章，厉行强迫登记，派协警向租客提取登记费，使业主不得不遵行。[④] 地税会成员大为愤慨。[⑤] 至1927年10月，修正案由广州政治分会核准，交省政府公布，但是五团体提出的修改意见均未被采纳。如核减转移增价税率，在公布后30日内登记八折收费，准业户自行前赴财厅更正地价、换领新契，每宗收费2元等项均未见于新修正案。地税会议决再向政治分会、省政府力争。[⑥] 后由广东省土地厅下令土地局将上述几项陆续公布。[⑦] 至11月，土地局称，市民呈请土地登记极为踊跃，该局每月收入土地登记费及增价税等，约三四万元。[⑧] 有意思的是，地税会并未就此罢手。1928年4月，地税会函请政治分会撤销增价税，该分会下令缓

---

① 《增价税问题中之官民意见》，载香港《华字日报》1927年5月11日，第1张第3页。
② 《修正地税条例久未公布之原因》，载香港《华字日报》1927年6月14日，第1张第3页。
③ 见《广州民国日报》1927年7月21、22、23日第9版之《市民注意之都市土地问题》。
④ 《土地局向租客提取登记费》，载《广州民国日报》1927年7月5日，第9版。
⑤ 《改善地税会与土地局之交涉》，载香港《华字日报》1927年7月9日，第1张第3页。
⑥ 《决再请改善地税条例》，载香港《华字日报》1927年10月8日，第1张第3页。
⑦ 《五团体会议土地税问题记》，载香港《华字日报》1927年10月17日，第1张第3页。
⑧ 《市民呈请土地登记之踊跃》，载《广州民国日报》1927年11月2日，第9版。

办4个月。据此，广州市政府委员会第54次会议议决缓办增价税4个月。[①]
为此，省政府甚为不满，斥其"随时变更，致涉儿戏"。[②]总体上来看，广
州市土地局在1927年10月起陆续按照修正案办理各项登记。1926年9月
起至1927年7月止，该局共处理不动产登记案8 012件，而1927年8月至
1928年7月止，该局处理的不动产登记案高达16 829件。[③]

　　鉴于土地测量旷日持久，广州市政当局自1928年10月起先行征收临
时地税。按照地价，有建筑宅地与无建筑宅地，均征收1%；农地征收5‰；
旷地征收2‰。第一期临时地税1928年10月1日开始征收，共征得地税
32 134元。[④]至20世纪30年代，土地税收已成为广州市财政收入最重要的
来源之一。（见表1）

图景

表1：1928—1935年广州市地税收入表[⑤]

年份	地税（元）
1928	17 199.63
1929	18 438.45
1930	50 969.45
1931	98 194.36
1932	518 348.37
1933	819 614.47

①《市府决缓征土地增价税》，载《广州民国日报》1928年5月1日，第9版。
②《商会联议改良土地登记手续》，载香港《华字日报》1928年5月21日，第3张第3页。
③《土地事项报告》，载广州市市政厅编辑股：《广州市市政报告汇刊》，广州市市政厅编辑股
　发行，1928年，第2页。
④ 广州市政府编：《广州市政府三年来施政报告书》，1935年，第313页。《土地财局会布展期征
　收土地税》，载《广州民国日报》1928年11月3日，第14版。《十月份财局征收土地税实数》，
　载《广州民国日报》1928年12月4日，第5版。
⑤ 广州市政府编：《广州市政府三年来施政报告书》，1935年，第331—332页。

年份	地税（元）
1934	709 216.62
1935	410 382.66

四、结论

综上所述，民国时期广州市的土地征税制度的来源有两方面。一是来源于孙中山的"平均地权"思想。孙中山看到伦敦、纽约、上海、香港等城市，由于城市化、工业化及交通发达，地价陡增，提出了要仿效德国人在青岛所施行的征收土地税和土地增值税，防止囤积土地、土地投机的土地改革方案，而广州恰好是实践这一土地改革方案的首选之地。通过重新测量土地、登记土地、管理土地及重新分配土地收益，以系统、精确的土地测量作为土地登记的基础，进而确立征收土地税的标准。再通过征收土地增值税防止土地投机，达到平均地权的目标。广州市土地征税制度的第二个来源则是市政税收结构的调整。广州市政厅成立的最初几年，除了房捐警费是大宗且稳定的税源外，其他税源的收入非常有限。而征收城市土地税的优势早已在香港、上海等地显示出来。19世纪中期至末期，香港地税的收入占殖民政府收入的比重相当大，1853—1862年的9年间占财政收入的41%—63%。[①]上海公共租界1921—1936年房捐和地税两项收入在

---

① 何佩然：《地换山移：香港海港及土地发展一百六十年》，商务印书馆（香港）有限公司广州出版社，2004年，第27—32页。

工部局收入总额中一般保持在70%左右。[①]可以说，广州市土地征税制度的实施既有思想基础，也有着实践经验的借鉴。与此同时，城市土地税的征收牵涉城市居民的切身利益，因此广州商民组成"广州各界促进改善土地税联合会"，向政府部门争取最大的权益，并在多次的谈判协商中达成了政府与商民大致可以接受的修正案。正是在城市土地征税开启之际，广州市政收入相对稳定、能够对城市基础设施有更大投入的情况下，1929—1936年间广州市迎来了市政建设的最高潮。

近代中国城市政府将城市土地作为征税的单位，既改变了市政的税收结构，也改变了宏观上国家以乡村为中心的统治秩序，城市作为行政单位在国家财政上的重要性日益凸显。同时，市政机构征收土地税再投入城市建设中去，以实现城市土地的进一步增值，也是近代中国城市政府实现其公共职能转变的重要方式。当下，城市土地是城市经济发展的驱动力，如何实现城市土地效益的可持续增长，并将土地增长的利益回馈生活在城市中的居民，仍将是城市发展中应该思考的问题。

作者简介

黄素娟，中山大学历史学博士，广东财经大学华南商业史研究中心讲师

---

① 贾彩彦：《近代上海城市化及对城市土地利用与管理思想的影响》，载《上海经济研究》2004年第4期。

广式生活中的榕树符号

何有贵

摘要：榕树，生境适应能力较强，生长速度较快，繁殖能力较强。几千年来，因其有"大榕树丛""树中有树""独树成荫"等特点而深受闽粤地区人们的喜爱。特别是在广府地区，榕树更是深深融入普通百姓的日常生活中，在"榕茵社坛"祭祀祖先，在村口的"榕树头"下谈天说地，在小巷里的"榕树下"休闲娱乐，"榕树记忆"成为一代一代的广府人永远也割不断抹不掉的乡愁。各式"榕树符号"又进一步升华体现到戏剧、影视、文学、书画等文化载体上，成为广府文化的重要组成部分。

关键词：榕树；广府文化；榕树头；榕树文化

引言

2018年，习近平总书记在广州考察时强调要"注重文明传承、文化延续，让城市留下记忆，让人们记住乡愁"。榕树是广式生活中一个重要的文化符号，关系着这片土地上的人们故土难离、安土重迁的浓重乡愁和城市发展记忆。中国古人很早就发现榕树具有一种"易生"的特性，还有"荫庇"的优点，譬如宋代的周去非在《岭外代答》中称，"榕，易生之木，又易高大"；晋代嵇含在《南方草木状》中说，榕树"其荫十亩，故人以为息焉"。通过运用中国文化"比德""移情"等思维，榕树作为一种文化符号被植入中国文化特别是闽粤文化、广府文化的文化脉络中，具有了特殊的文化价值。在广府文化中，榕树文化符号与广式生活息息相关。不论是"榕荫社坛"，还是"榕树头"，或是遍布在广府城乡的榕树景观，榕树早已经超越了一种单纯植物的存在，而变成承载广府文化重视生生之德、追求乐天和谐生活方式的重要文化符号。

本文试图通过对榕树在广府地区的种植和发展历史的梳理，论述以榕树为代表的榕树文化在岭南地区特别是在广府地区文化中的独特地位，以期唤醒社会对榕树及榕树文化的重新认识。

一、广府地区的榕树家族

榕树属桑科常绿大乔木。榕属植物是一个很大的家族，分布很广。在岭南地区，榕树干粗枝壮，异常茂盛，常常从枝杈上垂直披挂下一丛丛的气生根须，轻风吹动，宛若飘动的须髯，显得枝干苍老雄劲。这些气生根须一旦接触地面，就会扎入土中，生根长大，地面部分的根须则迅速成长，化为树干。所以，一棵榕树常会扩展成为根接株连的大榕树丛，形成一大片广阔的浓荫。榕树的种类很多，一般见到的有细叶榕树、大叶榕树。平常所说的是指细叶榕树。在广东见到的榕树，树高一般达16—25米，胸径20—30厘米，甚至可达两米左右。

全世界有榕属植物大约750种，有半附生、全附生、攀缘、蔓生灌丛等，在森林内、山地、溪边、城镇、村边甚至石缝中随处可见，是最多样化的植物类群之一。榕属植物在世界上主要分布于热带、亚热带地区，其中非洲、美洲和亚洲—大洋洲为3个主要分布区。大约有500种榕树存在于亚洲、大洋洲及太平洋群岛，这一分布区的特点是种类多。

在21世纪初，中国榕属资源共90多种，世界上6个亚属的榕树在中国均有不同程度的分布。"在我国，榕树主要分布在西南部和南部，尤以云南最多。其次是广东、广西、贵州和海南等地区。……同时，广东在榕树种类的总数和异株的种类上也都占了较高的比例。"[①]

新中国成立初期，华南师范学院地理系杨碌华从1957年起对广州地区冬季（12—2月）的植被季相以及个别植物品种的生长发育状况作过比较仔细的观察，认为广州市植被受人类活动影响较大，原生林木早已不存在，就是次生的草地灌丛亦被开垦或造林，失去自然原貌。仅在近郊一些小丘坡地，造林后仍保留着许多原来野生的小灌木和草本植物；个别村边小林，也依旧在一定程度上呈现出自然植被景色，亦无碍于研究，"广州地区的草坡及村边较常见的植物种，包括有桃金娘、岗松、野牡丹、酸藤子、黄牛木、红车、蒲桃、大叶榕、榕树和鹧鸪草、鸭嘴草、野香茅以及蕨类植物中的芒萁、乌毛蕨、铺地蜈蚣等五十余种"。[②]从这里可以看出，在广府地区，榕属植物是作为一种原生植物而存在的。

二、广州城市变迁中的榕树印记

榕树的繁殖与一般树木不同。一般树木，当其种子成熟之后，往往借助风力或者飞禽传播，每粒种子几乎都脱离母体，独自"成家立业"。而榕树，除了上述传播方法外，不少种子却往往散落在母树的树丫或树干凹陷之处，由于南方终年高温多雨，空气湿润，所以很容易使其种子在母树植株上萌发生长，长成灌木状。这些新出生的榕树将根扎在母树身上，从空气和母树中吸取营养，所以常形成"树中有树"的奇特景观。榕树这种独有的特性，使得它们在岭南大地生生不息，成为这个地区与当地人共生

---

① 林淑玲、赵南先、陈贻竹等：《榕树（Ficus）在中国的分布及其在协同进化研究上的意义》，载《生态学报》2007年第10期。
② 杨禄华：《从广州植被的冬季季相研究对华南自然区划的意见》，载《植物生态学与地植物学丛刊》1966年第1期。

同存的优势植物物种。

从公元前214年建城开始直到现在，历经2000多年，广州成为世界上为数不多的市中心一直没有改变的城市。2000多年的沧海桑田变迁，使得现存的历史古迹弥足珍贵。其中，寺观就是特别值得珍视的一部分。而与这些古建筑一道生存和发展的就是那一丛又一丛历经沧桑的榕属植物，二者交织演绎出动人的城市文化记忆。

比如广州名寺海幢寺。海幢寺创建于明末，兴起于清康熙初年，其规模之大、佛事之盛，使之成为"甲于粤东"的一大丛林。海幢寺建基于福场园旧址，占地辽阔，"周数十亩"，东至今福场路一带，西与安海（今溪峡一带）接壤，南达万松山，北抵珠江河畔，数倍于今海幢公园。"寺门前有多人合抱的大榕树，绿叶成荫。"① 寺院建筑宏伟华丽，大大小小的建筑物，遍布寺院的每一个角落，有名字可考者有丛现堂、西禅堂、镜空堂、松雪堂、悟闲堂等十多处。其中"以松雪堂最为美丽，房屋建筑在古榕的底下，浓阴蔽日"②。海幢寺一向以"四大金刚"塑像著称，这"四大金刚"不但身高丈八，而且面目狰狞，从前有些到寺游览的妇女孩子，都害怕得不敢仰视。"但海幢寺的特色并不在这四尊泥菩萨，而是寺内有许多高大的榕树和花木。每到春初降雨的时候，嫩绿的树叶和鲜红的花朵，在烟雨当中就愈显出它的艳丽。所以'海幢春色'也算是羊城八景之一。"③ 据《广州城坊志》引沈复《浮生六记》称："海幢寺规模极大，山门内植榕树，大可十余抱，阴浓如盖。"现在，"在海幢寺内不仅保留着树龄达422年的斜叶榕、360年的菩提榕等等高龄榕树，也有新栽的大叶榕。基本保持了曾有的林木参天、浓荫覆地、景色优美的环境景观"。④

① 邓端本：《海幢寺说古》，载《广州日报》1989年1月7日第6版。
② 同上。
③ 李景：《海幢寺》，载《广州日报》1953年7月25日第3版。
④ 刘茜：《基于本体保护的广州寺庙建筑旅游景观设计研究》，广州大学2013年硕士学位论文。

再说六榕寺。六榕寺原名净慧寺。宋元符三年（1100）苏轼由海南贬所北归，途经广州时已是九月末的凉秋，遂在净慧寺旁的天庆观住留一月左右。这位四川学士见到寺内盘根错节、茂盛婆娑的六株古榕，浓荫蔽日，便常来休憩。又应寺僧邀请，留题墨宝"六榕"书匾，这六棵榕树便成为寺内著名景观。后来净慧寺也改名为"六榕寺"。但在明洪武六年（1373）寺院被割去部分面积的同时，六棵榕树便所剩无几。到了清代，当年苏东坡为之题字的六株榕树，早已倒毁了，情形有如"六榕"寺匾二字两边的一对楹联："一塔有碑留博士，六榕无树记东坡。"时人为了纪念苏东坡，便在原来六株榕树所在的地方重新补种。清末民初时，由"广东佛教会"在榕荫树下建了一个方亭，并把它叫作"补榕亭"。

六榕寺与榕树的关系，不仅仅体现在"六榕"和"补榕亭"，还有一个建筑叫作"榕荫园"。"榕荫园"是民国时期寺内开设的一酒家的名号。当时，以铁禅和尚为首的"广东佛教会"的佛教徒，大都是官僚政客。"铁禅有一个俗家兄弟叫刘耀岐，他见当时坐落在中山六路的西园酒家，由于经营鼎湖的罗汉斋而生意十分兴隆，于是他向铁禅和一些佛教徒商议集资，在六榕寺内开设酒家。经过精心谋算，他们决定先修建补榕亭，以便招徕更多香客。然后在亭前开凿一个可以容纳一两只画舫的水池，升高池边地面，修建一系列精巧的厅房，辟为一座大茶厅，这就是榕荫园。"①就环境而论，六榕寺是广州有名的古迹，再加上人工修造的亭台水榭，因而能把大批食客吸引到这里来，使其营业出现过压倒西园的一个相当长的时期，直到抗日战争时，这座"榕荫园"才宣告歇业。

补榕亭和榕荫园都是六榕寺内的建筑。前者现在还在六祖堂前，后者则拆毁无存。民国时期补植了几棵榕树，至今已有一百多年了，虽然不是当初苏轼所见到的六榕，但如今寺院也依旧榕荫苍翠。

---

① 鲁麦:《六榕寺的"补榕亭"与"榕荫园"》，载《广州日报》1984年3月4日第6版。

又比如，作为寺院园林特色的古树名木，"光孝寺最有名的就数菩提树和苛子树"，其中两棵细叶榕树龄"分别是314年和254年"。[1] 榕树成为千年古刹光孝寺的一景。同样，在扩建当中的广州的另一著名历史建筑大佛寺，其周边建设的佛教文化大楼、方丈楼、佛教文化博览苑等高层附属建筑，绿化广场，也保留原有古榕树，通过古榕树留住寺院的历史印记和城市的回忆。

到广州旅游的人，都常常想到南方剧场去看看那里的九曜石。《广东新语》有："九曜石在药洲旁。南汉主刘龑使罪人移自太湖、灵璧，浮海而至者"，后来，"由于地理的变化，石块沉降，没入土中，上面长出大榕树"。[2] 九曜石从太湖等地到广州落户，距现在已经1000年。几经沧桑，今天的西湖路一带，变为通衢大道，九曜石仅余下一部分；但是遗存的九曜石遗址旁，几棵大榕树盘根错节，倚墙而生，屹立在南方剧场的花园之中，成为广州古西湖唯一的"历史见证人"。

广州东山的开发也有榕树的烙印。历史上，广州的东山原是一片荒丘，和广州城区并不相连，离大东门约三公里。在20世纪初仅仅有三个自然村，即山河村、寺右村、猪屎寮。东山得名是因为东山寺，该寺位于七星岗，是东山的最高点。该寺建于明宪宗成化二十一年（1485），原名"永泰禅寺"，由太监韦眷出资兴建。到了清世祖顺治七年（1650），总兵班志富倡议重修该寺，便把前殿改建为北帝真武庙，俗称东山庙。东山庙应该说是广州东山的起始，"庙前有四株大榕树，市民在树下摆卖瓜菜，以后逐渐形成一个小市集。由于东山寺、东山庙以及庙前的四株大榕树，这里慢慢成为东山的中心点"。[3] 从此以后，东山不断兴建医院、学校、商店、工厂而一步步发展到如今繁荣的城区，如同榕树不断连片繁衍、蔚为

图景

---

① 刘茜：《基于本体保护的广州寺庙建筑旅游景观设计研究》，广州大学2013年硕士学位论文。
② 余振唐：《引人的广州九曜石》，载《广州日报》1982年2月6日第4版。
③ 元人：《广州建设话东山》，载《广州日报》1985年4月15日第5版。

大观一样，成为广州著名的文化老城区。

当然，说到广州历史遗迹，就绕不过"海珠石"。广州母亲河——"珠江"即得名于此。据古书记载，海珠石广袤二亩，上有"古榕十余株，游人往往息舟其阴"①，小商贩们则向游人兜售荔枝、芙蓉、素馨等花果。在19世纪初的西洋版画中，可以看到"船只停在海珠岛边上，掩藏在大榕树投下的阴影中"。②到民国时代，海珠岛变身为公园后，"海珠公园门口有棵大榕树，公园内还有古榕十多棵"。③随着珠江北岸的南移，海珠公园并入陆地。新中国成立后，"这里才开辟成一个花园，园内千年的大树被保留下来了"。④

这些历史建筑中的榕树，遗存也好，消失也罢，始终与广州城市发展相生相伴。新中国成立不久，"本市市区及郊区各主要交通要道路旁，今年上半年已由市园林管理处栽下各种树木4万8797株。这些树木中，有南方特产的榕树……"⑤以后历年的植树节中，作为基本树种，榕树在行道、公园、学校、厂矿被广泛种植。不仅如此，榕树也开始步入"高堂大殿"。"全市各工人文化宫正在积极装饰、美化环境，组织丰富多彩的文化娱乐活动，让职工群众欢度春节。市工人文化宫最近建成一座壮观雅致的榕荫飞泉。飞泉建在电影剧场前面的百年古榕树下，流泉飞瀑，月灯影照。彩虹凌空，鱼儿追逐，相映成趣。"⑥广东迎宾馆内，"碧海楼置身于一片椰葵杜鹃之内，面前是一座绿荫成盖的小山，山中绿藤老树、佳木葱茏，保留着自然生长的奇趣。馆内的南面至今保留着数棵巨大的古榕树，树干参差、绿叶婆娑，遮盖着下面两座古老的别墅式建筑——六榕楼和净慧

---

① 广州市越秀区档案局编：《长堤风华录》，广东人民出版社，2016年，第4页。
② 同上，第8页。
③ 同上，第48页。
④ 贾述里：《花木陈设展览在海珠花园展出》，载《广州日报》1978年12月30日第3版。
⑤《绿化主要交通路线》，载《广州日报》1956年7月2日。
⑥《全市工人文化宫准备丰富多彩节目迎新春》，载《广州日报》1981年2月2日第1版。

楼"。①在另一处广州著名的五星级酒店——花园酒店，其天台花园呈现出"珠江三角洲水网地带风光，三株苍劲的雷州榕凌空而立，风姿迷人"。②可以说，榕树与广州城市建设发展相伴相依，承载着广州城市历史文脉中的文化记忆。

三、广式生活传统中的榕树乡愁

在广府文化中，榕树意味着家园，是令广府人魂牵梦绕的乡愁所在。榕树与社神、社坛、祭祀等传统文化要素联系密切，在广府文化中有着悠久历史。社神源于古代的社稷崇拜。明初，洪武帝诏令天下立社，从此社公崇拜向民间扩散。这种崇拜在本来就很盛行鬼巫文化的广府地区得到迅速普及，并形成了"靠庙为坛""靠树为坛""临埠建坛"的相对固定模式。其中，无论庙也好，埠也好，一般都有树为伴；树因为与神坛的关系，被称为"神树"。这里的树主要是榕树。

千百年来，从北方中原大地一波又一波迁徙到岭南的人们，大多是以家族为单位居住和聚集的，社公就是家族的纽带。一方面，传统广府村落的各姓氏或各房系相对集中聚居，通常以河涌为界，分居村落的不同地方，而每一个聚居区通常都有一个社神（社公、社稷坛、土地神）。另一方面，每个村落都植有一棵或若干棵榕树，其中又数村落的公共空间榕树最多，常常临水塘或河涌。这些古榕通常栽植时间久远，树的半径较大，枝叶浓密利于遮阴，形成广府水乡特有的浓荫广场景观。在浓荫广场上通常会建社坛，构成"榕茵社坛"景观。③屈大均所著《广东新语》写道："各乡俱有社坛，盖村民祭奠之所。族大自为社，或一村共之。其制

① 宝龙：《迎宾花放一枝春——广东迎宾馆巡礼》，载《广州日报》1984年12月18日第4版。
② 李国权：《园林设计绽奇葩》，载《广州日报》1985年3月24日第1版。
③ 王东：《明清广州府传统村落审美文化研究》，华南理工大学2017年博士学位论文。

砌砖石，方可数尺，供奉一石，朝夕惟虔。亦有靠树为坛者。""靠树为坛""临埠建坛"也是广府地区常见的村落景观现象。

村民空余时间常常聚集在榕荫广场休闲娱乐，特殊时节则祭拜社神，因此榕荫社坛既是娱乐空间，也是关于"神"的信仰空间。佛山顺德逢简村过去有16个社，每个社被河涌分割，各社之间既相对独立又紧密联系为一个村落共同体。每个社都有各自的"社神"，社神通常建于"村社"祠堂附近的公共空间，位于河涌旁、榕树下。河涌旁大都建有埠头，供本社使用。在南海、番禺、顺德、东莞的水乡村落里，每个社都有"社神"、古榕、埠头，区分严格，各姓氏、房支、个人使用不同的埠头。榕荫社坛与小桥流水、水口园林、河涌植被、驳岸水埠、田园风光共同构成了明清广州府村落景观的主要要素。

在广府地区有"榕树多着地必兴"的说法，榕树作为珠三角地区的优势物种，适应高温多雨的气候，生长周期短，根系发达，枝繁叶茂，是生命力强的代表。巨大的树冠利于遮阴，消解亚热带、热带的酷暑，因此在广府村落中被大量普遍地种植。广府水乡河涌两岸一般由绿荫古榕、果林花卉、林立松杉、水埠驳岸等几个景观要素组成。因此许多村落的河涌两岸遍植榕树。如海珠区的黄埔村、小洲村，东莞的潢涌村、麻涌村，佛山的烟桥村、逢简村，河涌边都植有大量的榕树，由于年代久远，枝繁叶茂，树干苍虬，彼此相连，皆成连理（其枝可以向下长，变为树干，故又名"倒生树"）。

广州海珠区的小洲村至今留存有著名的小洲八景，即古渡归帆、古市榕荫、翰桥夜月、西溪垂钓、倚涌尝荔、崩川烟雨、华佗奇石、松径观鱼，这八景综合了广府水乡的景观特色。可以想象，河涌两岸冠大荫密的榕树分列两岸，小舟或穿梭其间或停靠岸边，商贩吆喝着贩卖水果、海鲜、丝织品，河涌两岸商铺、祠堂、民居、庙宇、埠头、古桥顺着水流渐次展开，俨然一幅广府水墨画。

海珠区水乡龙潭村的中央是一处开阔的深潭，为村中"Y"字形水道交汇处，那是旧时渔船停靠之地，也是全村的形胜之地。由于四周河水汇集此潭，有如巨龙盘踞，所以当地便称其为"龙潭"。龙潭北面布置了三座平板桥，连接河涌各岸。古村四周古榕参天，河道驳岸、古桥、书院、古民居、古牌坊、祠堂等古建筑群和参天古榕围合成多层次、疏密有序的岭南水乡空间格局。①

更简单一点的榕树文化景观，或者更常见的就是"榕树头"——岭南传统村落中祠堂、水塘、水井等典型的村落空间场所中常见的古榕绿荫之景。古榕多种植于村口或水边上。比如东莞石水口村距北门不远的村口，就有一棵大榕树，我们称它为"迎客榕"。广州番禺南亭村口有一棵树龄100多年的大榕树，主要作为村口的风水树。钱岗村落位于广州从化区太平镇东面，始建于宋代，距今已有800多年。村前设置有禾坪和风水塘，村后种植风水林，村口种植大榕树，以创造舒适的小气候。大岭村位于广州市番禺区石楼镇西北部，始建于北宋，距今800多年，具有深厚的历史文化底蕴。大岭村地处珠三角的中心位置，是广府文化的发源地，保存了典型的广府特色村落环境，具有较为广泛的地域代表性。在大岭涌西侧有龙津桥，为双孔石桥，桥南还有宝塔一座，名文昌塔，桥头植有两株大榕树，树下为休憩场地，还有座椅。涌、桥、树、塔、池、广场有机组合在一起，构成了广府传统村落中的经典景致。②

在广府地区，"榕树头""桥头""铺头"是人们熟悉的"三头"，特别是榕树头，三五成群聚集在一起，审时度势，讲古论今，历来是农民工余时聚会谈天之地。"龙洞大队有九百多户，四千二百多人，耕地三千三百多亩。社员'收工围灶头，饭后聚树头'。'石狮庙''大榕树头''猪肉

---

① 朱光文：《榕树·河涌·镬耳墙——略谈岭南水乡的景观特色》，载《岭南文史》2003年第4期。

② 张莎玮：《广府地区传统村落空间模式研究》，华南理工大学2018年博士学位论文。

铺门口'是社员群众工余时间喜爱聚谈的地方。"①为此，在20世纪七八十年代，广州市委机关报《广州日报》专门开设了一个叫作《榕树头》的专栏，在这里，社员群众经常议论农村中的各种问题，就像社员工余饭后在榕树头的树荫下纳凉时谈天说地一样，"让农村干部和社员群众发表意见，反映农村的新情况，议论农村的新问题；表扬村里田间的好人好事，批评损害国家利益和集体利益的不良倾向和坏人坏事；提出各种建议，活跃农村的民主空气"。②

　　在广州地区，"榕树头"甚至成为一种心灵交流和互帮互助的代名词。1980年代，广州北郊有个石井镇农业技术咨询服务公司，该公司在各个村子里设有咨询站，农民们有空便聚拢到咨询站来做客、咨询、闲聊、交流信息，不少农民亲切地把咨询站称为"新榕树头"。③

　　由于"榕树头"现象的存在，久而久之，在广府地区便产生了一系列直接以"榕树头"命名的地名。在香港九龙油麻地的庙街，有一个角落叫榕树头。几十年来，这里都有表演艺人在摆卖献艺，由于都是在夜晚出现，而观众又主要是附近中下层居民，被人们称为"平民夜总会"。④牛头岛是珠江出海口上的一个小岛，据《广东水师营官兵驻防图》，清鸦片战争以后至迟同治初在该岛之上始设有"榕树头汛"。⑤在广州市白云区，由于历史上的"榕树头"地名影响深远，在同和路附近形成了"榕树头路""榕树头西街""榕树头公交站""榕树头社区"等一系列以"榕树头"开头的地名。后来由于带有"榕树头"的地名太多，不得不以"同和榕树头""南沙榕树头"等前缀的形式加以区别。

　　在广州，老榕树更是代表着"老广"的"榕树头"文化。榕树记录着

①《龙洞新事》，载《广州日报》，1974年9月14日第1版。
②《社员不要私自乱开荒》，载《广州日报》1979年5月19日第2版。
③ 叶班浓：《服务于农民才有生存之道》，载《广州日报》1987年9月12日第7版。
④ 辛垦：《"榕树头"卖唱及其它》，载《广州日报》1988年9月10日第5版。
⑤ 鲁延召：《明清时期广东中路海防地理研究》，暨南大学2010年博士学位论文。

最生动的市井生活，也承载着老广州人最亲切的街坊情谊，甚至有些老人把老榕树敬奉为神灵。荔湾湖八景——花坪舞缘、榕荫歌声、玉湖泛舟、荔拥虹桥、仙祠古渡、春波松影、紫微秀径、沙渚菰蒲，都是在这水上、绿道中一一呈现，极具岭南水乡景观特色。[①]荔湾湖如意湖上的水亭，在绿榕的背景下，黑色屋顶、檐下的红灯笼、水中倒影构成一幅淡雅宁静的景观。五秀湖南面的古色"纳凉长廊"，在榕树的绿荫掩映下，水面的微风吹来，是游人纳凉的好地方。文塔旁四季常绿的三棵古榕树距今已有近200年，记刻着荔枝湾的荣辱。

2018年暨南大学博士王婧雯在一个有关"西关居民地方感"的调查中，列举了30个涉及西关文化的要素，其中排在第六位的就是"古榕树"，排在古榕树前的五个是"西关大屋""骑楼""西关小姐""名人故居""西关特色美食、小吃"，而"荔枝湾涌""陈家祠""白鹅潭"等要素都是排在"古榕树"之后的。[②]古榕树，在西关人眼里是延续上百年未曾改变的西关风貌，他们在榕树下玩耍长大，吃惯了老西关的传统美食，这种味觉上的记忆无法替代。老西关的饮食文化在居民心目中普遍认同度较高，是大多数居民不愿意搬迁的首要理由。有排着长队、因没有座位而围坐榕树因而得名的榕树河粉，也有远近闻名、传承至今的高档酒楼莲香楼。从平民小吃到精致粤菜，从街巷到酒楼，无一不是粤式美食的经典。还有在榕树头下买粉、吃粉，已经成为老西关人生活的重要组成部分。再比如炭炉煲，晚上在榕树头下面打煲，以前这种吃法很贵，现在大家都能消费得起了，这种吃法成了一种风情体验。甚至在古榕树下吃一盘炒螺也成为无比幸福的事情："我特别喜欢吃炒田螺。这不仅因为它只是一毫几分的交易，还因为它的档口摆在街尾一棵大榕树脚下，那儿没有摊档的拥塞，加之榕

① 何芙莲：《广州老西关荔枝湾景观小品研究》，华南理工大学2017年硕士学位论文。
② 王婧雯：《地方感视角下广州西关景观意象研究》，暨南大学2018年博士学位论文。

荫清幽，凉风习习，是乘凉与享口福兼而有之的好所在，所以深得食客欢
迎。入夜，人们吃过了晚饭，洗过澡，穿上干爽的衣服，摇着扇子，来到
了这大榕树下的炒螺档，买下一碟香喷喷的炒田螺，有的围坐在档口矮圆
桌旁，有的蹲在露出地面的大树根上，'啜啜'之声，此起彼伏，情趣盎
然。"[1]有一首小诗更是轻描淡写地道出了浓浓的乡愁与记忆："春季里来珠
江边，雨后斜阳景色妍，清风轻拂行人面，彩裙如蝶舞翩翩。榕树下，小
炉前，艇仔粥，牛腩面，细啜田螺说乡情，西餐欧食怎能比，个中味道最
醇厚……"[2]因此，榕树也成为广府人隽永的记忆，"我家坐落在城东一条
古老的小巷里。古巷不算长，可也迂回曲折。古巷口有一棵枝叶婆娑的大
榕树，年龄已经很老很老了，树干和须根交错绕缠着生长在一起。几百年
来，它就是这样横眉风雨，品味沧桑，自始至终屹立不倒……记得儿时的
夏夜，古巷口的大榕树下，有不少人聚在一起纳凉闲聊，我也曾陶醉于老
人们绘声绘色地讲述的神话故事之中"。[3]

　　所以，我们也不难理解，即使在广州现在的大街小巷，"榕树头农
庄""榕树头餐厅""榕树头烧烤""榕树头炖品""榕树头大排档""榕树
头美食"也到处可见，甚至"榕树头文化站""榕树头工作站"一些社区
性的带有榕树的名称也比比皆是。这些都是榕树所代表的广府文化中令人
挥之不去、念之弥切、思之愈亲的文化乡愁。

四、广府文化艺术中的榕树形象

　　榕树与广府人如此紧密相关，广府文化中的"榕树符号"自然随处可
见，在文学、电影、绘画等艺术作品中多有体现。

---

[1] 黄泳瑜：《吃炒螺小记》，载《广州日报》1980年12月26日第3版。
[2] 梅佳：《羊城四季情》，载《广州日报》1985年1月1日第4版。
[3] 曹裔明：《别了，古巷》，载《广州日报》1989年12月31日第6版。

榕树真正进入文学视野是在中唐。清代宋长白云："闽粤之间，其树榕，有大叶、细叶二种，纷披轮囷，细枝着地，遇水即生，亦异品也。前人取为诗料，始于柳子厚'榕叶满庭莺乱啼'。"这是说，榕树入诗始于柳宗元《柳州二月榕叶落尽偶题》，其诗曰："宦情羁思共凄凄，春半如秋意转迷。山城过雨百花尽，榕叶满庭莺乱啼。"到了宋代，榕树更是为文士名臣所激赏。比如北宋名相李纲就著有《榕木赋》，他在序中说"闽广之间多榕木，其材大而无用。然枝叶扶疏，芘荫数亩，清阴人实赖之，故得不为斧斤之所翦伐，盖所谓无用之用也"。这是用庄子哲学说明生长在福建和两广的榕树具有一种"无用之用"的美德，既能全身自己，也能荫庇于人。同一时期的学者薛季宣著有《大榕赋》，更是认为榕树"斯其为大通之德也"，对榕树赞誉有加。时人杨万里在造访广州的越王台时，写下了一首《三月晦日游越王台》："榕树梢头访古台，下看碧海一琼杯。越王歌舞春风地，今日春风独自来！"①岭南榕树梢的春风拂过诗人心间，写尽人世多少感慨。到了明代，胡宽的《送郑东谷之任广东》诗云："一官新拜岭南行，多少山程共水程。驿路梅花残雪尽，岐亭杨柳晓烟轻。文犀大贝来殊俗，独鹤孤琴识宦情。想到羊城春正好，满庭榕叶听流莺。"②一改柳宗元时期的"愁思满纸"，体现了一种"羊城春好，榕下听莺，何等惬意"之意境。清初，岭南三大家之一的屈大均是这样描述榕树的："榕，离之木也，外臃肿而中虚，离之大腹也。其中常产香木，炎精所结，往往有伽倻焉。粤人以其香可来鹤子，可肥鱼，多植于水际。又以其细枝曝干为火枝，虽风雨不灭。故今州县有榕须之征。其脂乳可以贴金接物，与漆相似，亦未尽为不材也。"③榕树在粤人这里，除了原来的无用之用，也有

---

① 转引自黎映欣：《江南园林与岭南园林相互影响之研究》，浙江农林大学2016年硕士学位论文。
② 转引自陈灿彬：《岭南植物的文学书写》，南京师范大学2017年硕士学位论文。
③（清）屈大均：《广东新语》（《清代史料笔记丛刊》版）第二册，1985年，中华书局，第656页。

了慧眼别开、此方独好的妙用。

进入现代，"榕树符号"在广府文化中更是深入骨髓。20世纪90年代，电影《绝响》展现出改革开放后的南国市井风情，有"沙基涌"边别具风味的艇仔粥以及琳琅满目的新潮服装个体摊档，还有盲人聚集在大榕树下演奏广东音乐和粤曲。陈残云的电影创作在岭南电影史上占有重要的地位。其作品中，除了有《南海潮》对南风醉人、远山如梦、海潮初涨、渔火点点、银波荡漾的海湾夏景的细致描绘，还有《故乡情》中对麻石土墈头大榕树下"德记"铺头和各色人物的生动描写。1989年10月，作为向建国40周年献礼的剧目，广东民族歌舞团演出的神话舞剧《龙子情》，其故事取材于海南岛五指山市的民间传说《龙子的故事》。南海小金龙同情并爱上了备受哥嫂欺凌的黎妹，每夜到山栏园里与她幽会。哥窥见后，假扮成黎妹伺机将龙子砍伤。黎妹在榕树下杀鸡杀牛祭拜，祈求龙子平安。黎妹知龙子已死，毅然殉情，葬身南海。榕树纷纷落叶，继而枝折树倒。该剧以浪漫主义的笔调，讲述了一段凄美的爱情故事，塑造了龙子与黎妹这一对坚贞恋人的形象，与榕树符号有着紧密联系。

在文学作品中，广东人民熟悉的作家秦牧20世纪80年代出版的作品《长河浪花集》结构奇特、色彩鲜明，除了《赌赛》《吊萝山翠色》等美文，还有《榕树的美髯》，充满对南国榕树的赞美。在广东诗坛上，关振东的名字并不陌生。早在20世纪50年代，他就开始写诗，诗集《流霞》的第一辑主要是写大沙田的，他写了大沙田"小河涨满春潮"的早晨；写了大沙田"铺满爱情，铺满笑"的路，还写了大沙田的古桥、榕树、小艇以及那"一滴滴——似露，一缕缕——如烟"的沙田雨。这些诗，单独来看，就像一幅幅清新明丽的风情画，组合起来看，却像是一卷构图完整的

"沙田锦绣图"，榕树符号有着突出岭南乡韵的画龙点睛的作用。[①]

在岭南画作中，"榕树符号"也比比皆是。20世纪90年代，无论是任桂森的水乡画作《村渡》，还是王维宝《故乡的回忆》，都着重刻画了故乡的老榕树。活跃在广东画坛的另外一位画家黄云，20世纪50年代末期考入了中央工艺美术学院，在装饰绘画系攻读壁画专业。在他的山水画中，他很爱画瀑布和榕树，前者着重写其奔泻飞溅的动势，后者则刻意表现古榕的敦实、奇崛、古朴而静谧的神态。1980年代，画家陈名流的作品《寻根》画的就是一棵巨大的热带植物榕树，但只有下半截树干及露出地面的一大堆树根从树下部作交叉的网状向画面下部铺开。画题定为"寻根"，语涉双关，耐人寻味。

1981年，著名国画家关山月应邀为新加坡中国银行创作巨画《江南塞北天边雁》。画面上的江南胜景，以山崖为近景。崖上古木耸立，远近相映。塞北那边，云山莽莽，白雪皑皑，万里长城在崇山峻岭间盘延绕伸，古木中，大榕垂髯飘忽。再有如关山月的另一幅力作《榕荫曲》。此画先是以平缓的水乡景色为引子，好比一曲动人的乐韵，把人渐渐带入榕荫茂密的村庄。接着又出现起伏较大的山村、幽涧，随之山势又转入一处深谷。渐渐又回复平缓，终至一片汪洋大海，茫茫空阔无边。把榕荫美景表现得自然淋漓，主次分明，整体连贯，真如一首起伏流畅、跌宕回旋而气势不凡的《榕荫曲》。"此作，我没有先打好草稿（包括腹稿），只是根据童年和以后对南国水乡生活的感情，随意去画，边画边生发。"[②]可见此作以随想的方法创作，再现了令人醉心的田园风情，山村篱落、牛背斜阳、水畔人家、流泉幽涧、古榕渔村、碧波轻帆，无不以细腻深挚的感情，创造了平凡而清新的画境。如果没有对南国水乡和古榕的熟悉和形象积累，

---

① 秋平：《一片绚丽的彩霞——读关振东的诗集〈流霞〉》，载《广州日报》1984年12月30日第3版。
② 关伟：《读关山月的〈榕荫曲〉》，载《广州日报》1989年7月15日第6版。

没有对其结构特性的透彻理解，没有对其深厚的感情，随想便只能是空想，又何来情意动人的艺术创作？

榕，与人相伴，榕的精神也被人们幻化。于是很多文人的字号、居室、文集都以"榕"来命名，比如榕巢、榕村、榕坛、榕江、榕门、榕庵、榕龛、榕斋、榕坞、榕玲、榕皋、榕园、榕门、榕庄、榕塘、榕堂，等等。这些以榕为名的文人大部分是生于斯、长于斯的本地人。他们对榕树的感情诚然是对故乡风物的热爱，以榕为名，无疑是他们审美旨趣和生活理想的间接体现。

结语：生生不息的榕树文化

榕树是广府文化的象征，榕树符号是广式生活的印记，从古到今一直为人所珍视。现如今，人们更是着力研究榕树，种植榕树，保护榕树，以实际行动让榕树的绿意写满岭南大地，让榕树文化在广府人的生活中生生不息，感染着这片土地上来来往往的居民和游客。

2022年起，关于榕树好消息不断。（1）广州市主管部门依托市林业和园林科学研究院设立华南植物资源研发中心技术研究平台，开展榕树等乡土树种种质资源开发利用研究。目前已梳理广州市良种繁育基地已有的榕属等乡土植物，收集榕属植物20多种，开展榕属等乡土植物繁殖技术及袋苗栽培技术研究。（2）为进一步挖掘榕树资源多样性，加强华南地区榕属品种培育和保护工作，选址番禺大夫山建设我市首个榕树主题公园，到2024年9月，大夫山榕属植物已达108种（含品种）、14000余株，成为华南地区榕属植物种类最多的专类植物展示园。（3）将"优先使用乡土植物"写入《广州市绿化条例（修订）》，突出乡土植物和乡土树种的选用；制定印发《广州市主要乡土及适生植物名录》，共收录155科473属864种，其中榕树24种；修订《广州市行道树技术工作手册》，强化适地适树和乡土植物运用，在推荐树种中增加榕树等乡土树种。

让我们以当代作者梁健生的《榕树赋》中对榕树的深情表白结束本文，代表广府人对榕树的爱，并祝福榕树文化在这片土地上越来越有生机和活力：

> 你许是从雪雨里过来的吧？不然你怎么这般理解生活的艰辛？你安态于石梁上，在小桥边，在古道旁……以你坚韧不拔的精神，以你宽阔的胸怀，铸成一座绿茵葱茏的凉亭——默默地承受着风雨和烈日的考验。你只求把荫凉和舒适留给远行的路人。
>
> 一天又一天，一年又一年……直到有新的生命从你的位置上萌生！
>
> 榕树哟！多么可贵的风格啊！你可是树族中德高望重的长者？你可是绿色王国饱经沧桑的老人？我从来没有见你摆过什么老资格。因此，我爱带上我的童心和放牛的、割草的孩子们一起，围坐在你的膝上，抚摸着你的胡须，倾听你的讲述，讲述当年那不知名的栽树人……①

作者简介

> 何有贵，法学硕士，新闻主任编辑，广东省新闻记者工作者协会专家库成员、广州大学特聘硕士研究生导师、广州市地方志学会理事、公众号"广州旧闻"创始人

① 梁健生：《榕树赋》，载《广州日报》1989年7月9日第6版。

图景

和气生财：千年商都最亮丽的风景线

刘金山

摘要： 从古至今，和气生财都是千年商都广州最深邃、最具底蕴、最亮丽的风景线，也是广州作为包容之城、国际之城、贸易之城的微观基础支撑。古代的商人为化解自然风险与市场风险而集聚广州，开启中美经贸关系的"中国皇后"号驶向广州，现代的商家"丹唇未启笑先闻"，羊城夜市中经济人与社会人身份的温情转换，都是重复博弈的人性使然，都是通过提供更好的产品和服务获得更多的货币流，这进而形成了市场规则与千年商都的永恒品牌。和气生财的市场意识升华为政府与市场的协同互补，更夯实了千年商都的前行力量。

关键词： 和气生财；千年商都；市场风险；重复博弈

人生在世，需要解决两个问题：怎么挣钱？怎么花钱？怎么挣钱，在于我们能为别人提供什么优质的产品和服务；怎么花钱，在于我们如何选择别人为我们提供的产品和服务。挣钱，就是我为社会提供更好的产品和服务，市场决定我的现金流"有或无""多或少"，决定着我的生活（怎么花钱），决定着我能拥有多少"别人为我提供的产品和服务"。市场，讲的是"和气生财"。为什么要细声细气地经营市场？因为粗声粗气会赶走你的货币选票。把别人的钱，通过市场，装到自己的口袋里，是不容易的。马克思说得好："商品价值从商品体跳到金体上……是商品的惊险的跳跃。

这个跳跃如果不成功，摔坏的不是商品，但一定是商品所有者。"① 从古至今，千年商都广州一直都是"和气生财"这一市场最亮丽的风景线的开拓者和实践者。

一、和气生财的体验之旅：丹唇未启笑先闻

2000年7月，我从中国人民大学经济学院博士毕业到广州工作，到2024年已经有24年了。24年间，作为广州市民，我切身地体会到了千年商都的"和气生财"，更感受到和气生财带来了花城广州经济社会的鲜花绽放。

2001年春节，我和家人在广州度过，这是一个别样的春节。人生第一次不和父母在一起过春节，生活有些不同了！的确，需要仔仔细细体味一下广州这座生活之城的味道了！美食、美景、云山、珠水，值得流连忘返。但我更为广州和谐的商业氛围所感动。无论是饭店聚餐，还是商场购物，店员都是"丹唇未启笑先闻"。笑声使我突然明白，岭南文化的精髓就是"和气生财"。

此后，多次陪太太逛街，慢慢发现，市场交易真奇妙。太太负责智力活动：搜寻商品，价格谈判，商品组合。我负责体力活动：拎包。拎包的同时，我最大的兴趣是观察市场，商品种类、价格、产地、促销策略，以及店员的行为表情，等等。

观察市场交易的过程，无论交易是否成功，都是件很享受的事情。尤其令人印象深刻的是，进入商场，几乎每一个销售人员都颇有王熙凤"丹唇未启笑先闻"的风采，"欢迎光临"迎宾入；顾客无论在那儿搜寻多久、试穿试用多久、价格谈判多久，店员都是满面春风，顾客即使不购买，也

---

① [德] 马克思：《资本论》第一卷，人民出版社，1975年，第124页。

是伴随着"欢迎下次光临"的和悦声离开。店员对陌生顾客的爱，真是恒久远，不论男女老少，不论高矮胖瘦，不论肤色，不论来自何方，不论行政级别，不论职称等级……这是市场之美。店员对陌生顾客的爱，真是坚比爱情，甚至坚超爱情。

看得多了，渐渐明白，这座城市有着非凡的吸引力，满足着人们对美好生活的向往。人们汹涌而来，却不澎湃而去，或工作，或生活，乐在其间。这座城市，具有极大的包容性。你月薪五万元，有你生活的地方，品味生活，你自徜徉；我月薪五千元，也有我生活的地方，生存有道，无须彷徨。只要努力，只要不怕辛苦，总有一个岗位和你匹配，天道酬勤，供求相遇，人尽其才，勤劳折现。这座城市，很少以貌取人。鲜衣华冠，可能是跨国公司高管，也可能是在为生计奔波的职员；拖鞋布衣，也许生活拮据，也许身家不下千万。所以，遇到陌生人，没有必要猜猜猜。穿衣戴帽，是为了自己的需要，而不是为了别人的眼光。这座城市，是一座真正的国际之城。无论来自发达的北美，还是来自富饶的欧洲，无论来自中东，还是来自非洲，似乎总有容身之地，总有生存之道，尽管语言有些不通，也有一些社会管理问题。这座城市容纳"一带一路"共建国家和地区的人口，可能居国内前列。

在广州，每一个人都怀着梦想而来，每一个人都有自己的才华，虽然能力有差异，但自己的才华，总能找到折现的地方。人生出彩，依据能力，梦想成真。这是一个才华折现的地方，"流动中的魅力充满着朝气"，"有勇气就会有奇迹"。和气生财的过程，就是才华折现的过程。

二、和气生财的夜色之旅：心映社会人的温情

印象深刻的还有羊城夜市。[①]广州的夜色，有一种别样的美，有一种别样的温情，有一种别样的活力。珠江畔，桂花香，游人自徜徉；夜泛舟，霓虹闪，两岸暇顾忙；云山上，听星语，一览羊城醉；骑楼下，品茗香，你我情意长。服饰店，尚美物，欣喜试衣裳；大排档，烹小鲜，微醺不思量；小书屋，尽入眼，古今映心扉；咖啡店，万物联，中外交易畅。

羊城夜市，就这样忙忙碌碌着，无论春花夏雨秋云冬风，皆有一种别样的风情沁入心脾。这种忙碌，不同于白天的奋力疾走，忘却了为工作繁忙的惆怅，脱下了经济人的工作服，回归到社会人的心灵释放。忙碌之中，有着温情传递，有着和气生财，有着积少成多，有着实干笃行，有着和谐包容，有着创新传承。这就是羊城夜市的文化气质，让人感到心悦。这就是羊城夜市的经济逻辑，满足社会人的美好生活需要，提供多样化、社交型、体验型、个性化的产品和服务。夜市的灵魂在于满足社会人搜寻"生而为人"的文化需求。亲手体验了插花，看到了五彩的美；走进了对方的心灵，触摸了情的真；买到了合意的衣衫，消除了脚下的累；惊诧于知识的力量，激励着明天的你。

作为培育建设中的国际消费中心城市，羊城的灵魂更在于满足本地人、全国人乃至全球人的文化需求和心灵释放，每个人心中都有一轮月、都有一片云，无论你来自地中海边，还是来自太平洋沿岸，抑或来自亚马孙森林草原，在羊城的夜色中，总能看到心中的那片云、那轮月。

作为千年商都的羊城，深知"地球是平的"，以本土化的产品和服务连接来自五洲四海的宾客。无论是18世纪广州贸易体制时代的沙面风情，还是20世纪80年代改革开放后率先而起的珠江夜景灯光，抑或21世纪广

[①] 参阅刘金山：《羊城夜市：小店主，唱大戏》，载《广州日报》2022年3月29日。

图景

州塔下花城广场的炫舞时尚，羊城夜市一直秉承着这样一股永不枯竭的力量。来自五湖四海的朋友们到了广州，感受一下"羊城夜市"的魅力，饮一瓢开放律动的珠江水，品一壶荔湾"十三行"的历史之茶，在白鹅潭谈谈现代之业，在珠江新城夜空看看无人机的欢腾，到黄埔区看看智能之品。不同空间，不同群体，沙面的夜珠江，永庆坊的夜文化，珠江钢琴创梦园的夜音乐，一个个夜间消费场景，一条条夜间步行街，响应Z世代，面向新中产，握手互联网原住民，这样的多元化、定制化、个性化，这样的全场景、沉浸式、交互式，的确反映着社会人的温情。

三、和气生财的历史之旅：为市场立规矩

人类经济社会的发展，是一个空间拓展的过程。海洋经济和湾区经济，是其关键组成部分。人类向洋而生，实现了全球大交换的空间转换，从"土地—农耕"模式迈向"海洋—贸易"模式，从丝绸之路大交换迈向海上丝绸之路大交换。根据世界银行的统计，全球约60%的经济总量集中在入海口，75%的大城市、70%的工业资本和人口集聚在距离海岸线100公里以内的地区。

人类向湾而生，是风险化解的空间选择的理性演进。粤港澳大湾区建设的区域核心引擎广州，历史上曾因有效化解自然风险和市场风险，建立标准化的市场合约和稳定的市场秩序，而成为向湾而生、和气生财的典范，更成为当时的世界贸易中心。故事还要从那艘"中国皇后"号说起。①

中国和美国，在地理上并不接壤，但自1784年以来从未断绝联系。这一年，是中国龙年，清朝乾隆四十九年；是美国建国第八年。这一年2月

---

① 参阅刘金山、杜林：《内循环与外循环互动：中美双循环路径的差异》，《暨南学报（哲学社会科学版）》2024年第4期。

22日（农历正月二十七日），美国独立战争领袖华盛顿将军生日的这一天，一艘名为"中国皇后"号的轮船，满载对财富的渴望和对中华文明的幻想，从纽约出发，前往盛世中华，来到了广州，开启了两国相望、相遇、相探、相撞、相携的征程。"中国皇后"号启航中国，为什么要到广州呢？为什么不是到中国的其他地方呢？因为此时，她只能来到广州；因为此时，全球经济大循环正处于"广州贸易体制"之中。

1700—1842年，可以称为广州贸易时代。1684年，清朝康熙皇帝下诏实行开海贸易政策，在东南沿海设立粤、闽、江、浙四大海关，作为管理海上对外贸易的行政机构。1757年，乾隆皇帝决定只保留粤海关，独家管理对欧美贸易事务，广州成为海上贸易大港。乾隆皇帝为什么只保留粤海关呢？

作为"千年商都"的广州，地处粤港澳大湾区"V"字形的顶点，具有天然的地缘优势。历史上，广州一直"因港而兴"。自秦汉时期起，广州就已是世界上的著名贸易港口，元代与古埃及的亚历山大港并驾齐驱。广州一直拥抱着以商业文明为代表的海洋文化，从汉代就有了海上贸易，唐宋时期的海上丝绸之路通达波斯湾和东非等地区。

广州的天然海湾，能够有效化解自然风险，使其成为海洋商业的服务站和恶劣天气的避险所。中外商人很快就在广州达成贸易协议，这些贸易协议逐步标准化，形成了相对稳定的市场规则。市场规则的背后，意味着和气生财的商业氛围。广州贸易的连续性就这样形成了，这是中国其他港口所不具备的。广州就这样成了全球交换大系统的协调者。季风气候的周期性特征和市场合约的标准化，形成了交易的可预期性与确定性，市场就具有了规模经济效应。这主要是基于天时地利的市场结果，使化解自然风险和市场风险具有了可行性。更为重要的是，广州贸易的连续性为政府带来了白花花的银子。财政收入增加了，龙颜大悦，乾隆皇帝就让广州成为中国唯一的海上贸易大港。

广州贸易的伟大时代，持续了150年左右，从17世纪末期，到1840年鸦片战争之后。广州著名的"十三行"，就是这个时期发展壮大起来的。1840年鸦片战争，改变了这一切。不平等条约的结果就是，上海开埠，香港兴起，广州贸易体制终结。但和气生财的商业氛围，永远留在了广州的城市基因中，并且市意的粤风还刮到了上海和香港。

四、和气生财的经济心旅：重复博弈之妙

人都是趋利避害的。人性本善，抑或人性本恶，都是人类思维的惰性使然。人性处于善恶之间的动态复杂过程中，善恶之间，既可能是渐变，也可能是骤变。人性的动态复杂性，决定了社会的复杂性，决定了市场的复杂性，决定了历史进程的复杂性。

千年商都的和气生财，一定是人性使然。无论是历史上全世界的商人为了规避自然风险集聚广州，还是现代商场里的"丹唇未启笑先闻"，其背后都是重复博弈的商誉形成机制。千年商都，就是在千万次的重复博弈中形成的。能够把全世界的商人紧紧团结在广州周围，一定是因为抓住了全世界商人的心。

1776年，现代经济学创始人亚当·斯密出版《国富论》，开篇就指出，分工似乎不是人类智慧的结果，而是人类的天性。这个天性就是互通有无，互相交易。[1]他指出，从未见过两条狗公平地交换肉骨头，为了一根骨头一定是拼命撕咬。而人类是有可能进行公平交换的，你有面包，我有牛奶，通过交换，可以各享美味。这就是"激励相容"：一个人从利己的角度出发，做出利他的行为，实现利己的目的，我为人人，人人为我！这

---

[1] 参阅［英］亚当·斯密：《国民财富的性质和原因的研究》，商务印书馆，1997年。该书第一章"论分工"、第二章"支配商品交换价值的原则"探讨了本文引用的观点。

就是"文明社会"：人们依着互通有无和互相交易的天性，好像把通过各种才能生产的各种不同物品，结成了一个共同的资源池，每个人都可以从这个资源池随意购取自己需要的别人生产的物品。市场的活力在于释放人们趋利避害的人性，引导人们走向激励相容的正途。

每一次市场交易，都是一次博弈。放眼全球，不同的人、不同的地区、不同的文化、不同的传统、不同的语言、不同的货币、不同的资源、不同的产品、不同的服务，每个人的利益、认知、想法、价值观总是不同的。如此不同的人、不同的地域、不同的国家、不同的企业，怎么样把他们团结在一起？

只有靠心动。这个世界一定是行随心动、心随利动的。个人、企业、地区、国家的利益怎样实现？只有靠市场。如果你为市场提供好的产品和服务，市场的货币选票为你投票，那么，你就可以依靠市场来实现你的美好生活愿景。只有市场，才是全世界财富的管家，才是全世界财富的创造者。因为在市场上，你不认识我，我不认识你，我们拼的是产品和服务，我们靠的是平等，而不是强权。我们靠的是心平气和，靠的是通过谈判，通过协商，通过合同，通过好的产品和服务，实现交易。市场靠的是规则。

只有这种经过平等谈判形成的市场合约，才能够形成激励相容。每一个人都是理性人。理性人要通过为市场提供好的产品和服务，做出利他的行为来实现利己的目的。这样做，才能够使这个世界和谐。这个世界才能团结在以产品和服务为中心的市场周围。

此刻，重复博弈就在市场舞台上大展拳脚了。所谓重复博弈，是指同样结构的博弈重复许多次。当博弈只进行一次时，每个参与人都只关心一次性的支付或报酬；如果博弈是重复多次的，参与人可能会为了长远利益而牺牲眼前的利益，从而选择不同的均衡策略。通俗地讲，一次博弈时，不存在报复的机会，如果被骗了，只能干瞪眼；重复博弈时，存在着报复

图景

的机会，你如果骗我，下一次博弈时我就报复你。正是因为有了报复的机会，才有了商誉的形成机制。

可见，在重复博弈中，声誉至关重要，回头客至关重要。欺骗，往往是一次性博弈，没有报复的机会；重复动态博弈，存在报复的机会，有了硬约束，商誉就容易形成了，产品和服务的质量就提升了。不得不承认，市场是最好的老师，货币选票的力量很是厉害。

作为千年商都，从古到今，广州这座城市的商场、饭店以及各类商家，都深知重复博弈的商誉意义，鲜有一次性博弈的欺诈行为。优质的服务折现了，这是市场经济"和气生财"之花结出的硕果！

五、和气生财的品牌之道：政府与市场协同互补

更为重要的是，和气生财的商业氛围，升华到了政府与市场的良性互动。政府与市场的关系，是经济发展的永恒命题。政府与市场的关系，可能是替代关系，更有可能是协同互补关系。这一协同互补关系，既可以避免"市场失灵"，也可以避免"政府失灵"。①

千年商都的魂，就在于政府与市场的协同互补。广州这座城市的"12345"政务服务热线，可能是最繁忙的热线。反映的问题，必有记录，必有反馈。这条热线，是一条集思广益的热线。市民发现，哪儿有交通拥堵黑点，若是因路线规划问题，热线过来，交通部门会从善如流。这一集思广益，增加了城市的流动性，把城市的生产要素折现了。

这座城市的管理部门，对微小之处，也是不马虎的。有一次，因研究工作需要查找一组数据，无处可寻，抱着试一试的想法，拨通了某一部门

---

① 参阅刘金山：《趣修经济史》，暨南大学出版社，2022年，第112—113页。该书第四章"经济奇迹：中国之治与经济体制比较"探讨了政府与市场的协同互补关系。

的电话，接电话之人不知这组数据详情，便说留下电话，问问情况后回复。本想此事就此了了，谁承想第二天接到电话，对方很详细地告知了数据所在。也许，管理部门的职员害怕被投诉，害怕被媒体曝光。但正是管理部门的"小心"，换来了城市的"大气"。管理部门的"弱势"，把整座城市盘活了，把产品和服务折现了。

其实，每一座城市都是一家上市公司。一家企业、一座城市，每时每刻，都在接受着世人的检阅，接受着世人的"用手投票"或者"用脚投票"。

一家企业，如果想上市，就要思考一个问题：股民为什么要买你发行的股票？你发行股票，实际上是用企业的未来收入流和资产做抵押，一次性募集资金，拿到今天花。股票就是企业未来收入流的折现器。一切利好未来收入流的消息，几乎都会带来股价的上涨，股民用手投票，做多；一切利空未来收入流的消息，几乎都会带来股价的下跌，股民用脚投票，做空。上市公司，作为公众公司，严格接受股民的检阅。股民的眼睛是雪亮的，任何风吹草动，都会造成股价波动。

其实，城市也是如此。莎士比亚曾说，城市即人！ [1] 人是行随心动的。每一座城市，都是一家上市公司，都要接受检阅！一座城市，如果能够为世人提供好的产品和服务，世人就会对其投出信任票，人和钱就会汹涌而来，这个城市的价格就会上升。率先上涨的必然是地价，然后是房价，再者是各类服务的价格，工资水平随之上升。这个城市的房价上涨，是市场举全国之力或全球之力推动的。一座城市，如果为世人提供坏的产品和服务，世人就会对其投出厌恶票，人和钱就会澎湃而去，这个城市的价格就会下降。率先下降的也必然是地价，然后是房价，再者是各类服务的价

---

[1] 这句话出自莎士比亚晚期的历史剧《科利奥兰纳斯》。

图景

格，工资水平随之下降。这个城市的房价下跌，是市场举全国之力或全球之力"用脚投票"的结果。

一个公司有信誉和品牌，一个城市也是有信誉和品牌的。一个上市公司的信誉和品牌，是经过千百次的严格信息披露而形成的。听到某个公司的名字，世人就会在脑海中浮现一个形象，无论好坏。一个城市的信誉和品牌，是每日每时每刻的信息披露积累而成的。每天发生在这个城市里的所有的事儿，都在彰显这个城市的信誉和品牌。

信誉和品牌是社会复杂性的简化机制。每个人、每个企业、每个城市，乃至每个国家，所做的每一件事儿，都是如此！和气生财就是千年商都广州社会复杂性的简化机制。

结语：如果你厌倦了广州，你就厌倦了生活

"如果你厌倦了伦敦，那你也就厌倦了生活。"[1]1770年代，英国诗人塞缪尔·约翰逊为充满活力的家乡而自豪。"因为生活所能提供的，伦敦都有。"的确，当时的伦敦，可以购买的东西，很多很多。商品样式之齐全、品种之繁多，超出了之前任何时代的人们最天马行空的想象。

时光荏苒。21世纪，来到广州，我们也可以自豪地说："如果你厌倦了广州，那你也就厌倦了生活。""因为生活所能提供的，广州都有。"作为粤港澳大湾区发展核心引擎之一的广州，有着独特的自豪底气。毕竟，千年商都，不是吹出来的。更为重要的是，和气生财的底蕴，那是需要千年历练、千锤百炼才能形成的。

---

[1] 参阅［英］汤姆·琼斯：《厌倦了伦敦，就厌倦了生活》，天津教育出版社，2013年。该书作者为践行约翰逊说过的这番话，每天都在伦敦城中寻找一件值得做的好玩的事情，从而使自己重新爱上这座他已有些厌倦了的城市。

　　和气生财，既是一种工作惬意，更是一种生活惬意。谁不心向往之呢?!

图景

作者简介

　　刘金山，暨南大学投资咨询（研究）中心主任、教授、博士生导师

广式生活

的

色彩

Colour

地道物产、建筑园林、服饰家居、特
色手工、民俗文化等

贸易开放与文化适应
——海上丝绸之路流淌的广式生活

———

刘　强

摘要： 广式生活是由无数力量塑造而成的、充满活力而无与伦比的生活方式。历史上，以广州为地区枢纽的亚洲贸易网络和全球贸易网络对广式生活的形成产生了深刻的影响。对外贸易是文明碰撞的主要动力，所带来的不仅是商业和贸易，还有与之并行而来的外来文化传播和文化适应。也正因为长期贸易开放的积淀，广式生活在本质上具有鲜明的海洋文明的特性。

关键词： 广式生活；对外贸易；文化适应；海上丝绸之路

如果从广州历史叙事的核心来确定广式生活的特征，我们会发现广州历史的相当一部分与其拥有出海口密切相关。虽然生活在这片土地上的人民以陆地为"家"或者"基地"，但很早就掌握了先进的造船和航海技术，他们所面对的广阔海域构成他们不得不与之打交道的重要生活环境。不管出于商业、探险还是移民的目的，生活在这片土地上的人民在技术和社会层面上对海洋生活的不断适应，一直是广州历史发展的一种核心动力，构成了广式生活的深层基因。

一、流动空间中的贸易枢纽

中国古代对外贸易以东南亚、南亚、阿拉伯半岛为主要伙伴，广州正好处于中国内陆到这些地区最便捷的交通线上，是水陆交通的连接点。以广州为贸易枢纽，一方面与中原腹地保持着密切的贸易往来，另一方面通过海上交通线与全球保持着高度的联结，从而展示了一个既有历史承续，又不断变迁的广州商贸网络，形成了一幅以港口和对外贸易为依托的广州经济社会发展的历史长卷。

公元前214年，秦平岭南，设桂林郡、南海郡、象郡三郡，南海郡治番禺（今广州）。南海郡首任郡尉任嚣修筑番禺城，周长十里，是广州建城之始。任嚣死后，赵佗接任南海尉，随后建立岭南地区第一个地方政权——南越国。这一时期的番禺城，凭借优越的地理区位、不断发展的造船和航海技术，与东南亚、南亚各国往来频繁，商贸繁荣，成为重要的商品集散中心。《汉书·地理志》曾描述当时岭南地区海上丝绸之路的主要航线：自广东徐闻等沿海港口，经北部湾，沿越南半岛东岸，绕中南半岛，过马来半岛，穿马六甲海峡，入印度洋，到达印度半岛东南部、黄支（今印度康吉弗仑）和已程不（今斯里兰卡）。南亚是当时中国远洋航线的终点。由于航行技术限制，汉代船舶只能沿着海岸作近海航行，徐闻、日南、合浦等港口成为当时的始发港，那么这些始发港和番禺之间是什么关系呢?《史记·货殖列传》记载："九疑、苍梧以南至儋耳者，与江南大同俗，而扬越多焉。番禺亦其一都会也，珠玑、犀、玳瑁、果、布之凑。"书中记载的这些物品很多都是舶来品。南越王墓考古发掘文物亦显示，以广州为中心，已经出现了中原文化、楚文化、越文化和海外文化的交流和融合。特别是墓内出土的波斯银盒、原支非洲象牙、红海乳香等是岭南地区目前发现的年代最早的舶来品。两汉时期的其他墓葬也出土了大量串饰，材质丰富、形状多样、色彩斑斓。这些珠饰一部分是从东南亚、南亚及远自西亚、欧洲、非洲等地通过海路输入番禺的域外珍宝，另外一部分是利用本地原料制作，但造型和工艺受海外文化影响，具有异域风格，反映了海上丝绸之路的技术传播。可见，番禺是当时岭南地区重要的经贸中心。虽然当时经过琼州海峡的海路风高浪急、风险极大，但是广州和徐闻之间沿着海岸线近海航行依然有着密切的贸易往来。因此，徐闻等港口和番禺之间在实际上构成了当时对外贸易中的外港和内港的关系，番禺在事实上也是当时海上丝绸之路的重要港口和商业都会。至汉桓帝延熹九年（166），大秦王安敦遣使自日南徼外献象牙、犀角、玳瑁，始乃一通焉。大秦使者的到来，标志着大秦与中国直接通商航线的开辟。这使得当时世界上两大帝国——汉帝国和罗马帝国直接联系了起来。魏晋南北朝时期，中原地区战乱频繁，岭南则相对稳定。大批北人南迁，推动了岭南社会的进步，广州对外交往持续发展。特别是到南北朝时期，沿北部湾的近海航线终于全面地为经海南岛东部海面和西沙群岛的远海航线所取代。广州也逐渐取代徐闻等地，成为当时中国最大的对外贸易港口。从此，广州就正式雄踞在海上丝绸之路的东端，扮演着中国对外贸易中心的重要角色达千余年之久。

隋唐时期，广州城仍以番禺城为中心，在此基础上略向南拓展，城区范围变化不大，但是蕃坊的兴盛却是值得注意的现象。唐代中期，广州海外贸易繁荣发展，外来商人日益增多，为便于管理，朝廷在此设"蕃坊"，供外国人（多为阿拉伯人、波斯人和印度人）居住和经商。蕃坊设蕃长一人，由外侨推选，并经唐朝廷认可。蕃长主持蕃坊司工作，主要职能是对蕃坊进行管理和招邀外商来华贸易。蕃坊规模几乎与当时的广州城相当，鼎盛时期聚居于此的外国人超过10万，城南临江地区也由于水陆交通便利，逐渐形成了商业街市。当时珠江水面"蕃舶蚁聚"，中外客商"来往如鲫"，广州成为全国最大的海上贸易港口。唐代曾经旅居广州的大食商人苏莱曼说，广州是"船舶的商埠，是阿拉伯货物和中国货物的集散地"。[①]唐时海上丝绸之路进一步向西延伸，形成了当时世界上最长的航线，史称"广州通海夷道"：从广州出发，经南海、印度洋一直到达波斯湾、东非海岸，全线经历90多个国家和地区，全程共约14 000千米。沿着这条航线，唐舶不仅可以到达波斯湾沿岸各国和阿拉伯半岛南部诸港，还可远航至东非的中南部海港。亚非各国也沿着这一航线东来，和唐帝国开展繁忙的海上贸易交往。唐朝对外贸易的迅速发展，尤其是海路贸易的迅速发展，迫切需要建立专门的贸易管理机构和管理制度。至迟在唐开元年间（713—741），朝廷在广州创设市舶使，统管东南沿海对外贸易，建立起一套全新的市舶管理制度与经营方式。广州是我国最早设立市舶管理机构的城市，也是终唐一代全国唯一设立市舶使的地方。

宋元时期，广州形成东、中、西三城格局，范围大约东至今越秀路，西至今人民路，南至今大德路、大南路、文明路一线，北至今百灵路、越华路、豪贤路一线，奠定了此后广州城的基本格局。两代统治者均十分重视海外贸易，广州仍是东方贸易大港、中外商旅辐辏之地。这一时期，广州对外贸易的国家和地区范围比前代更为扩大，贸易往来也更为频繁。宋代《岭外代答》和《诸蕃志》中列举的国家和地区不下五六十个；而元代《南海志》和《岛夷志略》中列举的则分别有140多个和100多个，其中大食是广州对外贸易的主要地区。元时的广州港，其外贸地位虽已为泉州所超越，但仍然保持了繁荣的局面。《宋史·马亮传》称当时广州"珍货大集"；《续资治通鉴长编》则称广州"多蕃汉大商……外国香货及海南旅客所聚"。元人陈大震在《南海志》中也说："广为蕃舶凑集之所，宝货丛聚，实为外府，岛夷诸国，名不可碑，前志所载四十余。而珍货之盛亦

色
彩

---

① 《中国印度见闻录》，穆根来等译，中华书局，1983年，第7页。

倍于前志之所书者。"①对外贸易的活跃,使大量的海外货物输入广州并转运全国。宋元时期进口货物的种类空前增加。据《宋会要辑稿》记载,北宋时期进口货物种类有七八十种,南宋时期则增加到330余种之多。至于元代的进口货物种类,应有400种以上,这些货物分为宝物、布匹、香料、药物、木材、皮货、牛蹄角、杂物等七大类,其中香药为最大宗的进口商品,估计占进口商品三分之一以上。除香药外,珍宝奇货的进口量也相当大,仅象牙和犀角两项,就在广州市舶库内堆积如山。通过广州进口的各种货物,除一部分在广东当地消费外,还大量运往京城及其他地区。为管理对外贸易,北宋开宝四年(971),朝廷首先在广州设置市舶司,专门管理海外贸易。元丰三年(1080),朝廷制定颁行《广州市舶条》,这是现存我国乃至世界历史上第一部管理海外贸易的专门法规。

明清时期,政府将广州三城合为一城,并向南北方向拓展,人口急剧增加。这一时期,也是古代广州对外贸易发展的鼎盛时期。特别是自15世纪末16世纪初的"地理大发现"以来,西方新兴的资产阶级千方百计前来开拓东方市场,国际形势的变化对广州的对外贸易影响巨大。明政府在广州设广东市舶提举司管理海外贸易,并设怀远驿于广州西关十八甫,有房屋120间,专门用于接待外国贡使和蕃商。嘉靖二年(1523),明朝政府罢福建、浙江市舶司,独留广东市舶司,直至明末。康熙二十三年(1684),粤、闽、浙、江四海关设立,标志着自唐代以来1000多年的市舶制度的终结和近代海关制度的创始。乾隆二十二年(1757)清王朝关闭了闽、浙、江三海关后,粤海关成为中国唯一的近代海关,全权管理着广东的对外贸易。18世纪末19世纪初的广州,是全国唯一的通商口岸,航线四通八达,成为世界性贸易大港。在过去传统的东南亚航线、印度洋航线之外,新开通了欧洲航线、广州—菲律宾—拉丁美洲航线和北美航线。当时欧洲航线

---

① 徐德志等编著:《广东对外经济贸易史》,广东人民出版社,1994年,第44页。

的主要走向是：从欧洲西部的里斯本、塞维利亚或者英国的伦敦出航，沿非洲西海岸南下，绕过好望角，横渡印度洋，经过苏门答腊岛西南部的海面，再北上通过巽他海峡，然后直航广州。也有绕道马六甲海峡，出新加坡海域，通过越南洋面抵达广州的船只。广州—菲律宾—拉丁美洲航线分为两段，第一段从广州、澳门启航，"出万山后，向东南行，经东沙"至马尼拉；第二段是从马尼拉启航，"经圣贝纳迪诺海峡进入太平洋，乘西南季候风北行，到北纬37度和39度之间的水域后，借西北风横渡太平洋，再顺北美西岸海域乘西北风和北风南行，到达（墨西哥）阿卡普尔科港"。北美航线主要有两条：一条由纽约出发，横渡大西洋，沿非洲西岸南下，绕过好望角后，取道巽他海峡直航广州；另一条是由纽约出发，沿南美洲海岸南下，绕过合恩角后，取道太平洋直航广州。在广州的对外贸易中，输出的商品主要是茶叶、丝绸、瓷器、蔗糖、土布、白铜、大黄等，输入的商品主要有棉花、布匹、皮毛、铅、铁、人参、胡椒、白银等。明末清初的中西贸易改变了进出口商品的传统结构，进口商品从以奢侈品为主变为以毛织品及其他工业品或工业原料等大宗商品为主。奢侈品体积小、价值大，可以出卖，可以贮藏。大宗商品则体积大、价值小，贮藏不但无意义，反倒成为累赘，最明智的处理就是尽快卖出，贸易的速度进一步加快，广州的对外贸易更趋繁荣。广州长期作为国内唯一对外通商口岸，成为朝廷财政税收的重要来源。屈大均称当时的广州为"金山珠海，天子南库"。

1842年，清朝被迫与英、法、美等国签订不平等条约，十三行垄断外贸的制度被取消。1856年，十三行夷馆被焚，十三行名实俱亡。特别是随着上海的崛起，对外贸易的中心从珠江流域转到长江流域，广州港的垄断优势不再。再者，毗邻的香港与广州的港口功能有所重合，香港也以自由港的优势取代广州成为国际转口贸易的枢纽港。在全国对外贸易体系中，广州所占的比例处于不断下降的趋势。但从位次上来说，广州在1916年以前一直保持着全国第二大港的地位。所以近代广州港确实是衰落了，但是这种衰落是相对的，广州仍是近现代中国对外贸易最重要的港口之一。新中国成立后，特别是改革开放之后，广州港逐渐恢复生机，发展成为华南地区最大的综合性主枢纽港，全国最大的内贸集装箱枢纽港、最大的粮食中转港、重要的汽车枢纽港，及非洲和东南亚航线枢纽港，在服务国家重大战略和区域经济社会发展中发挥了重要作用。

回顾以海上丝绸之路为代表的海洋贸易史，货物、金钱、人员、观念的长期跨国界流动，其根本目的就是获得源源不断的财富。在这一流动空间中，广州穿过东南亚和印度洋，不断开拓复杂的贸易路线，对外贸易活动沿着欧亚大陆东西两端之间的海陆通道不断地拓展，带来了欧亚大陆乃至全球商品之间持续不断的相互往来，构建了以广州为地区枢纽的亚洲贸易网络和全球贸易网络。在漫长的历史时期，海上运输相较于陆路运输，成本较低，更为安全也更为快捷。"无论商人生涯多么艰苦，都好过占当时人口九成以上的农民所过的终日劳作却只能勉强维持生计的生活。"[①]以港口为核心的对外贸易是历史上广州长盛不衰的核心密码。秦汉时期，广州就以"多犀象、玳瑁、珠玑、银、铜、果、布之凑"闻名，是全国经济都会之一；唐代时，广州已经"雄蕃商之宝货，冠吴越之繁华"，城市的经济繁荣可见一斑；宋代诗云"千门日照珍珠市，万瓦烟生碧玉城。山海是为中国藏，梯航尤见外夷情"，描绘了广州高门映日、万瓦生烟、商品缤纷、人头攒动的繁华景象；元代"广（州）为番舶凑集之所，宝货丛聚，实为外府，岛夷诸国……珍货之盛亦倍于前志所书者"；明代广州"城南门外，东西亘六七里，人烟辐辏，货贿山积，盖会城繁华之所都也"；清代广州濠畔街"当盛平时，香珠犀象如山，花鸟如海，番夷辐辏，日费数

---

① ［美］威廉·伯恩斯坦：《伟大的贸易：贸易如何塑造世界》，郝楠译，中信出版集团，2020年，第9页。

千万金。饮食之盛，歌舞之多，过于秦淮数倍"。[①]这些历史记载都是古代广州商业繁盛的生动写照。在古代中国"重农抑商"的大背景下，广州由于天时地利，最早出现了商业的萌芽，而且商业与贸易作为广州城市发展的核心驱动力，奠定了广州城市发展的基调和本底。特别是在产业革命之前，古代社会由于只拥有有限的技术创新，没有持续的经济增长点，在整体上呈现出低增长或零增长的状态下，对外贸易的重要意义尤为凸显，使得广州成为当时中国少有的"正增长空间"。"正增长空间"基本表现为商贸城市的形态，拥有优良海港、又靠近河流，能够便利地利用廉价水运的城市会成为商贾云集之地，成为资本的集散中心，成为普遍富裕的正增长地区。[②]当然，贸易和市民的日常消费并不是一回事，前者涉及的是商品交换，后者则是人们对商品的获取和使用。但显然，对外贸易是提高市民消费能力的主要推动者，尽管一开始的主要受益者是社会上层，但随着时间的推移，水涨船高，就连普通市民也随之受益。到了近代，广州四大百货公司——先施、大新、真光、光商在西关的集聚，明珠、金声、西濠、广州等影画院的兴盛，以及鳞次栉比的洋行、商铺、食肆等，共同构成了近现代广州的繁荣景象。总之，对外贸易带来的商贸优势和市场的基因深深植根于广州城市2000多年的历史发展中，正是这种对财富追求的过程和结果对广式生活产生了重要的影响。

二、商贸交流中的文化适应

贸易是文明碰撞的主要动力，海上丝绸之路所带来的不仅是商业和贸易，还有与之并行而来的外来文化的传播。广州，作为中西交通的重要节

---

① 李燕：《广州港与海上丝绸之路》，广东经济出版社，2019年，第132—133页。
② 张笑宇：《商贸与文明：现代世界的诞生》，广西师范大学出版社，2021年，第403页。

点，来自不同地区的人们在这里不仅交换商品，接触到其他地区的商业、法律、审美乃至饮食，也交换着语言和思想。与此同时，伴随着财富的增长，市民的消费模式也会对传统的价值体系带来冲击。

一是生活方式的丰富多彩。中西文化的多元交融，首先体现在广州人的日常生活当中，如衣饰、饮食、娱乐、建筑等方面，呈现出丰富多彩的特征。在服饰方面，广州与中原或其他地区不同，服饰文化的特点是款式新颖、用料讲究、做工精细、适应气候、舒适大方。广州饮食方面的多元性和广纳世界精华的特点十分典型。到明清时期，广州成为对外通商四口岸之一乃至唯一口岸，大大加速了南北和中外烹调文化的交流和发展，广州厨师们以自己的地方特色为基础，大量吸收了外域食法，使粤菜得到迅猛发展，把粤菜烹饪技艺推向一个新的高峰。粤菜饮食文化以其烹饪技术精妙、菜式多样、调味讲究、原料广泛、味道鲜美，色、香、味、形和谐统一，以及厅堂、餐具、菜式等的配套和谐，而饮誉海内外。这是广州地区饮食文化一个显著的风格特色。最能直接体现广州城市风貌、时代特色的是骑楼建筑。骑楼不仅可以防晒避雨，而且这种融合了中西文化风格的商业建筑形式，是结合了广州气候、建筑特点和西欧建筑装饰设计而成的产物。另外，广州市民生活很早就呈现出了现代消费主义的气息。以明清时期为例，广州发掘出土的生活用具非常丰富，有掏耳勺、拔毛器、灯台、壁挂、药壶、药碾、虎子（夜壶）等，还有各种装饰品、把玩器具等。同时出土的还有青花瓷、墨彩、五彩等瓷器。大量出现的喜铭瓷器反映了人们对美好生活的向往。蘸汁器的出土说明广州作为前沿城市，最先开始接受外国生活习惯的影响。与此同时，广州饮茶习俗盛行，茶文化日益演进，饮茶方式从煎、煮逐步向沸水冲泡发展。泡茶工具不断推陈出新。广州商人或市民饮茶，不是单纯地喝茶，而是边喝茶边吃点心，边聊天，又称"叹茶"，具有双重社会功能：它既是获得海外市场情报的重要渠道——掌握着海外贸易信息的商人们甚至直接在茶楼谈生意；又是日常交往、亲朋叙旧的一种好方式，是一种社会润滑剂，成为广式生活不可或缺的一部分。

二是价值观念的与时俱进。中西文化的多元交融，不仅表现在最直接的商贸活动中，也随着西方书籍、货物的涌入以及传教士、商人等在广州的活动，于潜移默化之中，将西方的科技、思想、价值观念等传播开来，并融汇于广州人的日常生活当中。特别是明清时期，随着中西交通和海外贸易的发展，外国的一些新文化、新科技、新思想也随之传播进来。大批的传教士前来传教，介绍欧美各国的政治、经济情况，从而出现了"开眼看世界"思潮，代表性人物主要有林则徐、魏源、姚莹、梁廷楠等人。广州是中国人开眼看世界活动的中心。"开眼看世界"思想对中国社会的影响持续了50余年，成为近代中国人认识世界和走向世界的起点。这一思想的形成，从外部因素来说，无疑与广州的海外交通和对外贸易有很大的关系。开眼看世界思想的一个明显特点，就是"经世致用"。在《海国图志》《瀛环志略》等书中，都有大量的篇幅介绍中西交通和贸易，强调"以商贾为本计"的经济制度。魏源《海国图志》在评论英、法等国时说："不务行教而专行贾，佐行贾以行兵，兵贾相资，遂雄岛夷。"[1]梁廷楠在介绍美国的社会时也说，"实以贸易为本务，所入视工农远甚，统领之所奖励者固在此"。[2]这与中国千百年来视商贾为末计的传统思想相比，无疑是一大转变，这种思想的转变与当时海外交通及对外贸易也有关系。更重要的是，广州西关以"十三行"为代表的商贸文化的兴盛，也在近代以后逐渐演变为外延更加广泛的以商业文化为本底的消费娱乐文化的发达，以及现代城市生活方式的丰富多彩。在这种由商贸文化主导的社会中，广州人的规则意识牢牢扎根。这根源于国际海商法的不断完善及其原则的改进，使

---

① 魏源：《海国图志·大西洋欧罗巴洲总叙》。
② 梁廷楠：《海国四说·兰仑偶说》。

商人们的交易方式日趋合理化，有助于创造一个扩大的、跨文化的商业网络，其中关于利益、管制和惩罚的规定能够为所有参与者所理解。千年商都的深厚历史底蕴，为当代广州带来了相对优质和稳定的营商环境。千余年的对外开放，也为广州形成相对成熟的国际化观念、世界眼光和全球视野奠定了基础。这是其他现代新兴城市无法弥补或追赶的优胜要素。

三是宗教信仰的多元包容。宗教是文化的重要组成部分，广州的宗教活动非常活跃，佛教、伊斯兰教、基督教先后从海道经广州传播到内地。三国两晋时期，搭乘商船循海路来中国弘法和赴海外求法的僧人络绎不绝，他们大多从广州出入。受佛教文化传入的影响，六朝时期广州等地兴建佛寺37所。宗教文化与商贸活动的融合，是六朝时期广州城市发展的一大特点。宋元以来的古籍都有记载说，佛教禅宗的始祖菩提达摩从海路来华，是在西来初地登陆。西来初地即后来的西来庵所在之地，位于绣衣坊一带。可见南朝梁时期，绣衣坊码头已经是海舶停靠的重要码头，而且"禅商两旺"，既是商业比较兴旺的地区，也是佛教集中地。今光孝寺在三国孙吴时期创立，初名制止寺，被誉为岭南佛教"丛林之冠"，唐六祖慧能曾在此弘法。正如海上贸易促进了佛教从印度和斯里兰卡传播到中国一样，海上贸易也使伊斯兰教传到了中国。唐代，伴随着海外贸易的兴盛，伊斯兰教从海路登陆广州，并在中国传播。怀圣寺是伊斯兰教传入我国后最早建立的清真寺之一，为纪念伊斯兰教创始人"至圣"穆罕默德而建，故名"怀圣"，是唐宋时期广州城西蕃坊内的标志性建筑，也是唐代以来到广州进行贸易的客商及定居的穆斯林最重要的宗教活动场所。阿拉伯人还在广州建造了光塔寺等伊斯兰宗教建筑，进行相关宗教活动。这一时期，佛教继续发展，广州寺院林立，禅宗、律宗和密宗并存。明清以来，西方天主教和基督教又伴随着对外贸易相继传入中国，广州是重要的传入孔道。特别是近代，基督教徒先后在广州创办中小学校、书院、专业学校，如真光中学、培正中学、培英中学、格致书院等。虽然多种宗教相继传入广州，但是由于伴随着商贸而来，商人相互之间定期沟通，推动思想交流、生产交换以及远距离的原材料交换，同时促进了多样化的杂居聚落的形成，聚落成员在土著居民和行商之间进行斡旋，由此各类外来宗教都显示出了相当"温和"的特征，并积极融入中国社会文化，较早地实现了外来宗教的"中国化"。早在唐代，佛教文化、阿拉伯文化、基督教文化、波斯文化就在广州一带与本土道教文化和平共处。各类宗教在统一政权之下，在中华文化的主导下，多元并存，处于与不同文化相互交流和沟通的状态，不存在严重冲突和对抗的局面。这也使得广式生活呈现出兼容并蓄、多元包容的特征。

四是社会生活的和谐安定。有学者认为商业是人类得以文明开化的凭借，更有人提出"柔性商业"（doux commerce）理论，认为人类的贸易欲望会抑制战争的念头，使人类免于暴力相向。[1]对外贸易"打开了共同利益的世界"，[2]使得竞争对手不必为争夺数量有限的资源而动刀动枪流血死人，反倒可以各自专门化生产他人所需的产品，互通有无。走上生产的专门化，而非破坏的专门化，盈余随之增加，生产成本随之降低。和平环境会大大降低保护财产的成本和危险，促进货物的交换。市场会将个人动武侵略的冲动，转化为有益社会的繁荣。尽管这种理论可能有些失之偏颇，不能囊括西方"刀与剑"的历史，但在某种程度上还是有一定道理的。在前现代农耕社会中，在技术没有根本性突破的条件下，农业社会的财富生产有一个自然为我们设定的天花板。古代社会的绝对主流，是贫穷、暴力、愚昧和互相伤害。一个社会如何才能从零增长变成正增长呢？答案是商贸。商贸的本质是人类社会交易纽带对自然界资源分布不均衡状态的

---

① ［美］彭慕兰、［美］史蒂文·托皮克：《贸易打造的世界》，黄中宪译，上海人民出版社，2022年，第315页。

② ［德］弗兰克·特仑特曼：《商品帝国——一部消费主义全球史》，马灿林、桂强译，九州出版社，2022年，第78页。

调整。即便在未发生技术突破的古代社会，正增长秩序也可以在少数商贾云集的地区存在，例如沿海贸易港口。在农耕文明的大背景之下，这些星星点点的商贸城市，就是零增长社会汪洋之中难得的正增长孤岛。秦汉时期，将军赵佗建立的南越国最终向汉朝称臣。在互利的协定下，汉朝的南部边疆获得了稳定，同时也能获得用来交换北方的铁器和丝绸的珍奇物品。到两晋时期，北方连年混战，但广州出土的西晋墓砖铭文"永嘉世，天下荒，余广州，皆平康"①反映了晋代广州人民安居乐业、经济繁荣的社会状况。商人与别人打交道的信条是和气生财，商人注重的是共商协调。不管谁来做我的主人，我都接受，在他的庇护下慢慢延伸我的贸易网络，安稳做生意就好。宋朝叶权在《游岭南记》中说："广城人家，大小俱有生意。人柔和，物价平。"②因此，总体而言，广州的社会生活呈现出和谐安定的特征。

三、广式生活的海洋文明特征

广式生活是由无数力量塑造而成的、充满活力而无与伦比的生活方式，以各种形式的航运业为代表的对外贸易就是其中的一种重要力量。航海是人类最古老的集体活动之一，它可以输出过剩的物品，并带回当地缺乏的东西；它使不可能成为可能，将不同地区的人们连接在一起；它将新的知识和思想带给远航者，为世界各地带去和谐和文明。总体而言，广式生活在本质上具有鲜明的海洋文明的特性。

---

① 广州市文物考古研究院、南汉二陵博物馆编著：《云山珠水间：考古发现的广州》（下册），文物出版社，2024年，第260页。
② 叶权：《游岭南记》，引自徐德志等编著：《广东对外经济贸易史》，广东人民出版社，1994年，第75页。

（一）广式生活是开放型的生活

　　得天独厚的地理环境，再加上千年的对外贸易传统，使得广州免不了要发生与其他域外文化的碰撞和交汇，形成一种开放的文化心态。历史上，广州是外国人居住和出入最多的城市之一；清代，广东人员流动之大，粤人遍布世界各地；近代，广州是中国睁眼看世界的窗口；当代，广州是中国改革开放的先行者和试验区。广州一直都是面向海外异域开放的，主动或被动地接受外来文化的融入。正是与世界的交流与互动，推动了广州的城市发展和进步，形成了一种与全球化进程紧密相连的流动型、外生型、开放型文化。新颖、时尚、适应和创新是东西方文化交流的产物，开放与包容是广州最显著的城市特征。这是广州作为千年商都与其他大部分商业城市的不同之处。

（二）广式生活是世俗型的生活

　　这种世俗性凸显为人类现代社会的真正起源——一个"不体面的真理"——钱。人类的政治秩序和社会秩序的建构，有两大动力机制，一是战争，一是贸易。血脉偾张的战争因其强烈的戏剧性，更容易在历史叙事中被人注意到，也往往掩盖了润物细无声的贸易过程。正如有学者指出的，在现代化之前，"暴力秩序"是人类文明的主导模式，"零增长"正是暴力秩序的后果。而商贸秩序的崛起使得正增长成为可能。[①]为什么商贸秩序的拓展带来正增长？这个道理亚当·斯密等经济学家说得很清楚：第一，分工带来效率；第二，规模带来需求。商贸活动把人类极其有限的社区拓展成一个无边无际的网络，并通过这张网络激活人类的创造力和生产力。就古代中国整体而言，中国传统文化在经济领域历来具有重农抑商的倾向。儒家文化强调孝与信，对商业的鄙视并不令人感到奇怪。《论语》

---

① 张笑宇：《商贸与文明：现代世界的诞生》，广西师范大学出版社，2021年，第380页。

即指出"君子喻于义，小人喻于利"和"父母在，不远游，游必有方"，认为从事贸易不在父母身边，未能履行子女的义务是极其可耻的。但是这种小农经济条件下萌生的价值观念，在广州历史上并无突出的反映。由于对外贸易发达，早期的亚洲地区间贸易和后来的全球性贸易与广州日常生活的商品化进程交织在一起。广州这种商业性的市井社会环境，深深影响和制约着广州地区文化的发展。广式生活中的商业精神不仅弥漫于市民的日常生活中，而且往往影响着人们的价值取向和行为目标。当全国绝大多数乡村地区都在过着苦苦维生的生活时，广州已成为早发型的消费热点地区。在这里，市民形成了比其他地区都更为浓厚的商品意识。20世纪80年代爆发于广东的"全民皆商"壮举，使全国人民为之惊愕。广州满街都是商铺和购物中心，这在全国是最有特色的。从古代开始就形成了集衣食用玩购物交易为一体的老商业街，在这里可以看到"行街"、购物和生意是广州人的一种生活方式，一种世俗性的商业文化。

（三）广式生活是享乐型的生活

世俗性商业文化的又一重要体现就是消费。尽管消费在某种程度上源于对优越感的追求，但在本质上却根源于人类对家庭舒适感的渴望。在过去千年多的商贸传统里，对外来物品的获取、流通和使用已经成为广式生活的一个典型特征，消费型、享乐型文化渐趋形成。广式生活的享乐不仅表现为追求舒适、快乐、美好、享受等美的生活和幸福生活，更重要的是表现为通过劳动获得成功、取得胜利，实现人生价值，达到目的，以及对个人利益、事业成就的满足。拼命地干活，尽情地享受，就是这种享乐型文化功能的真实写照。购买和享受的行为，"对美好生活的追求"，不仅可以满足个人的需求，而且还会通过刺激生产等方式，使国家富裕起来。个人的虚荣爱好，比如对域外奇货珍宝等奢侈品的消费，反而会产生公共利益，至少在物质层面是这样。在贸易与习俗之间、欲望与束缚之间存在着长久的冲突，广式生活在很早即呈现出与内陆文化不同的特征。虽然欲望并没有被有意地培植和增强，但也并没有被忽视和压制。总体来看，广式生活的形成发展史是包容物质欲望的历史。这样的关联动摇了传统文化的道德信条，对广式生活的形成具有重要影响。

（四）广式生活是平民型的生活

对滨海商贸群体来说，仅仅海洋生活本身，就足以迫使他们以"平等而团结"的精神组织共同生活。对上了船的人来说，社会地位的不平等和阶级的分化是没有意义的，在风浪险恶的大海上，谁也不比谁高一等，谁也离不开谁。因此，在船上，人们最需要的品质其实是敬畏，因为敬畏，人们才会意识到彼此都是平等的，在大海面前不过都是沧海一粟；因为敬畏，才会意识到每一个人都是不可或缺的，必须团结，才能安全抵达陆地上的港口。团结和平等成为港口城市公共生活的精神所在。就全国而言，人们很容易把前现代社会想成极不平等的社会，但对于以外贸为生的城市化的广州而言，较强的流动性使这种不平等并不凸显。这座城市并非由两种文化构成，在精英阶层和同质化的平民阶层之间并没有鲜明的分界线。古代的广式生活就已显露出平民性特征。广州历史上少有世袭贵族，出身低贱之人大可在商业社会中快速积累财富。这种白手起家的富商在广州社会中比世袭财主和贵族更能赢得大众认可。商业发达，淡化了古代社会正统意识形态的色彩，造就了早期的"平民阶层"，使得广式生活充满了浓厚的平民意识。

对外贸易和海上商业在中西文明的交流互鉴中扮演了重要的角色。海上交流在广式生活的形成过程中起到了重要的塑造作用。在19世纪和20世纪，西方中心论最清晰的物质表现就是海权，西方人有能力将自己的海上霸权延伸到海外，创造并维持远在另一半球的殖民帝国。这带来一种非历史性的概括：西方人是海洋民族，东方民族则是陆地民族。这样的假设掩盖了复杂的实际情况。在中华文明的大家庭中，虽然大陆文明占据着较大的比重，但海洋文明也占据着同样重要的位置，甚至是越来越重要。改革开放以来，以广州为代表的海洋城市的再度崛起将成为一股重要的动力。开放的广州，沿着浩荡的珠江，扬帆通海、走向世界，积淀了开拓交流的文化基因，铸就了多元包容的城市特质，并最终汇聚成积极向上、勇于进取的广式生活。

作者简介

刘强，广州社会主义学院文化交流部主任、教授

清代广州的素馨花竹枝词探析

黄忠鑫　徐静琼

摘要：作为外来花卉，素馨花通过制香、制药、制酒等方式嵌入了广州的城市生活，更是衍生出踏春赏花、花艇游览、花市行街等民俗活动。广州竹枝词作为反映广式生活的重要载体，大量描绘了明清以来素馨花的独特风尚。从竹枝词中分析素馨花与清代广州城市社会生活紧密相关的内容主要有：在多种因素作用下，作为素馨花产区的河南（今广州海珠区）、花地在明清时期逐渐转变为具有游赏性质的民俗场所；随着素馨花产业发展，广州城郊出现大量花农，频繁活动的花贩以及热闹的花市，竹枝词中多角度展现了围绕素馨花而形成的广式地域特色商业文化生活；素馨花在地方的影响力与日俱增，竹枝词多反映其在房屋装饰、女子妆容及花艇花灯等生活方面的用途。

关键词：清代；竹枝词；素馨花；广州；社会生活

广州花卉种植业已有1000多年的历史，凭借其温暖湿润及珠江绕流等优越自然地理条件，花木资源蔚为可观，素有"花城"之称。长期以来，广州作为海上丝绸之路的重要港口城市，是域外物产传入中国的前沿地，以香料尤多。西晋嵇含的《南方草木状》最早记载了素馨："耶悉茗花、末利花皆胡人自西国移植于南海，南人怜其芳香，竞植之。"①耶悉茗花，即素馨花。经前人考辨，素馨是在汉末三国时期，作为制作"花鬘"的必需品经由海上丝绸之路随佛教一起传入中国的。②因此，具有芳香气性的素馨与茉莉则有可能就在此时作为香流植物传入广州。南宋周去非的《岭外代答》有载："素馨花，番禺甚多，广右绝少，土人尤贵重，开时旋掇花头，装于他枝，或以竹丝贯之，卖于市，一枝二文，人竞买戴。"③目前学界对素馨花的研究除探讨传入时间、路径外，还多集中于农业史和社会生活史等研究方面，亦有剖析素馨花名实及相关社会现象的。④

素馨颜色纯白，气味清香，深得广府人喜爱。南国素馨花又以广州最盛，并日益成为重要的生活饰品，加之制香、制药、制酒等功用普及，素馨花的生活实用性被不断强化，到明清时期一度成为广州特色花品。在民众对素馨的钟爱风气及素馨日益商品化的趋向影响下，广府地域衍生出踏春赏花、花艇游览、花市行街等独特的民俗风情。这种社会风情为当时文人雅士所推崇，因此向来讲究"志风土而详习尚"的广州竹枝词一般都有大量载录吟咏素馨花及反映赏花风气的作品。随着《中华竹枝词》《历代竹枝词》《广东竹枝词》等书的面世，大量记载素馨花的广州竹枝词，为我们的研究提供了丰富而直观的材料。遗憾的是，前人对于素馨花的研究较少利用竹枝词的信息。⑤有鉴于此，我们将相关竹枝词进行梳理，从历

---

① （西晋）嵇含：《南方草木状》，中华书局，1985年，第1页。
② 刘家兴、刘永连：《"素馨"考辨》，载《暨南史学》2015年第2期。
③ （南宋）周去非：《岭外代答》，中华书局，1999年，第91页。
④ 赵艳萍：《广府素馨名实、栽培及贸易初探》，载《中国农史》2012年第2期；周正庆、潘虹：《茉莉、素馨、耶悉茗名称探析》，载《农业考古》2012年第1期；李昂、王元林：《素馨花的传入与种植地区的扩展》，载《中国农史》2016年第3期；周正庆、冯浩宸：《素馨花与粤人风情》，载《岭南师范学院学报》2021年第4期；周湘：《宋代素馨、茉莉名实辨——社会知识史的视角》，载《海洋史研究》2024年第1期，社会科学文献出版社，2024年；等等。
⑤ 管见所及，仅有周肇基《花城广州及芳村花卉业的历史考察》（《中国科技史料》1995年第3期）以及赵艳萍《广府素馨名实、栽培及贸易初探》（《中国农史》2012年第2期）等论文使用了少许竹枝词材料。

史地理学、社会文化史等角度探究素馨花与清代广州城市社会生活之间的关系，注重从时间与空间维度变化把握素馨花与广州社会的互动过程。

一、素馨斜的传说：文化地理意象的塑造

五代十国时期，南汉刘氏王朝统治岭南，建都广州后大兴土木，修建离宫苑囿。同时由于南汉皇室崇尚佛教，需要用大量花卉装饰宫廷和节日礼佛，客观上推动了广州花卉市场的兴旺，刺激了花木种植业的发展。南汉统治阶级为了满足观赏之好，于城西辟地大量种植素馨，形成专业栽培的"花地"，以及"桃花夹水二三里"的刘王花坞。

南汉时期开辟的城西花地，作为素馨花栽培的传统地带，在明清发展为规模甚大的专门性种植基地，花品种类趋于繁多，但依旧以素馨花为主。《读史方舆纪要》载曰："今（广州）府西十七里有花田，平畴弥望，皆种素馨。"[1]这一时期，珠江三角洲地区人口众多，商品经济发展，由于"稻田利薄"，"每以花果取饶"的农业受利差影响，广州城郊出现了许多花果农业基地，进一步推动了花木业的发展，其中素馨花种植的专业化规模不断扩大。清乾隆进士李如筠的《广州竹枝词》云："一声柔橹香风过，知是前头卖素馨。""刘王花坞百花芳，黄木湾头艇子忙。"[2]这里的艇子主要是指用于运送新鲜素馨前去贩卖、往来匆忙的运输船只，体现出花卉销售的兴盛和商品的快速流通。

城西花地（花埭）历来受广府文人关注，源于一个宫廷轶闻。据传一位喜簪素馨的南汉司花宫女埋葬于此地的三角市（今第十甫、珠玑路一带），汉后主命人在其坟墓种上素馨，故名"素馨斜"，"至今素馨酷烈，

---

[1]（清）顾祖禹：《读史方舆纪要》，商务印书馆，1937年，第4166页。
[2] 钟山、潘超、孙忠铨编：《广东竹枝词》，广东高等教育出版社，2010年，第86页。

胜于他处"。① 尽管"素馨斜"早已湮没无踪,无从考稽,但作为美景与史迹的结合体,惯为中国文人所推崇瞻仰。明清时期,广府文人雅集之地常常择定于花地花田进行,成立了不少诗社画苑,花卉吟咏之风遂大为盛行。广州竹枝词中亦多见前往素馨斜寻迹感怀、踏春游赏的诗文词句。② 清代文人多把素馨比作美人,即比作南汉宫女。素馨花被赋予美人的文学意象,在清代竹枝词《珠江棹歌》中可寻得原因,"素馨花是素馨身,脉脉芳魂恋望春。画舫宵来张翠幄,问郎可似汉宫人?"③ 作者曾燠认为素馨花即素馨本人,而素馨花最大的特点在于洁白清香,与南汉宫女纯洁美丽的品性相通,故广府文人多把素馨喻为美人。广府文人将南汉逸事与花卉吟咏相结合,使得素馨花的人文内涵得到提升,而这种被拟人化的花品更容易为广府地区民众所推崇,认为"十里花田百卉芳,个中惟有素馨香"。④ 因素馨花香气持久,因此又被广府文人比作生命永恒的象征,或者男女寄情思念之物,如"若得香魂同不死,一生长伴素馨花"。⑤ 原本作为外来花卉的素馨,在文人的笔墨渲染之下完全融入广州文化,成为具有独特气质的重要花品。专门种植素馨的产地在广州人心中也随之成为一种独特的人文地理空间。可以说,悠久的种植销售传统及人文地理条件奠定了素馨花在明清广州社会的重要地位。

---

① (清)屈大均:《广东新语》,中华书局香港分局,1974年,第558页。
② 如"南汉偏隅迹已陈,冈头歌舞渺前尘。刘家寸土无寻处,偏有花田属美人","艳说名花是美人,素馨名字唤来频。花田旧址无花种,花月花魂认化身",参见雷梦水、潘超、孙忠铨等编:《中华竹枝词》,北京古籍出版社,1996年,第2868、2761页。又如"素馨棚下语郎君,横髻梳头八字分","花田簌簌美人花,一点芳魂逐汉家","楼台隐约冷烟遮,说到埋香忆汉家。千古美人魂不散,春风化作素馨花","闻道素馨斜尚在,美人千载播芳名",参见钟山、潘超、孙忠铨编:《广东竹枝词》,广东高等教育出版社,2010年,第83、84、200、82页。
③ 钟山、潘超、孙忠铨编:《广东竹枝词》,广东高等教育出版社,2010年,第187页。
④ 雷梦水、潘超、孙忠铨等编:《中华竹枝词》,北京古籍出版社,1996年,第2855页。
⑤ 王利器、王慎之、王子今辑:《历代竹枝词》,陕西人民出版社,2003年,第3695页。

二、花埭与花田：从种植区到游览区

明清广东商品经济的发展，进一步推动了素馨种植规模的扩大。时人已经认识到，花田的种植效益远胜过农田。竹枝词也记录了这样的观念，如"稻田不及花田好，毕竟花农胜老农""花埭花农花样巧，贫家生计在生花"等，①《花田竹枝词》还强调了种花的收益可以补充税粮，"傍田户户花为粮，春事还同蛱蝶忙。寄语东风休太恶，留侬花税纳官仓"。②这些都说明花卉种植业获利远高于一般农活儿，因此民间种花日益盛行。

由此，大片的城郊土地开始被用于专门种植素馨。有竹枝词言，"城郭烟村十万家，家家衣食素馨花。花田儿女花为命，妾独河南歌采茶"。③还有竹枝词记载道"南关官船高建牙，东关民田多种花"④，指出城东种花农家的数量之多。实际上，明清时期素馨的产区主要集中在珠江南岸，"广州南岸有大洲，周回五六十里，江水四环，名河南"。⑤河南地区与十三行隔江而立，具有地阔人众、膏壤沃野、货流通畅等地理优势，使得河南花卉种植业得到迅速发展。清人竹枝词也多有描绘河南花卉业的兴盛。⑥河南地区花卉种类多样，但最主要的品种是素馨花，赵翼就在竹枝词中指出，"汉宫遗种有名花，只在河南水一涯"。⑦河南一带33个村庄广种素馨，其中尤以庄头村最为出名。正如《广东新语》载："有村曰庄头，

---

① 雷梦水、潘超、孙忠铨等编：《中华竹枝词》，北京古籍出版社，1996年，第2875、2868页。
② 钟山、潘超、孙忠铨编：《广东竹枝词》，广东高等教育出版社，2010年，第201页。
③ 雷梦水、潘超、孙忠铨等编：《中华竹枝词》，北京古籍出版社，1996年，第2958页。
④ 钟山、潘超、孙忠铨编：《广东竹枝词》，广东高等教育出版社，2010年，第98页。
⑤ （清）屈大均：《广东新语》，中华书局香港分局，1974年，第695页。
⑥ 如史梦兰《粤东竹枝》："河南春聚绮罗丛，串串香球贯彩绒。花好尽供城里卖，个侬绕屋种油葱"，载钟山、潘超、孙忠铨编：《广东竹枝词》，广东高等教育出版社，2010年，第75页；彭玉麟《广州竹枝词》："河南花埭百花肥，万紫千红燕子飞"，载雷梦水、潘超、孙忠铨等编：《中华竹枝词》，北京古籍出版社，1996年，第2757页。
⑦ 雷梦水、潘超、孙忠铨等编：《中华竹枝词》，北京古籍出版社，1996年，第2742页。

周里许，悉种素馨，亦曰花田。……庄头人以种素馨为业，其神为南汉美人，故采摘必以妇女。"①因为大量种植花卉，河南还被称作"花洲"。有竹枝词描述道："古道生香一水通，花洲衣食岁常丰。"②作为明清时期最大的素馨花生产区，河南当地花农能够"衣食岁常丰"，正是得益于素馨花可观的经济价值。从素馨传统种植地——城西花埭，到集中种植区——河南花田的地理空间变化，可以发现广州素馨花生产的专业化日渐显现。随着河南花田的发展，珠江南岸大面积的农业文化地理景观也随之孕育而生。

经过广州文人的花卉吟咏风气熏染，花田花地成为独特的历史人文地理景观。同时随着花田规模的不断扩大，民众前往游玩赏花有了具有文化情怀的广阔场地。原先作为素馨花主要产区的花地与河南地区逐渐变成民众赏花游玩的休闲娱乐场所，尤其在春季。竹枝词中对广府民众花田踏青的现象记载颇多，如"春来花埭众香稠，拾翠寻芳乱泊舟"，"花埭游春趁晚晴，画纨扇子画裙轻"；③甚至还有称游玩活动持续整个春季的："芳村村里百花芳，姹紫嫣红斗艳妆。最是素馨斜上好，往来游女一春忙。"④

以农历二月初二、二月十二或二月十五举行，象征百花诞生的花朝节（亦称"花神节"）为代表，广州民众的踏青游赏活动极为热闹。有竹枝词为证："逍遥花市趁春闲，三十三村水一湾。多谢小娃勤荡桨，探花早去载花还。玉貌花洲拥画桡，赏花刚又值花朝。"⑤还有竹枝词称，"袖敛裙拖粉黛娇，邀游花地趁花朝"。⑥清明节期间，人们对游赏花田的热情甚至超过了祭祖，齐翀就在竹枝词中写道，"游人不记清明节，便携龙女上花

---

① （清）屈大均：《广东新语》，中华书局香港分局，1974年，第695页。
② 钟山、潘超、孙忠铨编：《广东竹枝词》，广东教育出版社，2010年，第200页。
③ 王利器、王慎之、王子今辑：《历代竹枝词》，陕西人民出版社，2003年，第3713、3717页。
④ 钟山、潘超、孙忠铨编：《广东竹枝词》，广东教育出版社，2010年，第162页。
⑤ 雷梦水、潘超、孙忠铨等编：《中华竹枝词》，北京古籍出版社，1996年，第2873页。
⑥ 王利器、王慎之、王子今辑：《历代竹枝词》，陕西人民出版社，2003年，第3695页。

田"。①

　　花地游览出现的主要动力是当时广州地区商品经济发展迅速，民众生活水平提高，娱乐活动随之备受关注。而花田花地均在广州城郊，距离近，自然成为民众出行游玩的主要地点。潘有为的《花渡头·竹枝词》记载河南花田踏春的盛况是"江阴杂踏哗如市"②，熙来攘往的游人使得花田如闹市一般，氛围热烈。花田踏春蔚然成风，在长期的历史中相沿成习，逐渐成为广州一大习俗特色。

三、花市：颇具特色的商业文化区域

　　清代中期后，随着"一口通商"政令的颁布，广州作为全国唯一的对外贸易港口城市，民间商业发达，市井生活日益丰富。③赏花游花等休闲娱乐活动空前兴盛，花卉成为重要的商品，刺激花木行业迅速发展。素馨花产业作为当时广府地区花卉业的重要支柱，出现了种植业方面"家家衣食素馨花"，市场销售方面"花奴花叟各奔波"、民众"抛钱争买素馨花"的旺盛局面，成为清代广府一大特色产业。

　　以卖花为生的花贩以及鲜花批发商的数量日益增多。竹枝词中多记载花贩花客奔走广州城内外，活动频繁。有竹枝词记载庄头素馨的运销方向："庄头到处素馨开，冲早何人采摘回。和露贩来花渡口，晓妆未竟厌频催。"④早上妇女将素馨花采摘之后，必须先从广州五羊门南岸码头上船贩运至城，该码头因航行往来多是载花，故名"花渡头"。明末清初时伍瑞隆在《岭南竹枝词》中就描绘了花渡头贩运景象，如"水头潮长卖花

① 钟山、潘超、孙忠铨编：《广东竹枝词》，广东教育出版社，2010年，第183页。
② 钟山、潘超、孙忠铨编：《广东竹枝词》，广东教育出版社，2010年，第200页。
③ 马啟亮、邝以明：《广州花市的历史文化内涵及人文关怀》，载《岭南文史》2014年第1期。
④ 钟山、潘超、孙忠铨编：《广东竹枝词》，广东教育出版社，2010年，第182页。

去，水尾潮来人卖鱼"。[①] 清代广州竹枝词对素馨花中转站——花渡头繁荣景象有诸多生动写照[②]，反映出素馨花大量供应广州城市的史实。

素馨花贩卖既有不定点的沿江流动、沿街散卖，也有定点成市。无论是城内还是城外，素馨花的集中销售区域都为广州城营造了一种别致的商业文化景观，陈官在《花田竹枝词》中载："河头花郎惯卖花，河尾女儿长采茶。谁道河南少风景，半为香国半农家。"[③] 广州地区素馨花贩角色多由男子充当，洪应奎的《珠江竹枝词》反映了这些花贩在珠江沿岸的销售活动："茉莉花宜衬晚妆，沿江都是卖花郎。花篮千样齐围住，不买满船花也香。"[④] 花贩常常就地贩卖，在靠近花地附近的珠江沿岸叫卖，因为滨江地带商贸繁荣，为侨商旅客聚集之地，销路较好。但更多的花贩选择运送入城，"素馨花贩担头轻，一路香风送入城"，"担到七门花市去，卖花花债债无多"。[⑤] 大量的素馨花被送入城内贩卖，聚集地点在广州城南的七门一带，于是城内民众纷纷前往购买，在城门底下发展出花市。

据屈大均《广东新语》记载："粤东有四市（药市、香市、花市、珠市）……一曰'花市'，在广州七门，所卖止素馨，无别花。"[⑥] 屈大均生活于明末清初，推知广州花市形成时间最迟在明末。一般素馨花市成市时间在早上，能够延续至黄昏时分，说明花市热闹非凡，还出现了"花市迷人恨若何，卖花人少买花多"[⑦] 的现象。在花市营业期间，民众争买素馨，不

① 雷梦水、潘超、孙忠铨等编：《中华竹枝词》，北京古籍出版社，1996年，第2735页。
② 如"花田一片光如雪，照得卖花人过河"，"三月卖花人过河，东河不似西河多"，"素馨花放清和，花渡头前唤渡河"，参见雷梦水、潘超、孙忠铨等编：《中华竹枝词》，第2740、2883、2942页。又如"十三村口水如油，唤艇人来花渡头。扇影香衣成队去，拣茶红粉总风流"，"入港索尝番舶酒，渡江齐贩素馨花"，"花奴花叟各奔波，齐集花圩撑过河"，参见钟山、潘超、孙忠铨编：《广东竹枝词》，广东教育出版社，2010年，第91、152、200页。
③ 钟山、潘超、孙忠铨编：《广东竹枝词》，广东教育出版社，2010年，第201页。
④ 雷梦水、潘超、孙忠铨等编：《中华竹枝词》，北京古籍出版社，1996年，第2748页。
⑤ 雷梦水、潘超、孙忠铨等编：《中华竹枝词》，北京古籍出版社，1996年，第2941、2942页。
⑥ （清）屈大均：《广东新语》，中华书局香港分局，1974年，第48页。
⑦ 王利器、王慎之、王子今辑：《历代竹枝词》，陕西人民出版社，2003年，第3704页。

问价格高低，有竹枝词生动描述了这一场景，"素馨花市闹黄昏，抛掷金钱价莫论"[①]，足见素馨受广州市民喜爱之深。

花市最热闹的时候是岁末除夕。清晨开市，大量民众便聚到城门下购买，导致城内素馨花市供不应求，常常出现"金钗翠羽簇宫鸦，都向花田斗买花""棹入花田才系缆，抛钱争买素馨花""不见晨光泛小艇，满街争唤卖花郎"的场面[②]，部分民众直接渡江前往素馨花产地订购，不论价格高低，争相买入。每到除夕，花卉售卖直到天明，"城内外买者万家，富有者以斗斛，贫者以升"。[③]竹枝词也多有描绘花市彻夜卖花的场景，如"种花花埭百花生，编就筠篮早上城。最是风光除夕好，六更犹有卖花生"，"铜壶滴漏夜无声，爆竹如雷响满城。贴罢挥春人小醉，卖花听唱到天明"。[④]

在兴旺的消费市场带动下，有清一代广府花卉集市达到7个之多，其中南海2个，番禺3个，顺德1个。[⑤]素馨花市场的发展为众多花农花贩提供了衣食生计，花客的巨大需求又进一步推动花市的发展，生产与市场的两相得利是广州花卉行业长久发展的重要维系，使花卉产业成为广府地区别具特色的产业。

四、素馨花与广州民众日常生活

素馨花不仅有观赏价值，其所具备的制香、酿酒、制药等多种功能亦被充分发掘，广泛使用于广州民众的日常生活之中。其中，素馨花常被广府人作为香薰之物，用以装饰房屋庭院。《广东新语》有关于素馨气性的

① 雷梦水、潘超、孙忠铨等编：《中华竹枝词》，北京古籍出版社，1996年，第2770页。
② 钟山、潘超、孙忠铨编：《广东竹枝词》，广东教育出版社，2010年，第106、182、105页。
③ （清）屈大均：《广东新语》，中华书局香港分局，1974年，第695页。
④ （清）屈大均：《广东新语》，中华书局香港分局，1974年，第98、89页。
⑤ 冼剑民、许五州：《清代广州的花卉消费》，载《江苏商论》2005年第5期。

描写，"上人头髻乃开，见月而益光艳，得人气而益馥，竟夕氤氲，至晓萎，犹有余味，怀之避暑，吸之清肺"。① 因素馨具有清香的味道且香气留存时间长，广府民众常将其摆置房中。《珠江杂咏》记载，"花市栅头花聚处，斑斓五色各盈筐。花篮载去沿街卖，散作千家绣阁香"，"西园春市剧繁华，春到园林处处花"。② 当时以素馨为房屋摆饰、庭院花木的风气十分盛行。因素馨花日夜相伴左右，香气袭绕，文人对这一现象感触颇深，于是有了"夜半发香人梦醒，银丝开遍素馨花""夜半齐开郎梦醒，不嫌损肺更熏香"等诗句，③ 常被后人复咏。

此外，素馨花常被女子作为施妆之物，由此诞生了广府特色妆容——花梳。明清时期，广府女子兴盛以素馨花及茉莉花盘绕发髻，谓之"花梳"。竹枝词对广府女子扮花梳妆容有诸多记载，如"芭蕉红蕾绽花瓶，茉莉簪头串素馨"④，又如"水阁花开助晚妆，素馨盘髻亦寻常"⑤，"素馨茉莉竞新妆，宝串堆围髻两旁"，"撒兰衫衬绣金鞋，宝髻香围茉莉钗。好个观音佳节会，一条山路变花街"⑥，从中可以窥见明清时期广府女子喜欢以素馨、茉莉扮花梳，以赴节会。还有竹枝词反映广府男子亦有头插素馨花的习惯："河南人卖素馨花，珠江渔女斗明霞。要郎扮作生菩萨，插得清香一帽斜。"⑦ 表明以素馨花作为近身香薰之物的习俗在广府民众中广为流传。

素馨花市场的发展与市民娱乐休闲生活紧密契合。广州人用素馨花装饰船舶、制作花灯，发展出颇具地方特色的游艺活动。珠江三角洲地区江

---

① （清）屈大均：《广东新语》，中华书局香港分局，1974年，第695页。
② 雷梦水、潘超、孙忠铨等编：《中华竹枝词》，北京古籍出版社，1996年，第2869、2762页。
③ 雷梦水、潘超、孙忠铨等编：《中华竹枝词》，北京古籍出版社，1996年，第2739、2944页。
④ 钟山、潘超、孙忠铨编：《广东竹枝词》，广东高等教育出版社，2010年，第172页。
⑤ 钟山、潘超、孙忠铨编：《广东竹枝词》，广东教育出版社，2010年，第194页。
⑥ 雷梦水、潘超、孙忠铨等编：《中华竹枝词》，北京古籍出版社，1996年，第2944页。
⑦ 钟山、潘超、孙忠铨编：《广东竹枝词》，广东高等教育出版社，2010年，第188页。

河众多，沿河街市繁华，游船成为民众喜好的水上娱乐活动，"有时打桨乘潮去，半载游人半载花"[①]。在节庆之日，广州民众多以素馨、茉莉作为船艇装饰之物，谓之"花船"。但后因停靠在珠江之上的妓船亦多用花卉作为装饰品，故在诸多的文学作品中把花舫作为妓船的代称。对此，竹枝词也有描述："扇影衣香入管弦，花船灯舫斗华妍。素馨茉莉西庵句，花事相沿五百年。"[②]素馨花还常常被广州人用于制作花灯。竹枝词中有"屏开茉莉素馨灯，灯影花香第几层""午食不离荷叶饭，夜灯长结素馨花""绣户初秋夜色良，家家乞巧集群芳。素馨红袖灯明艳，七巧盘呈梳洗妆"等诸多记载[③]。素馨花外形秀美，又可溢香，常常被人们视为吉祥之花，因此在节日庆典时多用此花作花灯，尤其是在乞巧节。此外，素馨花还有制酒、制药等多种功用，凭借自身的美学与实用兼具的优点，在广州民众的日常生活中发挥着重要的影响力。

五、结语

随着素馨花产业规模的不断扩大以及通过文人的吟咏、民众踏青等方式，河南、花地等素馨花主要产地成为与广州城市社会生活紧密相连的独特地理空间。竹枝词中所见大量素馨花农、花贩的出现以及素馨花市的发展，呈现了具有广州地区特色的产业经济生活。竹枝词中关于房屋装饰、女子妆容及花艇花灯等生活方面的记载，则展现了素馨花在广州民众日常生活中强大的渗透力。由此可见，竹枝词中所记载的素馨花与广州民众在社会生活之间的联系，实际上表现了素馨花作为外来花卉在历史发展中逐

色彩

---

① 王利器、王慎之、王子今辑：《历代竹枝词》，陕西人民出版社，2003年，第3708页。
② 雷梦水、潘超、孙忠铨等编：《中华竹枝词》，北京古籍出版社，1996年，第2868页。
③ 钟山、潘超、孙忠铨编：《广东竹枝词》，广东教育出版社，2010年，第106、30、205页。

渐与广州文化相融合，孕育出别具一格的广州花卉文化的过程。

不过，清后期素馨花在广州花卉业中的地位开始滑落。竹枝词对此的记载有三个方面。一是描写花田、花地游人罕至、荒草丛生的景象。如"金缕银丝迹化霜，刘王花坞半苍茫""荒草夕阳迷路处，无人知是素馨斜"，"花埭荒凉游客稀，旧时花事近来非"。①二是蔡士尧的《西关八桥竹枝词》等，指出花田还被改成妓楼烟馆。如"第五桥踪迹可怜，桥头南望素馨田。沧桑人事多更变，坠髻横钗向紫烟"，他又在词解中进一步说明，"永宁桥南三角市，昔为花田，今变妓楼烟馆"。②第五桥便是位于城西三角市北面的永宁桥，桥南为大片的素馨花田，为传说中的素馨斜所在地。这里曾经一片繁盛，游人如织，近代以来则面貌大变，原来的大片素馨花种植地被改作他用，是产区衰落的表现，也是素馨花产业规模收缩的结果。三是指出了素馨花产业的衰退原因在于清末至民国时期随着对外贸易的新发展，其他外来花品如玫瑰逐渐占据了广州花卉市场。竹枝词有载，"问谁凭吊素馨斜，寂寞芳魂只自嗟。处处提倡崇国货，市场偏爱摆洋花"。③再加上新式装饰品、香水等的流行，素馨花产业大受冲击，独具特色的广府农业文化景观——素馨花田也随之萎缩，民众日常生活习俗也发生了新的转变。此外，随着近代外国入侵的加剧，有着红色属性的木棉花取而代之成为广州市花④，素馨花的精神地位更是一落千丈。

如今，广州已难见到铺天盖地的素馨花海，仅能在陈家祠等古建庭院中才能得以一见。尽管如此，明清竹枝词中所描绘的素馨花对广州城市文化景观的塑造、与民众社会生活的紧密关系，依旧生动形象。相信假以时

---

① 钟山、潘超、孙忠铨编：《广东竹枝词》，广东教育出版社，2010年，第140、106、135页。
② 钟山、潘超、孙忠铨编：《广东竹枝词》，广东教育出版社，2010年，第147页。
③ 雷梦水、潘超、孙忠铨等编：《中华竹枝词》，北京古籍出版社，1996年，第3012页。
④ 周正庆、冯浩宸：《素馨花与粤人风情》，载《岭南师范学院学报》2021年第4期。

日，如果能够以相关历史、文学记录为依据，在适当的场地恢复花田、素馨斜等景观，呈现传说故事、社会风情以及洁雅清淡的民众精神，将对丰富广州城市文化内涵具有重要意义。

色彩

作者简介

黄忠鑫，暨南大学历史学系副教授，主要从事明清社会经济史和历史地理学研究

徐静琼，广西民族大学民族学与社会学学院讲师，主要从事历史地理学和华南地方史研究

穿越时空的芳华与繁华：广州"行花街"的古今演变

梁达平

摘要："行花街"作为源起于广州的独具特色的民俗活动，承载着深厚的历史文化底蕴。广州花市萌芽于唐宋，兴盛于明清；除夕花市初成于晚清，定型于民国；迎春花市则于新中国成立后得以正式命名，并随着时代的发展不断创新蝶变。本文旨在探讨广州花市从素馨花市到迎春花市的历史演变，分析其民俗文化内涵及其在社会生活中的重要意义。作为一项重要的民俗活动，广州迎春花市不仅是城市历史的见证，也是文化传承的载体，值得进一步研究和保护。

关键词：广州花城；行花街；迎春花市；古今演变；广府文化

广州的"行花街"，就是逛迎春花市。迎春花市，作为岭南地区独特的民俗文化现象，其历史可追溯至民间自发的花卉种植与销售活动；随着素馨花市的出现，广州花市逐渐形成规模。清代晚期后，广州民间商业繁荣，市井生活丰富多彩，花市的功能也逐渐从单纯的花卉交易场所演变为市民休闲娱乐的重要空间，并与春节传统节庆紧密结合，最终形成了具有浓厚民俗色彩的迎春花市。这一演变过程不仅反映了广州城市经济的发展和市民生活的变迁，也体现了岭南地区独特的民俗文化和审美情趣。

一、广州花市历史源远流长

广州人种花、爱花、赏花、赠花的习俗由来已久，因此广州素有"花城"的美誉。这与广州地处珠江三角洲，毗邻南海之滨，北回归线穿越，气候温和湿润，四季繁花绽放，密不可分。

据南越国宫城考古挖掘，从宫苑遗址出土的植物就有五大类、四十多种，其中观花类为桃、梅、假牵牛等，林木类为榕树、樟树、构树等，草本类为紫苏、眼子菜、石竹等。该宫苑是琪花瑶草的集萃之地，是轻盈、通透、秀茂的岭南园林始祖，也是古代广州与花结缘的突出典范。[①]西晋永兴元年（304）嵇含在担任广州刺史期间，当地花卉之多、草木之盛，让他大开眼界，其所著的《南方草木状》中描述："春华者冬秀，夏华者春秀，秋华者夏秀，冬华者秋秀。其华竟岁，故妇女之首，四时未尝无华也。"[②]

广州的花市最早可以追溯到唐宋。据南宋淳熙五年（1178）地理学家周去非《岭外代答·花木门》所记，"素馨花，番禺甚多，广右绝少，土人尤贵重。开时旋掇花头，装于他枝，或以竹丝贯之，卖于市，一枝二文，人竞买戴"，[③]可知素馨花素为广东特色花卉，相邻的广西（广右）则极少见，而广东境内主要产于广州（番禺）一带。素馨花可谓广州最早的"市花"，更接近广州人淡雅、内秀的文化个性。出于对素馨花的喜爱，当地人将其采摘，作为头饰于市集上出售，买者甚众，可谓"花卉市场"的雏形。[④]

明万历年间（1573—1620），广州城形成了较大规模的素馨花市场，

---

① 参见南越王博物院宫苑相关展出资料。
② （西晋）嵇含：《南方草木状》，广东省出版集团，2009年。
③ （宋）周去非：《岭外代答》卷八，中华书局，2007年，第328页。
④ 马启亮、邝以明：《广州花市的历史文化内涵及人文关怀》，载《岭南文史》2014年第1期。

广州五羊门①花市最具代表性。五羊门前就是珠江北岸，花贩们从珠江南岸买花后用船载至五羊门前的渡口，再分别拿到五羊等城门口摆卖，各个城门内外形成了固定的鲜花集市。清初屈大均《广东新语》记载："广州有花渡头，在五羊门南岸。广州花贩，每日分载素馨至城，从此上舟，故名花渡头。"②据屈大均所述，当时广州的花市、东莞的香市、罗浮山的药市、廉州合浦的珠市并称"粤东四市"，而广州的花市位于七处城门下，"所卖止素馨，无别花，亦犹洛阳但称牡丹曰花也"。③彼时素馨花与牡丹花在洛阳的地位一样，成为广州的代言名品。此时期，广州已成中国第一大港，交通发达，千商云集，万物可易，出现以栽种花木为生的专业"花户"，近郊的河南地区（现广州市海珠区）成为素馨花专门产区。"珠江南岸，有村曰庄头，周里许，悉种素馨，亦曰花田"，④"花田者，河南有三十二村，旧多素馨，花时弥望如雪，故云"。⑤清人陈华也有诗云："三十三乡人不少，相逢多半是花农。"⑥

广州花市之名首次出现在官方史志当中，最早可查的是《番禺县志》清乾隆三十九年（1774）刻本："粤中有四市，花市在广州，珠江之南有花地，以卖花为业者，数十百家，市花于城。与合浦之珠、罗浮之药、东莞之香称四市。"广州花市甚为热闹，到了快过年时则更盛。在年三十到元宵期间，花农们都会沿着珠江，运着年花摇船上岸，除在各大城门口摆卖外，还顺着长堤的街边一直摆到今海珠广场附近。同时，广州河南一带种花的地方从宋代就扩展到芳村花地（古称"花埭"），而且后来不仅种素

① 五羊门建于明嘉靖四十四年（1565），清顺治八年（1651）改称五仙门，遗址在今海珠广场西侧艺景园。
② （清）屈大均：《广东新语》卷二，中华书局，2006年，第48页。
③ （清）屈大均：《广东新语》卷二，中华书局，2006年，第48页。
④ （清）屈大均：《广东新语》卷二十七，中华书局，2006年，第695页。
⑤ （清）屈大均：《广东新语》卷二，中华书局，2006年，第42—43页。
⑥ 叶春生：《广州的花市与花卉文化》，载《中山大学学报（社会科学版）》1992年第3期。

馨，还广植各种花卉，到了明清年间，这里的花田更是"绵延九里"，并在花地大策观音庙前形成一个鲜花市场，即"花圩"。

清道光二十年（1840），由于中英两国爆发鸦片战争，沿江屡受战火威胁，花市从九个城门的"城门口花市"扩展和聚集到藩署（今北京路广东省财政厅至中山路交界处）前的"城中心花市"。该中心花市紧靠的北面一带，历来是最重要的官衙区，甚至曾为王朝宫廷所在地，而正对着俗称藩署的广东承宣布政使司，那是明清时期广东的最高民政、田土、钱粮和官员考核机关，近似于当今的省政府，官署的主建筑肃穆宏伟，园林却秀美幽深。清末著名经史学家朱次琦《消夏杂咏》诗中，便有"苎衣蒲篗妙年华，约买承宣坊下花"之句。当时以藩署前的照壁"方岳"木牌坊下为起点，沿着承宣直街①，形成一个卖素馨花、吊钟花、水仙花的锦绣世界，并逐渐延伸至"双门底"②等街道。成书于道光年间的《续修南海县志》记载，藩署前夜花市"灯月交辉，花香袭人，炎敲夜尤称丽景"。③这证明当时城中心最主要的商业区不仅已形成规模较大的白天花市，还发展出了夜间花市。除此之外，花地大策观音庙前也有夜间花市，乾嘉时人沈复在其《浮生六记》一书中写道："对渡名花地，花木甚繁，广州卖花处也。余自以为无花不识，至此仅识十之六七，询其名有《群芳谱》所未载者，可见花地花事之盛。"④在花卉产地卖花，每晚十二点开市，天明前收市。这是一个重要转折，体现了花卉生意开始适应市民夜生活的休闲需求，为除夕花市吹响了前奏。

---

① 清代时，北京路由北至南基本上依次为承宣直街、双门底街、雄镇直街、永清街。
② 今北京路与西湖路交界处当时耸立着一座楼下有两个并列拱门的拱北楼，故民间称之为双门底，并且一直存至民国初期。它是广州城从未断代的最显赫的中轴线核心，也是全国独一无二的政治、商业、文化与人气高度汇集的"岭南第一街"。
③（清）郑梦玉等：《续修南海县志》卷五"花市"条，同治十一年刊本。
④ 转引自陈国康、邓广彪：《广州花市》，载《广州文史资料》第三十五辑，广东人民出版社，1986年。

二、清末广州除夕花市嬗变于常年花市

　　岭南第一位女博学家、出生于清光绪二十一年（1895）的中山大学冼玉清教授曾客观地论证过，"除夕花市，在同治、光绪间才逐渐发展起来。因为在这以前，两重城门入夜即闭，既无大光灯（火油大汽灯），又无电灯，黑夜沉沉，花市是没有可能繁盛的"。①清代的文人徐澄溥同治年间所作《岁暮杂诗》："双门花市走憧憧，满插箩筐大树秋。道是鼎湖山上采，一苞九个倒悬钟。"诗中的"憧憧"便是灯影摇曳的样子，所写是在岁暮花市上花农出售吊钟花的情景。清末所修《番禺县续志》载，广州城内花市"在布政使署前，岁除尤甚"。②清末民初人张心泰所著《粤海小识》云："每届年暮，广州城内卖吊钟花与水仙花成市，如云如霞，大家小户，售供坐几，以娱岁华。"③文人潘贞敏在成书于同治年间的《佩韦斋诗钞·花市歌小序》中亦称："粤省藩署前，夜有花市，游人如蚁，至彻旦云。"综合以上这些记载及有关史料来分析，清代同治、光绪年间（1862—1908）藩署前和双门底的日夜花市已经是长期固定的，不限于岁暮新年，即"常年花市"与"除夕花市"并存。而且由"岁除尤甚"发展为"每届岁暮"，越是临近过年越为兴旺，特别是"辞旧迎新"的除夕花市最为火爆，甚至通宵达旦，"行花街"也从此兴起。藩署前常年花市中的除夕花市是广州迎春花市的鼻祖。该花市设在城中央的政治中心和最繁华的商业文化区，这应是唯一与独有的。

　　随着民国初广州的"拆城扩路"，从1918年开始，狭窄街道建成宽阔马路之日，也就是常年花市过渡到除夕花市之时。民国时，广州花市固定在农历十二月二十八日至除夕深夜举行，从此逛花市正式成为春节的一项

① 易仁：《羊城花市》，载《岭南文史》1992年第1期。
② 梁鼎芬等：《番禺县续志》卷六"花市"条，民国二十年刊本。
③ 叶春生：《广州的花市与花卉文化》，载《中山大学学报（社会科学版）》1992年第3期。

民间习俗。^①

　　广州市档案局等单位编写的《春来南国花如绣·广州迎春花市》第三章"华丽蝶变——民国除夕花市"开章写道："清末的花市，无论藩署前的花市，抑或双门底花市，尽管是热闹，岁晚尤盛，但性质上还是一个常年性花市，而不能算作迎春花市，充其量只是过渡品。迎春花市的基本定型是在20世纪20年代，其中传统花市与春节节庆活动的结合是关键所在。"^②20世纪二三十年代是广州快速发展时期，经济发展较为稳定，工商业均兴盛，年宵花市也随之昌隆。民国期间的除夕花市主要有永汉路和浆栏路两处。永汉路的除夕花市是广州最早固定下来的除夕花市，其从原藩署前及双门底一直延伸至高第街一带，花市内每个摊位宽1米至3米不等，除了有花摊摆卖各式各样鲜花，还有许多卖金鱼、盆景、字画、古玩、陶瓷、漆器、年宵品甚至书籍报刊的摊档。尤其除夕夜"无人不道看花回"，家家户户吃完团圆饭后行花街，是年宵花市的最高潮，越接近年初一人气就越旺。随着迎接新年到来的"开门炮"在全城响彻云霄，一年一度的花市才告落幕。后来，最大的中心花市又转向商户聚集、交通便利的"十三行"附近的浆栏路。浆栏路花市是在马路两旁搭架作花档，中间行人，无档花贩亦可随时携带花枝入场兜售。花的品种也大增，桃花、吊钟、水仙、牡丹、菊花、剑兰、姜花等南北花卉集于一市，花的身价也一路走高。例如花农卖出一株中等桃花，就到手好几块银圆；如果成交一株上等桃花，则挣到一二十个银圆，一个月的生活费有了着落，可以开心回家过大年啦。

　　整个民国时期，广州除夕花市一直没有中断，即使在沦陷期间，虽然花市规模比和平年代缩小了许多，但每年依然照摆，日本侵略者对花市风

① 马啟亮、邝以明：《广州花市的历史文化内涵及人文关怀》，载《岭南文史》2014年第1期。
② 广州市档案局、广州市国家档案馆、广州市工商行政管理局、广州市花市办公室：《春来南国花如绣：广州迎春花市》，广州出版社，2010年。

俗也没有干涉。有老广州人回忆，1938年的除夕，空袭警报声不断响起，日本飞机在头顶上掠过，随时有扔炸弹的危险，但市民还是照常气定神闲地行花街、买年花，西装革履的"东山少爷"和旗袍飘逸的"西关小姐"尤为引人注目。由此可知广州人的淡定外，他们对花市的狂热亦可见一斑。抗战胜利后，花市又逐渐畅旺起来。1946年的除夕花市，从桨栏路至十八甫、宝华路再到宝源路尾，花农多来自芳村、石马、陈村等地，七彩的鲜花、金黄的年桔，引来万千游客，热闹非凡。

三、新中国"广州迎春花市"正式由政府主办与命名

1949年10月新中国成立后，广州迎春花市也从过往的"民间自发"转而被纳入政府的市政项目，政府设立专门机构年年筹办，从官方角度正式确认了花市的存在及其地位，使其规模、人气都有了大幅提升。1950年春节前夕，解放刚满4个月的广州城，在桨栏路举办了新中国首次、也是当时全国唯一的年宵花市。1951年进一步恢复了市中心永汉路的年宵花市。1953年的花市出现了红梅、蜡梅、芍药。尤其1956年的除夕花市，从桨栏路迁到太平路（今人民南路），并将分散于各街巷的卖花店铺集中到这里，从上九路口至晏公街口和大新西路一段马路，长约几百米，用竹竿搭成简易的彩门牌楼和露天花架，牌楼两旁伴之既吉祥美好又有革命意义的春联，并装上漂亮的五彩电灯，点缀着这个有200多个档口的花市。广州市政府首次以"迎春花市"正式命名这一民俗活动，从而取代"除夕花市""年宵花市"，并延续至今。同年，永汉路的花市也迁到旁边的西湖路、教育路，从此一跃成为广州的头号花市。

20世纪六七十年代，即便是吃不饱饭的困难期，广州一年一度的"年卅晚行花街"依旧充满着欢笑和期盼，展现出人民顽强的生活意志和深厚的社会凝聚力。1961年2月，广东著名散文家秦牧写的《花城》，其中就

翔实地记述了当时行花街的情景："广州今年最大的花市设在太平路，就是历史上著名的'十三行'一带，花棚有点像马戏的看棚，一层一层衔接而上。那里各个公社、园艺场、植物园的旗帜飘扬，卖花的汉子们笑着高声报价。灯色花光，一片锦绣。我约略计算了一下花的种类，今年总在一百种上下。望着那一片花海，端详着那发着香气、轻轻颤动和舒展着叶芽和花瓣的植物中的珍品，你会禁不住赞叹，人们选择和布置这么一个场面来作为迎春的高潮，真是匠心独运！"1962年春节前夕，文学大师冰心在散文《记广州花市》中写道："我们发现那里是花山，也是人海。在鲜花和绿叶堆成的一座座山下，奔流着汹涌的人群，我们走入春天的最深处了。"的确，那时的迎春花市，长街流光，百花溢彩，观者如堵，人声鼎沸，买了花果，或高高举起，或紧紧抱着，否则随时给人挤落，孩童就骑在大人的肩膀上看热闹。

除了文化名人，"行花街"也成为不少党和国家领导人到广州过冬的必选节目。朱德、董必武、谢觉哉、贺龙、林伯渠、陈毅、郭沫若等经常光临花市，朱德委员长1954年至1970年几乎年年都在广州过春节，行花街是其"保留节目"。他们兴致勃勃，题诗抒怀，互相唱和，与民同乐。

这一时期，广州的迎春花市在布局上逐步形成一定的规格，常规分为花牌楼、花景、花廊三部分。花牌楼，源自古牌坊，分主牌楼（花街入口）和副牌楼，后来往往还配有生肖年的主题楹联。它作为迎春花市的"门面"，一直是各区花市精心打造的"艺术品"。花景，即是在鲜花簇拥下，结合当年的政治形势及生肖、年份等，构成一个个独特的、有寓意的花市景观，或结合花市内的地形地貌，搭配各色花材植物，营造多个集优美、创新于一体的花景。花廊，分前段、中段和尾段几个部分，不同的段位出售各异的花种和物品。一般按包装形式，前段摆放枝头，主要有桃花、银柳花、吊钟花等；中段摆放盆头，主要有盆栽的茶花、兰花、芍药、月桂、玫瑰、含笑、牡丹、水仙、海棠、蟠桃、金橘、金蛋果、代代果、热带肉质植物等；尾段摆放水族之花——金鱼和其他观赏鱼类，还有古董、杂架、冬果、陶瓷、漆器、玻璃器皿、气球及其他工艺品、年宵品、儿童玩具等展销，一应俱全。

四、改革开放广州迎春花市获得空前发展

1978年广州各个区县都开始设置花市，这一年的花档2347个，有220多万人次游花市。另外，越秀公园、烈士陵园、海幢公园、流花湖、荔湾湖等公园，都在春节前后举办了形式多样的花展、花会，成为广州迎春花市的组成部分。

80年代初期，广州近郊花卉种植面积比1978年扩大了三倍多，花卉品种也逐年增多。1980年花市规模之盛、品种之繁、数量之多，都是往年罕见的，并开始有商业广告画。其总长超过五公里，形成名副其实的"十里花街"，售花摊档超过3000个；最大的一株橘结果4000多个，售价400多元；最大的一枝桃花4米多高，售价80多元。1982年游花市约200万人次，总成交金额约207万元。1983年除越秀、东山、海珠、荔湾四个老城区外，黄埔及郊区分别在港湾、芳村都设有花市。1985年的迎春花市，更是规模空前。市内各区分别开设一个花市，除四个老城区（越秀区的中心花市仍设在教育路、西湖路）外，黄埔区花市设在大沙东路，天河区花市设在沙河禺东西路。各个花市的入口，都有雄伟壮观的牌楼，各式彩灯装点，大红春联高悬。在路中搭建梯级有蓬棚架，花卉一层层摆放，所形成的长花廊沿途伸展。1985年，粤剧一代宗师红线女将《花市》唱到了央视春晚舞台，这是广东粤曲首次在春晚亮相。

随着国门的打开，在引领改革开放风气之先的广州迎春花市，不仅能看到各种兰花，还有更多外国花卉引进。如1980年，广州花市首次出现了荷兰郁金香、比利时杜鹃等进口品种；1984年，法国剑兰首次出现在越秀

区中心花市；以及陆续出现的来自世界各国的康乃馨、紫罗兰、蝴蝶兰、瑞香花、丁香花、风信子、薰衣草等，争奇斗艳，美不胜收。特别是"猪笼入水"（猪笼草）、"五代同堂"（乳茄）等这些花卉原产地都在海外，引进后用的中文名称融入了广州人特别讲究的好意头，因而大受欢迎。本地花卉研究中心、花农对进口花卉品种还进行改良，以前2000多元的大花蕙兰，国产的只要500多元。不仅港澳台同胞和内地同胞都赶来行花街，花市也吸引了世界各地的游客光临，体现了广府文化开放兼容的海洋性特征。1986年广东电视台在除夕晚上直播迎春花市盛况，这是广州花市历史上的第一次；这一年四个老区还首次开展评靓花活动，至此成为每年花市的一项固定活动。至80年代末，广州从四个老区到四个新区共形成"八大花街"：越秀区西湖路、教育路、惠福东路花市，东山区东川路花市，荔湾区多宝路、逢源路花市，海珠区滨江西路花市，以及天河区体育中心花市，黄埔区大沙东路花市，芳村区陆居路花市，白云区新市大街花市。

五、21世纪广州迎春花市时尚潮涌

传统迎春花市以满足群众迎春祈福、购花赏花需求为主，到了21世纪，迎春花市除市场供应充足稳定、花卉质量普遍提高外，精品花卉陆续受到广大市民的追捧，年销花向精品、小型化方向发展，搭配小盆栽、多肉组合的迷你型、组合型花卉更受欢迎。迎春花市更多体现了一种生活理念和文化气息，可以说是既充满着广府味，又混合着时尚化的新潮花市。特别是到2000年春节，越秀区迎春花市首次倡议把卖不出去的花果送给老人院、福利院的孤寡老人。此"护花活动"得到广州其他花市的效仿，广州花农沿袭了超百年的除夕夜过后摔花砸花的陋习也戛然而止。

新世纪的广州迎春花市花卉品种应有尽有、争奇斗艳，不但国内各地的花卉被引进，连世界上许多名贵的奇花异草，例如澳大利亚的帝王花、

色彩

日本的垂花石斛兰、希腊的仙客来等也纷纷涌入。从2004年起，每年中国国际广播电台都会在年三十当天，以广府话、客家话、潮汕话、闽南话等多种语言向全世界华侨报道广州花市的消息。2006年，由广州市民投票，选定"迎春花市"为广州城市名片印象十大代表之一。2007年，广州迎春花市入选广东省第二批省级非物质文化遗产名录。2008年，越秀花市首创"网上花市"和"手机花市"，市民轻触鼠标或手机，便可安坐家中逛花市。也是从2008年开始，花市摒弃以往采用竹竿搭建的棚架，全部改用钢管结构，技术进步与环保理念推动花市不断升级迭代。2009年，全国首个免费上网的无线迎春花市在越秀区西湖路迎春花市开锣，而海珠区花市则出现了备受市民欢迎的"海珠康园手工艺作品慈善义卖点"。2012年，坐落在广州新中轴线上的天河体育中心花市上，已经有大学生开设店铺。

2013年起，在保留传统民俗的基础上，广州迎春花市不断推动创新性的转化，拓展花市的内涵与形式，让这块老品牌焕发出新的生命力，充分展现了广州文化的自信和繁荣。如首届"广州水上花市"正式启动，百年前的"水上花市"又在享有"一湾春水绿，两岸荔枝红"美誉的西关荔湾湖、荔枝湾涌一带重现。又如广州开始谋划"广州过年、花城看花"这一春节城市品牌的打造，从前往国内各大城市进行推介，到邀请海内外宾客来广州过年，再到将3天的传统花市拓展为"3+15"天的加长版花市，增设了越秀灯会、广府庙会等一系列民俗活动，借助迎春花市不断扩大国内外的"交际网""朋友圈"，让迎春花市成为广州的一张亮丽名片。再如从较早的八大区花市延伸到"一区一花市"，各区花市牌楼每年都变换"新面孔"，源源不断推出创新设计，紧跟时代脉搏，饱含民俗意蕴，尽显地域风情，成为和谐盛世的生动注释。

2018年开始，"广州过年、花城看花"朝着更高起点、大范围、全覆盖、全民参与的"花城"城市品牌迈进。当年首次发布"花花""城城"吉祥物；纽约帝国大厦、莫斯科奥斯坦金诺塔、南非德班市政厅大楼、巴西累西脿大桥、上海东方明珠塔、广州塔等世界名塔、地标建筑为广州花市、中国春节齐亮灯；广州首场海外迎春花市在巴黎大皇宫荣誉大厅举行，"当广州遇见巴黎——花城魅力之夜"通过光影互动展示广州美景美食、文化形象。2019年，又将"海外花市"搬到了美国纽约的哥伦比亚大学校园，该校一位广州女留学生称"广州迎春花市越来越国际范了"：首创了AI花市，全市设9店，邀请19位来自有"花艺界奥林匹克"之称的世界花卉协会的国内外花艺大师，用广州的春节时令花材设计创作了19款精美的年花作品在AI花市上展示；花城广场上演了"千年花城 花开盛世"主题的多元互动大型城市灯光表演视觉盛宴，开创花市夜游新模式；……这些都为这一传承千年的文化传统注入了新鲜生命力。2020年，广州各个AI花市升级为嘉年华活动，进一步融合花艺、动漫、非遗、美食、时尚于一体，特别是科技味道更加浓郁：海珠花市首次"牵手"来自琶洲的互联网企业，科大讯飞带来全球首个人工智能多语种虚拟主播，腾讯展位上的互动装置利用AI技术帮助市民辨别年花品种、生成花语祝福，小米展位将智能产品与互动游戏结合，让市民体验智能生活；越秀西湖花市在保留了开市花神颂、花神巡游、名家挥春等经典节目的同时，推陈出新地加入了5G仿真机器人、裸眼3D、智能无人机等新科技元素。

　　三年疫情期间，广州迎春花市采用"线下线上相结合"及"线上为主、线下为辅"的方式进行。其中2021年，"一区一花市"的传统做法调整为"一区多点"，即采用"街镇为单元、固定和临时摆卖点相结合"，选择户外场地开阔、通风良好的区域，合理设置鲜花销售点、提货点，方便花农花商卖花，市民赏花购花；对接各类线上平台，建设"可看、可玩、可买"的"云上花市"，实现线上赏花购花，动动手指就有年花送上门；制作三种购花地图，方便市民寻找最便捷的购花渠道。此时，"戴着口罩行花街"，成了一道独特的风景线。最可喜的是，当年6月，广州的春节（行花街）终于入选第五批国家级非物质文化遗产代表性项目名录扩展项目名录。2022年6月，广州非遗街区（北京路）正式开街，元宇宙非遗街区同步上线，成为全国首个实现线上线下同步开放的非遗街区。街区以国家级非遗项目春节（行花街）为核心，采取创新的场景设计和体验模式，打造"永不落幕的花市"，重构广府人"行花街"的记忆。

2023年，时隔三年的线下广州迎春花市正式全面回归，街坊们期待的年味基本复苏，抚慰了每一颗久别重逢的心，也唤醒了老广们的美好期盼。2024年，各区围绕"年味最广州"主题而争奇斗艳，全市设11个集中花市主场，部分区还设立花市分场，共举办近1200场赏花活动。该年花市主场共设档位3608个，约632万人次参与活动，销售额2.23亿元，刷新了历年销售最高纪录。全市从实体到元宇宙、从地上到水上、从园林博览会到樱花节，可谓"二月乘风踏春来，花城何处不飞花"。连阔别十二载的烟花汇演也追随行花街而来。2025年，为我国春节列入联合国教科文组织人类非物质文化遗产代表作名录的第一年，正是"喜喜临门，巳巳如意"。广州继续精心策划推出烟火年俗、踏春赏花、潮玩乐游、百戏争芳、文博新彩、消费福利等六大板块，共2000多场文化非遗旅游和融入全运元素的体育活动，让市民游客在广州花城感受年味更浓、市场更旺、烟火气更足的蛇年新春。

六、迎春花市传递广式芳馨美好生活

广州花市的形成是漫长岁月所赋予的，也是深厚的广府文化所滋养出的，广府传统民俗的特点与广府民系的地缘和人群结构有密切的关系。自秦始皇统一岭南后，中原移民群体与南越土著居民不断融合，广州地处海外交流的前沿，体现了独立自主、兼收并蓄、开拓创新的城市风格，处处显露出南北交汇、中西合璧、古今相融的特征。起源于南越国的广府文化，经过2000多年的沉淀，创造了一系列特色文化，其中就包括了广州的迎春花市。每逢过年，千家万户共赴一个芳馨的盛会，广州人既是除夕花市的创造者，也是迎春花市的传承人。如今，迎春花市这一广州特有民俗早已"开枝散叶"，在香港、澳门、佛山、东莞、江门、肇庆、珠海、云浮、南宁、梧州、宜昌等全国各地数十个地区和城市开办，甚至美国纽约、旧金山、洛杉矶，加拿大埃德蒙顿、温哥华、列治文、多伦多，新西兰奥克兰，澳大利亚悉尼等华人聚居区域也以"年宵花市""新春花市"等为名而举行活动，这更反映出广州特色文化的传扬度、广泛性及无限魅力。广州花市经历了不同历史时期的迭代升级，形式与内容也不断变化和丰富，从单纯的花卉集市演变成满足市民休闲娱乐，并巧妙地与中国传统佳节之首的春节融为一体的综合型花市。迎春花市不只是为了买卖鲜花，更凝聚着代代相传的乡愁与情结，还有家庭团圆、朋友欢聚而感受到的氛围，也是让五洲四海宾客齐聚一堂的场所。

广州人的生活与花卉息息相关，迎春花市是广州人的特殊享受。在岁尽冬末的日子里，也许北方继续下着大雪，而广州照样鲜花盛放。唐代著名诗人孟郊曾惊叹广州冬季仍然处处有花草的奇景："海花蛮草连冬有，行处无家不满园。"广州人由于风土人情、生活品性相同，过年前出于对美好生活的祝福和憧憬，并怀着图吉利的心理，以求来年保安康、行好运。这份愿景在四季如春的广州，则天衣无缝地与鲜花紧密相连。广州人从用花美化日常生活到用花增添过年气氛，是广州常年花市发展为迎春花市的重要动力，所以行街买花的人格外多，除夕花市的形成也就自然而然了。它以鲜花为媒介，以春节为契机，以行街为高潮，既充满市井气息，也伴随着悠然惬意，并富有仪式感。迎春花市沁透了这座城市浓厚的文化，每年的迎春花市是春天的序曲，让人魂牵梦绕、期盼已久，充分调动起大众的兴致而使其全情投入，让人在传承历史之中感受本土文化的芳香，淡化一年中的辛酸苦辣，对未来充满着希冀。其中显示的生机勃勃的精神风貌，也反映出一种民俗心理的认同。它作为广州人岁末最重要的节

色彩

目，是一年一度迎春的典礼，更是民众习惯的年味的来源。

"年卅晚，行花街，迎春花放满街排，呢（这）朵红花鲜，嗰（那）朵黄花大，千朵万朵睇唔哂（看不完），人欢花靓乐开怀……"听到这首欢快的广府童谣《行花街》时，又不禁联想到知名文化学者余秋雨《五城记·广州》中的这段话："我想，内地的人们过春节，大多用红纸与鞭炮来装点，那里的春意和吉祥气，是人工铺设起来的。唯有广州，硬是让运花车运来一个季节，把实实在在的春天生命引进家门，因此庆祝得最为诚实、最为透彻。"这应是对广州迎春花市最为形象、最为贴切的点评吧。

作者简介

> 梁达平，高级政工师，中国民族学学会生态民族学专业委员会理事、广东省生态学会人文生态专业委员会秘书长、广东南方软实力研究院专家委员会委员兼研究员、广东省地理学会会员。主要研究方向：城市及地域系统化研究，自然生态与人类环境平衡研究，岭南、广府及孙中山研究等。

广式生活

的味道

Taste

家常餐饮、粤厨名菜、香茶名点、中西美食等

融合圈层：广式生活追本求真的烟火美味

林卫辉　赵安然　陈雅涵

摘要："食在广州"不只是对广州形象的美誉，更是镌刻进广州血脉的基因。从清代起，广州美食就备受推崇，领一时风气之先，并传承至今。20世纪八九十年代，处于改革开放前沿的广州又用五滋六味编织出独特的味觉密码，在鼎镬交响中演绎着永不落幕的生存哲学，粤菜续引精致餐饮的潮流，以至远在1500公里外的上海黄河路，出现了《繁花》至真园的粤菜筵席场景。广州的烟火气不是缥缈的诗意，而是根植于土地的生命力，是城市精神最鲜活的注脚。本文无意深究广式美味的历史渊源，更无法全面呈现粤菜的烹饪之道，只求通过几道经典美味，解构几分广州城市精神的烟火密码。

关键词：粤菜；氨基酸；融合圈层；人文广州

在中国文化中，饮食除了满足口腹之需，更体现传统伦理，在社会生活中占有重要的地位，在社会交往中具有非凡的意义。但凡重大活动，都要以饮食作为标志，以至于古代煮饭的工具"鼎"逐渐发展成为国家政权的象征，"定鼎"意味着国家建立，"问鼎"即为窥视政权，"调和鼎鼐"则是主持国政。饮食更是中国人社会交往的重要方式，良朋欢聚、洗尘饯行、商场酬醉、政治外交，都离不开让人际关系变得更具亲和性的宴请聚餐。由此在中国饮食礼仪之中，长幼有序与等级尊卑常常被赋予了比食物和美味更重要的功能与内容。

地处岭南、远离中原的广州，饮食文化呈现出一定程度的"远儒性"，广州人餐饮取材博杂，对食物的禁忌和礼仪及等级区分相对淡化，哪怕价低档粗的杂料，只要用心挖掘、巧手烹饪，也能成为美味精品，登上大雅之堂，无论高档菜、大众菜还是一些奇特菜，都能成为广州人跨越消费圈层而蜂拥追逐的美味。由于地理气候上的夏长冬短，广州人的口味趋向清淡，注重原汁原味，注重选取鲜嫩质优的物料，避免用过多过浓的调味料掩盖食物的原有风味，形成了不尚虚名、追本求真的食风追求。即使宴请宾客，也以推介美味、吃饱吃好、气氛融洽为原则，宴席上菜肴被吃光，说明菜食受欢迎，跟不少城市认为宴请宾客，一定要菜肴叠成小山那样绝不能吃光，才显示主人接待之丰盛和热情的礼仪讲究形成鲜明对照。

无论饮食的社会功能经历怎样的迭代，味觉的跨界如何被多元化浪潮席卷，广州的厨房依然守护着最本真的烟火，广州人的味蕾依然坚守着最本真的追求：穿着人字拖的街坊与西装革履的金融精英，在云吞面档前有着味觉共识，牛杂摊与米其林餐厅共享同一片天空。这种奇妙的融合和共生关系，折射出广式生活特有的对烟火美味的执着追求，为急速旋转的城市保留着广州人最有定力的锚点。

味
道

一、"头啖汤"：敢为天下先的人文基因

广州饮食文化论最具代表性的第一道菜，非汤莫属。无论在家还是饭店，老广都有饭前饮汤的习惯，以此作为一顿饭的"序章"——汤，是粤菜筵席的第一道，也坐实了"头啖汤"的地位。

"汤"本义包含了"沸水""热水"之意，故历来也有"汤水"之称。而笔者所关注的"汤"是饮食菜肴意义上的"汤"，自古在岭南人饮食中作为一个固定品类。在古代岭南，"汤"属于广义上的素食汤，没有现代

的各种食材搭配。清末民初，随着中西文化在广东的激烈碰撞，外国传教士带来的西方营养卫生学理念传播、西餐和西方营养卫生学相关书籍的引入、报刊对饮食营养卫生常识的普及、现代交通和对外贸易带来食材的变化，等等，促使民国时期广东本土的日常汤食在食材和制作上有了很大变化，并在此基础上不断演变。①

《美味求真》是清末民初在广州及周边地区流传较广的一部菜谱，由红杏主人于1887年编著，反映了清末广州地方饮食风格。其中收录的186道菜式中就提到吊上汤、熬素汤、燕窝羹、海参羹等汤品做法。比如，一道熬素汤的做法是"用大豆芽菜十余斤，下清水熬至芽菜味出在汤内，取起菜滚至浓，用布格过，盆载炭火坐住候白"。②

民初的素汤被称为"滚汤"，流传至今，在现代的家庭快手菜中也很常见，尤以青菜、瓜类的汤品居多，搭配简单的肉类处理。而最为其他地区乐道的广式"老火汤"，烹饪方法则复杂得多，用明火辅以文火煲炖为主，后期形成了更长时间的煮法，称为"炖"。煲和炖的汤品所用肉类多为家禽，如鸡、鸭、鸽，菜式有椰子炖竹丝鸡、陈皮煲水鸭等，也有使用猪牛羊鱼的局部作为材料的汤品，如虫草花煲猪展、番茄煲牛尾、川弓煲鱼头等。

老广喜汤，无论哪种汤品皆是汤水和材料都可食用，一点都不浪费，因为它们都是精心搭配的养生组合。岭南地区地气湿热，长久居住，热毒、湿气侵身在所难免，这里的人笃信汤有清热去火之效，故而饮食中不可无汤。③汤文化渗透着中华民族"食医合一"的饮食理念，其养生保健作用则几乎被发挥到了极致，在人们的日常养生、疾病防治、病后康复以

① 崔承君：《岭南古代饮食的概念与形态考察——关于"汤""羹""汁"与汤馔》，载《地方文化研究》2024年第3期。
② （清）红杏主人著，钟秉雄审校，蔡华文注释，致美斋酱园整理：《粤菜第一书：美味求真》，广东科技出版社，2014年，第19页。
③ 丁金龙、郭姣、朴胜华等：《广东汤文化杂谈》，载《广东科技》2008年第15期。

及健体、美容等诸多方面都发挥着非常重要的作用。

在广州的饮食文化中，汤品和材料搭配，会跟随季节变化、人体体质而调整，其理念与中医的食疗相似。按照凉热特性，广东通常将汤分为清热（凉）、中、热（补）三种，所有材料的搭配都会围绕这些性质来考虑。

因此，汤品也是粤菜最"药食同源"的代表，老广根据四时节令、喝汤人的身体状况以及当餐菜式的搭配来考虑到底煲怎样的汤。如夏天用汤以清淡见胜，梁月在《夏日谈汤》一文中记载，"广州人喜欢喝汤，特别是夏天，每饭一汤，确是能增进食欲"。[1]五款夏日汤谱包括：肉粒雪花汤、发菜肉茸羹、紫菜肉片汤、豆腐鲜鱼汤、芥菜咸蛋汤。"清补凉"一名骤看像中药，实际上，它是老广在夏季必备汤水，材料包括淮山、枸杞子、芡实、生熟薏米、玉竹、党参、桂圆肉、百合、莲子，肉类应以清淡不肥腻为主，可以是猪里脊，亦可是去皮鸽子。广东人多少有点咽炎、鼻炎，总在换季出现症状，因此广东汤里都会加入润喉止咳的汤料，如海底椰、西洋菜、蜜枣、南北杏等。

跨入秋冬，清润、滋补的汤品就该登场了。由于岭南地区秋冬的水果依然丰富，以水果入馔、入汤被视为"润"，雪梨是广东人秋冬少不了的食材，无论是雪梨南北杏煲瘦肉、红枣枸杞炖雪梨等汤品，还是雪梨雪耳糖水，总之做法层出不穷。笔者曾联合私房菜的大厨试验，将雪梨肉蒸熟后，把水分挤出，抛弃高密度的果肉，再用雪梨水烩入各种名贵食材，形成新的汤馔，也别有风味。此举希望给粤菜汤品带来一点创新的刺激。

在秋冬汤品中常见的南北杏炖白肺（猪肺）是其中的佼佼者，最妙的是把杏仁磨成浆加入汤中，汤色显白且略带浓稠，既像汤也像糊，而猪肺的加入则与老广笃信"以形补形"有关：吃猪肺补肺、吃猪脑补脑力、吃猪骨鸡爪补脚骨。

---

[1]《食经（1—3辑合订本）》，广东科技出版社，1985年，第20—23页。

广东汤品皆取当时得令的食材，配合气候、体质而创，流传百年，风靡数十年，功效得到广泛验证而形成固定体系。它往往是餐桌上第一道佳肴，"先喝汤"是老广开启饭局的口头禅，因此，延伸出了"饮头啖汤"这个经典词语——本意是喝第一口汤，后比喻最先得到利益、最先占了便宜[1]，并引申为敢于创新的精神。正是因勇于"饮头啖汤"的精神，广东人被视为自带"敢为天下先"的基因。

汤已然成为广式生活的象征，经过上百年饮食和文化上的沉淀、传承，在当代民间叙述和官方编纂的出版传播情境下，逐渐成为岭南日常饮食符号。[2]而这个"符号"包含了比喻和情感象征，如例汤是指饭馆每天为顾客事先准备好的汤，由此引申为命中注定、必然会发生之意；又如老火靓汤、广式靓汤、妈子靓汤……"靓"洋溢着老广对其的钟爱之情，"妈子"（粤语对妈妈的俗称）代表家庭出品和家人的爱心；还有"一碗汤的距离"等用法，以汤品来表达与家人的生活距离和情感距离。

二、鸡禽：独孤一味却又灵活变通

"无鸡不成宴"的说法流传千里，近年更是出现"没有一只鸡可以活着离开广州"的说法。广东人爱吃鸡，有鸡的筵席代表着亲朋团圆或是节日庆贺，与北方人"逢佳节，吃饺子，庆团圆"的惯例类似。

岭南地区养鸡历史悠久，鸡类家畜的遗骨曾在多处新石器中后期的遗址中被发现，且在广西钟山的东汉墓中，出土了一件半球形鸡笼[3]。广东所在的岭南地区地处亚热带季风气候区，丰沛的降水、适宜的气温以及土壤

---

[1] 欧阳觉亚、周无忌、饶秉才编：《广州话俗语词典》，广东人民出版社，2010年，第270、246页。

[2] 崔承君：《岭南当代饮食文化符号的建构与传播——以"广式靓汤"为例》，载《岭南文史》2022年第04期。

[3] 吴建新编著：《岭南农业史》，世界图书出版公司，2023年。

中肥美的小虫小果，为鸡禽打造了优质舒适的生活环境，也使这一禽类深嵌于本地生活之中。据《史记·孝武记》记载："乃令越巫立越祝祠，安台无坛，亦祠天神、上帝、百鬼，而以鸡卜。上信之，越祠鸡卜始用焉。"此处的"越"乃岭南统治者南越王之地，"鸡卜"则是指用鸡骨占卜之意。相较于猪、牛等牲畜，鸡因其出栏快、饲养成本低、占地面积小等经济性特点，逐渐步入千家万户。而鸡肉及鸡蛋所提供的双重优质蛋白质来源，更是奠定了这一禽类在大众餐饮及家庭餐桌上的地位。

在地理与经济的互促之下，老广食鸡史可追溯到清朝。如粤菜名菜白切鸡就最早起源于清朝年间，改良自淮扬菜白片鸡。清朝乾隆年间的才子袁枚在其美食著作《随园食单》中记载："肥鸡白片，自是太羹、玄酒之味。尤宜于下乡村、入旅店，烹饪不及之时，最为省便。煮时水不可多。"[1]"煮时水不可多"可谓是制作白切鸡的关键所在：烹饪时需要准备约90℃的恒温水（俗称"虾眼水"或"蟹眼水"），将鸡反复三次浸入水中再提起，通过这种温差变化使鸡皮外形成一层保护膜，以防止鸡肉中的鲜味汁液流失。最后，再将鸡浸泡在热水中约20分钟，直至浸熟。对于温度的精准把控让鸡肉的口感及口味恰到好处，不会因过高的温度导致鸡肉的肌肉组织紧缩，而变得又柴又韧。鸡皮爽滑，肉质嫩滑，鲜中带甜，咸里有香，能够品到鸡肉的原汁原味。或另蘸取姜葱料相佐，别有一番风味，姜蓉葱蓉的形式破坏了姜葱原有的细胞组织，使姜酚及硫化物得以充分释放，增鲜添味的同时又不喧宾夺主。

一道白切鸡隐藏着巧妙的风味搭配与烹饪技艺，其烹饪理念无异于当下的分子料理，体现着先辈在饮食文化方面超前的眼光及大智慧。各大知名食府各自钻研白切鸡的做法后推出镇店菜式，如清平饭店清平鸡、白天鹅宾馆葵花鸡、广州酒家文昌鸡、文记壹心鸡、九记路边鸡……因其受欢

---

① （清）袁枚：《随园食单》，陈伟明译注，中华书局，2020年。

味
道

迎程度，白切鸡被食客奉为"广州十大名鸡之首"。白天鹅宾馆的葵花鸡做法是"冷卤入味"，白卤水的调制沿用白天鹅宾馆餐饮部第一代烧腊大厨黄祖的配方；将鸡放在冷卤水中浸泡，每隔5分钟拿起来一次，历时半小时完成，这样做出来的白切鸡，皮爽滑、肉更嫩。

在市井食肆，鸡也有保持鲜味和口感的妙法，那就是桑拿鸡。芳村大眼强五杯鹅饭店就是在菜地上用大棚搭起上盖，以木板做硬底制成简易棚架，但是，就是这么一个简陋得不能再简陋的地方，却吸引着城里的一众觅食吃货。除了五杯鹅，鸡也是这里的"头牌"。鸡起片蒸，骨头在蒸锅里熬汤，送一篮青菜，可蒸可焯。他们的取胜法宝是精心挑选的食材和以秒计算的烹饪手法。鸡选用的是清远"骟鸡"，公鸡在性成熟时阉了，失去性功能的公鸡心无旁骛，一心长肉，不断累积风味物质，这就是"鸡味"。"骟鸡"也有致命的缺点，那就是鸡肉纤维粗糙、结缔组织丰富，这对烹饪来说是个挑战：不经长时间的炖煮，无法切断肌肉纤维并使结缔组织变性，结果就是咬不动；但长时间的加热又会导致肌肉紧缩，结果就是没有味道。"大眼强"很聪明地解决了这一难题：将鸡起肉，剔除所有骨头和大量的结缔组织，薄切，将鸡肉的粗纤维破坏，变成了细纤维，只需要在蒸锅里蒸2分钟，鸡肉蛋白凝固，这就是刚刚熟，肉汁还保留在肉中，所以可以吃到鸡的原味。老板在蒸笼里铺上一层鸡肉，盖上盖子，大声地说："从现在算起，两分钟就可以吃了。"我们严格地按照强嫂的指示操作，果然十分美味，皮是脆的，肉是嫩的，鲜中带甜，咸里有香。既吃到鸡肉的原汁原味，也有葱、姜、香菇特有的香味，而其中几根冲菜的咸鲜，则起到画龙点睛的作用。

除了白切鸡、桑拿鸡，还有盐焗鸡、手撕鸡、脆皮鸡等，各种烹鸡方式层出不穷，广州似乎对禽类的烹饪创新从不满足，乳鸽就是其中的代表。红烧乳鸽是广州名菜之一，但乳鸽的做法不逊于鸡。"大鸽饭"是一间以鸽子为主题的餐厅，高端餐厅一只红烧乳鸽要卖80—100元，在大鸽饭低至49元就可以吃到，一样皮脆肉嫩，汁水横流。他们不仅仅以性价比完胜，还把鸽子做出各种花样，除了经典的红烧乳鸽，还有蜂糖烤乳鸽，香中带甜，仿佛吃到红烧乳鸽之外还吃到了叉烧；"一口芝麻鸽"则是将乳鸽大卸十三块，各个部位结构不同，烤的时间也不同，这样烤出来的乳鸽件，外焦里嫩，裹上一层白芝麻，香到云端，一口一件，吃起来也斯文了许多；鸽子炖汤，抓住老广无汤不欢、"一鸽胜九鸡"的食补念想，好喝之余还想到种种可能的好处，让人喝得热血沸腾、蠢蠢欲动；"鸽肾饭"是广式的煲仔饭上铺满鸽子的肌胃，将这些"下脚料"物尽其用，既填饱肚子，又吃到别处吃不到的"奇珍异宝"。此外还有盐焗鸽、风生水起捞乳鸽、芋泥香酥鸽、紫苏焖乳鸽、沙姜乳鸽、菜心炒鸽杂、鸽汤泡饭……只有你想不到，没有他们做不到。

再往前追溯，红烧乳鸽实际是广州第一家西餐厅太平馆"中式西餐"的经典作品，被粤菜的厨师学了去，逐步改良烹饪方法，口味也逐渐中式化。

老广看似"独孤一味"爱吃禽类，做法、吃法却又能千变万化，还广纳博采、兼容并包。在广州的饮食文化里，这种不停"卷"自己的创新精神被传承下来，甚至可以说，创新就是粤菜的传统。勇于求新、求变，善于学习、应用，使得广州饮食不断往前发展，也成为广州城市文化的重要组成部分。

三、海鲜："生猛"之地的物与人

广州地处珠江三角洲，毗邻南海，是西江、北江和东江三江汇流之地，喜食海鲜、河鲜等水产，"靠海吃海""不时不食"是广州饮食因地制宜的体现。早在南越国时期，海鲜就已经是岭南食材的重要组成部分。早在唐代，刘恂就在《岭表录异》中记载了"吃虾生""姜葱蒸鱼""炙烤蚝肉"等食法。① 到了改革开放，作为自古以来的大型商贸运输枢纽，广州成为知名海鲜集散地，来自世界各地的海鲜在此集聚、流散，1994年开业的黄沙水产市场日均交易量超600吨。

生猛，几乎是广东人对海鲜的唯一筛选标准，不仅要求海鲜是"生"的、活的，更要有生龙活虎的"猛"。生猛的海鲜肉质弹牙，与气若游丝的海鲜内在的分子结构不同，这是老广在长期实践中的经验总结，也已得到食品科学原理的验证。

海鲜的鲜美主要来源于氨基酸和氧化三甲胺，海洋生物被捕捞上岸后，由于环境改变，无法再进食，只能依靠自身储存的营养物质来维持生命。它们首先消耗提供甜味的糖分，随后是藏着海鲜风味的脂肪，接着是提供优质营养的蛋白质，最后是赋予海鲜鲜味的氨基酸。当这些成分被消耗殆尽，海鲜也就失去了原有的美味。尽管保鲜技术的出现可以在一定程度上缓解海鲜变质的问题，但当海鲜离水一段时间后，氧化三甲胺会分解为三甲胺和二甲胺，产生腥味；而氨基酸分解会产生胺类物质，带来臭味。一旦海鲜又腥又臭，就失去了食用的价值。死掉的海鲜更是口感大变、营养尽失。因而海鲜的食用方式以保留鲜味为最高境界，无论是高档餐厅还是街边大排档，无论清蒸还是上汤。

生猛是海鲜样态的体现，不时不食是对这种样态最大的尊重。究其根本，亦是广州人的精神追求：活泼、先行，又审时度势。饮食作为文化的显性元素，透露出岭南地区以及这片土地所孕育的人的性格。

从地缘文化来看，"生猛"的根源是复合的。岭南地区原为南蛮之地，生活条件艰苦，树林虫疾繁多，"生猛"成为岭南人的生存之本。加之岭南地区濒临海洋，海洋文化赋予了岭南人敢于冒险、勇于开拓的精神。岭

---

① 广东省人民政府侨务办公室：《追忆粤菜两千年历史，探寻"食在广州"文化底蕴》，广东省人民政府侨务办公室门户网站，2022年11月14日。http://www.qb.gd.gov.cn/ztzl/2021ycsf/xwdt/content/post_1028903.html。

南文化中的"生猛"精神，也是广东改革开放成功的精神源泉。从历史的长河来看，无论是洪秀全、孙中山的革命实践，还是改革开放后的经济腾飞，都离不开这种勇于探索、敢于突破的精神。这种敢闯敢试的"生猛"又反哺于饮食之中，甚至体现在广州人对于各类野味食物的热爱中。广州人对于食物"生猛"的追求，根植于岭南地区的自然环境、历史背景和文化传统，不只是为了满足口腹之欲，更是岭南人生活态度的体现。

很多人会将粤菜的"鲜"和闽南菜的"鲜"作比较，在笔者看来，两者的饮食文化理念差异不小。在粤菜中，鲜是指食物自身的新鲜程度和原汁原味，强调"清中求鲜，淡中取味"，过多的调味或者过于复杂的食材搭配都会掩盖食物本身的鲜甜，白灼虾、清蒸鱼、蒜蓉粉丝蒸元贝均是例证。但是，闽南菜则更多关注"鲜味"这一目的，为达"鲜"的目的而无所不用其极，比如做汤会把鱿鱼干、竹笋、干贝等鲜味食物都用上，以实现极致的"鲜"的口感体验，"佛跳墙"便是闽南菜鲜味食物组合的绝佳写照。

如果说，闽南人在"鲜味组合"中体现的是对目的的关注，彰显的是闽南海洋文化的创新和突破，那么广州的"独孤一味"则透露出广州人"少而精"以及低调处事的态度，也体现着广州人务实的本色，不被各种符号性的物质裹挟。受千年商贸文化影响，广州城内机会涌涌，城市中的人因不缺少机会而勇于在工作与生活之间跳跃。具体而言，他们会在获得一定的财富或地位后，便将重心向家庭或生活倾斜。重心迁移与大包大揽形成鲜明的对比，暗藏着广州人对于生活及饮食"少而精"的表达。投射到社会范畴之中，人们以不同的身份穿梭于社会、家庭及个人空间。由此延伸，生活在广州的人并非一直是强相关关系，反倒构建出保有适当个人空间的社会关系，对于个人主体性的关注油然而生，而广州人这种适可而止、平衡和谐的中庸之道，也是传统岭南文化的体现与传承。

味
道

四、干炒牛河：值得守在厨房尝一口"镬气"

筵席吃到最后，老广总要来一份主食，才有果腹感。压轴的主食最能反映广州的烟火气，往往大家想到的都是干炒牛河。

电视剧《繁花》第6集，宝总在至真园豪掷2800元包厢费，却从后门直达厨房，点了一份40元的干炒牛河，守在炉头前下箸品尝。干炒牛河是粤菜厨师水平的"试金石"，至真园老板娘李李称宝总是来"考我们的"。

对粤菜厨师而言，烹饪一道炒牛河不过短短三分钟工夫，但这里面的讲究绝不输山珍海味——诀窍在于多油快炒。正如至真园的"胖厨"讲述的炒牛河的要义："干炒牛河要油多才好吃。但是它的最高标准，是吃完之后盘子里不能够有一滴油。"

要做到快，需深谙糖和油脂的化学反应原理。河粉中的淀粉在加热过程中会发生变化，产生更多的糖类物质。当烹饪温度达到140℃—160℃，食物会迅速发生美拉德反应。在美拉德反应中，糖（如葡萄糖、果糖等还原糖）和氨基酸或蛋白质是关键成分。当这些成分在高温下共热，形成褐色的化合物，便可以散发出香气，形成食物的独特风味，最终生成棕色至棕黑色大分子物质类黑精。但如果温度持续超过160℃，食物容易出现焦化，从类黑精产生到炭化的时间非常短，厨师需要在这么短时间内快速翻炒且不能过度加热——"抛镬"的技术就出现了，让食材可受热、可翻腾，但不至于持续接触铁锅而过热，河粉也不会被铲勺过多接触而断裂。因此，粤菜厨师都必须掌握"抛镬"，这是保证菜品有"镬气"的爆炒技术。

老广所说的"镬气"，也被一些人说成"锅气"。实际上，"镬"是一个古汉字，读huò，粤语读wok（第六声）。粤菜各种小炒、炒粉面、炒饭、啫啫煲，吸引人的味道里就有镬气。要尝到镬气，必须离厨房近，还要快速品尝，这是宝总要守在厨房吃刚出锅的牛河的原因。

如今，"镬气"对高端餐厅来说就有困难了。一方面，镬气足的菜主要是小炒类，这类菜价格上不去，可以拉高客单价的鲍参翅肚、生猛海鲜、鹅肝鱼子酱的销售就会受影响；另一方面，精致餐饮讲究摆盘，讲究菜的艺术感，多按位上菜，在实现这些目标的时候，大部分镬气也挥发走了。另外也是受到很多商场酒店不能明火煮食的限制，这些餐厅甚至会主动抛弃镬气。

没有镬气的美食，老广并不欣赏。老广为了镬气可谓"无所不用其极"。电视剧中，李李为了让至真园"秒杀"黄河路同行，斥资开挖煤气管道，让厨房炉头从两个增加到十个。这一幕在广州有不少相互映照的案例。

沙河粉村的老板区又生先生（耀华饮食集团董事长）也干过类似的事情。他的云台花园分店因地处白云山景区，从开门到结束营业，食客络绎不绝，一天可消耗一吨沙河粉！这是什么概念？他开玩笑说，就是厨师"抛镬"要抛一吨的重量。"太辛苦了！"不仅很难请来厨师，还要解决炉头不够的问题。于是，区老板在大厅加了四个炉头，厨师在食客面前表演"抛镬"炒牛河，食客能更快吃到牛河，又看到厨师表演，大饱口福和眼福，一举两得。

不得不说，这就是广东餐饮老板和粤菜厨师的变通之术。但他们即便是变通，也不愿意用电炉代替明火炒牛河，因为粤菜这个菜系信奉的是明火才有"镬气"，"镬气"是广州饮食"烟火气"的来源，也是广州饮食文化的执着、讲究：一个吃得欢，一个炒得来劲，如此这般，造就了满城烟火。

做菜要火候得当，做人亦然。得宜的"烟火气""人情味"，是广东人的为人、为商之道，清朝至民国期间，粤菜的饮食文化也随着粤商的脚步在国内传播。从文史学家周松芳博士的《粤菜北渐记》《民国味道之海派粤菜时代》等论著中皆能寻到粤菜文化传播的踪迹。上海的粤菜渊源，可以远溯到1839年开埠以前，广东人会做生意，尤其是潮州人，驾起红头船，不避艰险，南下北上，在上海尚未开埠，就已经越海北上抢占先机了。①

到了《繁花》所呈现的1991—1994年改革开放热潮中的上海，市场经济和对外贸易迎来大发展，讲究腔调和气派的上海商人爱到粤菜馆宴客，摆盘和食材的精细都能对上上海人的胃口。同时，因与香港及海外华人的饮食接近，粤菜也成了上海人宴请海外宾客的选择。据周松芳博士的考究，消夜馆是粤菜入沪发展的关键载体，海派粤菜乃是根植于"夜上海"的消夜文化。这也与电视剧中呈现上海黄河路消夜谈生意的繁华景象相互映照了。

实际上，广州的夜宵早在民国时期就出现了，在珠江疍家的小舢板诞生了知名的"艇仔粥"，到改革开放之初最为盛行，并与广州最早的"夜间经济"高度关联："西湖夜市"个体户老板们在结束营业后，约上好友、生意伙伴到沿江路一带大排档消夜是常事，夜间消费的强劲是城市加速国际化的表现。易中天先生看到在改革开放中先行一步的广州发达的夜宵市场，认为最足以表征"食在广州"："深夜，可以说才是'食在广州'的高潮……近年来由于物质的丰富和收入的增加，消夜的人越来越多，经营夜宵的食肆也越来越火爆……这在内地尤其是北方城市尤为罕见，而且不可思议。但这又恰恰是地地道道的'广州特色'。"

靠着夜宵生意做起来的大排档后来也成长为大酒楼、知名海鲜饭店。由此，广州独有的消夜饮食文化和大排档经营模式为全国所熟悉。

---

① 周松芳：《民国味道之海派粤菜时代》，载《档案春秋》2014年第02期。

五、结语

以上四道菜式，是广州日常餐桌的寻常菜，亦是节令筵席上的经典菜，因为它们既能代表粤菜的烹饪、味道精华，亦能反映广州人民的待客之道：包容、活跃、讲究、变通。更可贵的是：无论是高端私密的食府，还是热锅滚油的大排档，只要食物够好，自然有粉丝追捧。老百姓不会盲目追求星级酒店排场，富豪们也不会瞧不上街头小店，这就是网上经常流传一些数十年小食店门前停着法拉利、奔驰的原因，这就是广式饮食文化中无分阶层的唯美食论。

无分阶层亦是一种文化包容、融合的体现。不少来自"重口味"地区的人觉得粤菜口味太清淡，意思是不辣、不过度的咸和甜。但实际上，粤菜的清淡又是能适应南来北往客人的胃口的，这与广东有史以来作为对外贸易窗口的城市地位高度相关，一道看似简单、清淡的菜式，就能留住中外南北食客的胃。

粤菜之味，是拿捏住了美拉德反应的微妙温度，把握住了蛋白质刚好凝固的一瞬间，以及深谙各种氨基酸与油、糖的巧妙搭配；粤菜之味，是极致的庙堂贵气与彻底的市井镬气，尽其所能满足大多数胃口的兼容并包。生猛、有烟火气且最抚人心，这便是广州，其饮食文化就是它最好的人文见证。

在广州的街巷深处，一碗艇仔粥的温度仍在延续千年的文脉，一碟干炒牛河的镬气依旧讲述着市井传奇。这座城市的伟大，在于它从未将饮食降格为果腹之需，而是升华为生命的仪式。当全球城市在现代化进程中逐渐趋同，广州用永不冷却的烟火气证明：真正的城市精神，永远生长在最平凡的市井烟火里。

味道

作者简介

林卫辉，美食专栏作家、《风味人间》美食顾问、博士

赵安然，广州岭南文化研究会项目总监 ，广州市社会科学
院城市文化研究所客座研究员

陈雅涵，广州市社科院城市文化研究所助理研究员、博士

近代广州西餐业的兴起繁荣与城市生活

柳立子　罗飞宁

摘要： 本研究以广州近代西餐业为研究对象，将餐饮空间置于城市近代化转型的复合语境中，系统考察西餐业这一新型业态与城市经济社会结构、社会交往模式及日常生活方式的互动关系。通过历史文献分析与跨学科视角相结合的研究方法，揭示出西餐业不仅作为商业实体，更作为承载文化碰撞、阶层重构和现代性体验的多维社会空间，其发展轨迹映射出广州从传统商埠向近代都市转型的深层机制。研究发现，作为广州商贸网络建构与服务经济勃兴的衍生品，西餐业既重构了广州餐饮的区域版图，又延续粤菜饮食风味而创造出"广式西食"，通过物质消费与符号消费的双重机制，催生出具有现代特征的餐饮文化与市民文化。

关键词： 广州；近代西餐业；城市空间；城市发展

"国以民为本，民以食为天。"我国历来崇尚饮食文化，不仅讲究饮食对口腹之需与身心愉悦的满足，更重视其在传统伦理与社会交往中的特别意义。有学者总结饮食在中国社会生活中占有重要地位："凡是有什么重大的活动都要以饮食作为标志，或歃血盟誓，或抵御外辱，或春种秋收，或祭祖祀神，或斗鸡走狗，或赋诗狎妓，莫不以饮食为其高潮，甚至一个人孤独寂寞之时，也要不甘寂寞地'举杯邀明月，对影成三人'，可见其

味道

涵盖面的广泛。"①因此，通过饮食能够很好地了解中国文化以及中国社会的发展变化。对城市也同样，餐饮业不仅反映这个城市的饮食特点，更可以从中解析饮食与城市经济发展、社会演变、生活风尚的关系，从而呈现城市的发展轨迹和形象面貌。

广州自古就是我国南方重镇，濒临南海，河涌纵横，雨量丰沛，果蔬众多，禽兽生猛，鱼虾无数，是中国饮食资源最丰富的地区之一。唐代广州的"南味""南烹"已经以其独特而闻名全国；明清时期，珠江三角洲的商业性农业走在全国前列，广州市场兴旺，对内对外贸易发达，城镇周围又分布着许多圩市，群众生活比较富裕，出现了许多著名的珍馐佳肴。1840年鸦片战争后，随着近代工商业的发展，广州餐饮行业也得到长足发展。清末，随着进入我国的西方人越来越多，西餐烹饪技术也逐渐传入，1860年广州出现中国历史上的第一家西餐馆——太平馆，它标志着西餐业正式在广州乃至中国开始生根，也标志着西式食物、食具、礼仪逐渐被国人接受，中国传统的饮食习俗逐渐发生转变。

一、通商往来，西餐由广州率先登陆

西式餐饮的传入，至少可以追溯到清代中前期。目前能查阅到的相关记载是英国人威廉·希基1769年8月在珠江畔的英国商馆的见闻："人们一般会在自己的房间里用早饭，下午两点到五点，大家齐聚大厅，共进午餐。午餐是一场盛会，菜式丰富，还有红葡萄酒、马德拉白葡萄酒、蹄膀肉。下午七点左右，大厅还会提供茶水喝咖啡。东印度公司的成员们，几乎把伦敦西区上流社会的绅士生活场景搬到了珠江畔的英国商馆内。"②很

---

① 林少雄编著：《口腹之道——中国饮食文化》，沈阳出版社，1997年，第31—32页。
② ［英］孔佩特：《广州十三行；中国外销画中的外商（1700—1900）》，于毅颖译，商务印书馆，2014年，第35—37页。

显然，西餐是随着广州与外国通商的不断交往逐步进入中国的，最早出现在广州的外国商馆和外商家中，一些华仆已经能做很丰盛的西餐，还能配合上很繁复的西式餐具和款待礼仪。

几乎同时，为了与外商建立并保持良好的交往互动，宴请聚餐无疑是最好的拉近距离、相互认识的机会，因此与海外联系较多的商人群体已经深度接触西餐。据程美宝、刘志伟教授考证："中国行商家庭的厨子，很早就懂得炮制西菜，因为行商经常要招待洋商和外国使节。早在1769年，行商潘启官招呼外国客人时，便完全可以用英式菜式和礼仪款客。"① 作为"十三行"同文行的创始人，潘启官做洋行生意以前，曾三度南下菲律宾做生意，粗通外语，也了解国际贸易中的基本礼仪。创办洋行后，他常为外国商人与船长举办宴会。宴会往往分两场，一为西式宴席，潘启官为在场的每位中外宾客准备刀叉，晚上有中国戏剧助兴；二为中式宴请，大家都用筷子，晚上宾客们在主人家的花园里欣赏烟火、杂耍和魔术表演。② 因生意需要，广州大部分行商都像潘启官一样，熟知西方基本礼节，与外国商人关系良好。中和行的老板潘文涛，学会了打西式纸牌，在洋人圈里成了名人。③ 曾任广州英国商馆总负责人的 J. T. Elphinstone，在给朋友的信中提到一位叫潘有度的中国人，赞扬他精明能干，比起和他做生意，自己更喜欢和他一起吃饭。④

然而由于清政府实行垄断贸易，西餐较长时间内也只为十三行商人和极少数开明的广州当地高级官员所熟悉和认同，并进而成为他们认知与理解西方文化的重要窗口。如道光年间的广州文人马光启曾经详细地介绍"番鬼大餐"："桌长一丈有余，以白花布覆之。羊豕等物全是烧熇，火

味
道

① 程美宝、刘志伟：《18、19世纪广州洋人家庭里的中国佣人》，载《史林》2004年第4期。
② 转引自王诗客：《新滋味：西食东渐与翻译》，经济日报出版社，2020年，第108页。
③ ［美］范发迪：《知识帝国：清代在华的英国博物学家》，袁剑译，中国人民大学出版社，2018年，第35—36页。
④ 转引自王诗客：《新滋味：西食东渐与翻译》，经济日报出版社，2020年，第108页。

腿前一日用水浸好，用火煎干，味颇鲜美。饭用鲜鸡杂熟米中煮，汁颇佳，点心凡四五种，皆极松脆。"[1]这样的记述很显然说明其有过不止一次的品尝和经历，颇有常客之风范。京官李钧，则于道光八年（1828）巡视广州时对洋人习俗充满好奇，他在日记中写道："广州府请饭后，登鬼子楼……凭栏一眺，极目青苍……饮鬼子酒数杯，五色味甘。楼上无一夷人，盖有司先期遣也。"[2]未见着洋人，也没吃西餐，却对洋人酿造的酒欣赏有加，对商馆建筑的精致也颇为赞叹。即便是徐珂这样担任《外交报》编辑多年、见多识广的人，对于西餐入华的认识也并不够全面，他在《清稗类钞》中有记："国人食西式之饭，曰西餐，一曰大餐，一曰番菜，一曰大菜，席具刀、叉、瓢三事，不设箸。光绪朝，都会商埠已有之。至宣统时尤为盛行。"[3]这显然严重忽视了西餐在广州的登陆和流行都要早于其他城市的事实。

二、下沉民间，短时间成为消费新宠

广州乃至中国的第一家西餐店太平馆初创于1860年，创始人为徐老高，因为地点设在太平沙而得名。徐老高出生时正值鸦片战争，那时广州的沙面岛洋行林立，他就在其中的一家洋行做厨工。外国老板比较严苛，稍不顺心就开口责备。徐老高性格耿直，终于因为顶撞被逐，转做小贩。他挑起担子，做起牛扒生意，随街叫卖。因为价钱便宜，一两毫也可以品尝，所以广州人在街头也可以吃得起"西餐"。他的手艺好，医生、学者以至官员都争相购买，后发展成为著名的西餐店。[4]在咸丰年间与徐老

---

① （清）关涵等：《岭南随笔（外五种）》，广东人民出版社，2015年，第133页。
② （清）李钧：《使粤日记》，道光甲午年（1834）刻本，道光八年九月二十日条。
③ （清）徐珂：《清稗类钞》第13册，中华书局，1986年，第6270页。
④ 王诗客：《新滋味：西食东渐与翻译》，经济日报出版社，2020年，第114页。

高有类似经历的一些人，曾经在外国商馆做过厨师，通过在广州街头沿街叫卖煎牛扒积累了一定资本后，开起了海记、高记、一趣楼、东园等一批个体小店。这些餐馆对西餐的经营有一定的考究，对偏爱西餐的人士有较大的吸引力。但是由于餐馆一般只经营牛奶、奶茶、多士面包和少量的肉食，品种不太多，高级西餐的消费较为少见，如果顾客要享用较多品种的西餐，必须预订。[①]这些小餐馆对西式饮食方式在广州市民大众间的流行和消费者的培育无疑起了重要的推动作用，像太平馆这样的著名老字号，所经营的传统名牌西菜，如红烧乳鸽、德国咸猪手等招牌菜，到现今已经演变成为广州中西餐厅都能吃到的广式名菜。

随后，广州许多的中餐酒楼纷纷调整经营方式，将酒楼改造为中西餐结合或者专营西餐，推出西餐品种，以适应消费者的需求。西餐的价格，到了清末，也不是很贵，如岭南酒楼就在报纸上大做宣传："烹调各西菜，美味无双，并巧制西饼，一切便来往小酌。西餐价格：全餐收银五毫，大餐收银壹元。"[②]甚至澳门的一些经营西餐的酒楼也经常在广州的报纸上刊登广告，如澳门日照酒楼在《广州白话报》上的广告："大小西餐，脍炙人口，中西人士，均赞不谬。"[③]澳门天香酒楼的西餐广告更有意思，称"人情厌旧，世界维新，铺陈可尚洋装，饮食亦与西式，盖由唐餐具食惯，异味想尝，西餐盛行"[④]，这或许可看成时人对西餐消费动机进行的分析。至于为何澳门酒店要在广州报纸上登广告，实际上是因为1757年乾隆上谕番商贸易只限在广州一口进行，后又颁布多项约束驻广州外商的规条，包括"外人到粤，令寓居行商馆内，并由行商负责管束稽查；……外商不得在省住冬，须前往澳门居住等例"。[⑤]这进一步佐证在一口通商政策的实施

---

① 蒋建国：《广州消费文化与社会变迁（1800—1911）》，广东人民出版社，2006年，第240页。
② "岭南第一楼改良食品广告"，载《游艺报》光绪三十一年七月八日。
③ "澳门日照酒楼广告"，载《广东白话报》1907年第2辑。
④ "澳门天香酒楼广告"，载《广东白话报》1907年第7辑。
⑤ 梁嘉彬：《广东十三行考》，广东人民出版社，1999年，第101页。

下，已形成了澳门和广州两个西方人的聚居区，当时这些颇具规模的西餐店瞄准的消费人群正是在广州与澳门之间经常往返的官商富绅。

从19世纪中后期开始，西餐越来越成为上层社会流行的社交手段，西餐菜品也越来越成为高级酒店吸引高端消费者的菜品标志。19世纪末，广州西餐已发展到足以接待最高级别的外宾了。一个著名的例子是，1891年4月初，俄国尼古拉二世一行乘船经香港来到广州。为了迎接俄国王储，李鸿章的兄长李瀚章不仅特地到码头迎接，还举办了一个盛大的宴席来招待俄国王室一行人。"皇室旅行者伴着'亚速号'乐队的音乐声在两广总督一个专门的幔帐里（对着花园）用餐"，不仅准备了丰盛的"本地佳肴"，还有一半菜肴是按照欧洲口味做的；"除了刀、叉、勺，也给我们摆了象牙筷子"。不过，俄国人似乎对广州菜肴更感兴趣，评论道："富有的中国人天生是世界上最讲究的美食家和最殷勤的主人。……富裕人家餐桌上的水果来自波斯湾、巽他群岛、印度和暹罗。"[1]

三、集中经营，两个地段成行成市

西餐毕竟是外来饮食，在原材料、调味佐料和饮品等方面都有特别的讲究，采购渠道和成本均与中餐有明显差别，对主厨及辅助团队也有较高要求，这些都要求有较大投资才能支撑，所以客源指向性较为明显。因此，开店地点的选择，对生存和发展特别重要。太平馆的车水马龙给西餐馆选址提供了最好启示，就是地段必须旺中带洋。太平馆地处南关闹市，靠近天字码头，常有外轮停泊，为洋人必经之路；民国以后，这里又先后出现了海军同学会、国民花园舞厅、海员俱乐部等充斥大量高端客源的机构和场所。

---

[1] 伍宇星编译：《19世纪俄国人笔下的广州》，大象出版社，2011年，第232页。

民国以后，西风东渐日盛，广州已有不少教堂以及教会医院、教会学校，由洋人控制的洋行、银行、邮政局、粤海关等机构也多了起来，而且华侨也大举投资广州的各项事业，这些机构的工资福利远较国内水平高，形成一个消费能力较强的阶层。受新的社会风潮影响，军政界、企业界的人员也喜欢以西式宴会来应酬。到了20世纪30年代陈济棠主政时，百业兴隆，外贸繁荣，加之受港澳影响，西式活动如舞会、晚会、西式婚礼、教会节日、欧美同学会等成为一种时髦，很快广州西餐馆增加到30多家。投资西餐业的，有本地资本、华侨资本，还有一些外国的资本。到了民国后期，则以华侨投资最多。

20年代前后，新开办的西餐馆大中户大多集中在两个地方。一是城内商业繁盛区——永汉路、惠爱路（即北京路、中山路）一带，这里有不少军政机构。这些西餐馆的营业对象主要是省市军政界官员、知识界人士、留洋同学会成员。在这一地段，出现了十多家西餐馆，其中以太平新馆和哥仑布生意最好。二是地处珠江河畔的沙面内外，这里历来就是华洋杂处地带，与之连接的西堤、长堤大马路一带，有粤海关、邮政局大型百货公司、旅行社、戏院、游乐场、银行等，而且还是鳞次栉比的客轮码头集中地。在长堤一带，就云集了东亚酒店餐厅、华盛顿餐厅、爱群酒店餐厅等名店，主要以企业界、钱庄界以及华侨、旅客、流动商贾、交际花等为经营对象，有时也有高官巨贾；在沙面岛上，则出现了经济、域多利、莫斯科等店铺，顾客以洋人为主（多光顾经济餐馆）。此外，也有一些小的西餐馆开设在侨眷区（东山）、教友区（医院、教会附近），以及旅游区（荔枝湾）的，当然也有在闹区经营的。[1]

---

① 参见杨志慎等：《广州西餐业发展史话》，载陈基、叶钦、王文全主编：《食在广州史话》，广东人民出版社，1990年，第167—211页。

四、环境讲究，始终引领消费时尚

20世纪20年代以后，雨后春笋般冒出来的西餐馆，像在广州城刮起了一股清新的饮食旋风，让市民耳目一新，不论装潢陈设还是环境打造，都与我国传统的餐饮业有着明显的区别。

西餐馆一般不再设在矮楼木屋之内，而多是设在高楼大厦之中。即使在由旧馆发展过来的平房旧屋，也要加以修建改造，增添陈设，力求华丽。餐室内灯光柔和悦意，环境幽雅，桌椅都换上时兴的低矮型克罗米桌椅，舒适整洁。如大公餐馆就采用高背式沙发椅，并率先装上冷气；英华特意从香港引进新式电镀钢枝软垫折椅；哥仑布餐厅上三四楼用电梯；温拿餐店辟有小型舞池，用餐之余还可跳舞；亚洲酒店餐馆和日日新餐馆设有桌球室供食客消遣。总之，西餐馆与酒楼、茶楼的热闹喧嚣形成强烈的反差，以清静舒适为特点，来上馆光顾的客人彼此说话都很小声，一般不存在"搭台"的情况，故除一同到来的客人之外，不同桌的客人相互听不清楚说话声。为了适应顾客的需要，不少馆厅还播放一些抒情的轻音乐，客人也可点唱，尽量使人能在宁静的气氛中感到宽慰和舒适。餐馆的外观，则都有鲜明的西食标志，挂出醒目的招牌，有些大店还配上红绿霓虹光管引人注目。

西餐馆在服务方面也更为周到细致。规模稍大的西餐馆，门前都有男性侍者等候，负责开汽车门或引领客人进餐室。在服务程序上，尊重西方习惯——女宾在先，男客在后，如有儿童小客，要另行设高椅。按规定，客人先到先坐，后来者不能搭台，万一需要，服务员可主动代为征询，答复肯定方可。客人落座后，服务员会奉上冰的苏打水或红茶，然后轻声细问客人的口味，态度恭谨。为了保持餐室清静，服务员就算与熟客接触都是"阴声细气"的，职工绝不能相聚谈笑。包房客人不按铃，服务员不可随便进入。菜式随点随烹，上席次序有条不紊。为了方便顾客，各种名酒都可以原支或按杯供应。餐具摆设和使用，也严格按照西食的要求：面包碟放在客人的左前方，上置面包刀一把；各类酒杯和水杯则放在右前方；中间放餐巾，叉放在餐巾之左，汤匙和餐刀则放在餐巾之右。客人吃完一道菜时，便将叉、刀合拢并排放在餐碟中央，这是叫服务人员将碟及叉、匙、刀拿去的信号。如果客人在进食中途停顿，把叉、刀左右分架在碟上，则表示他还没有吃完，只是食中的"小休"，服务人员则不能把它拿走。

餐馆餐厅的卫生要求是比较高的，要求窗明几净，厕所保持清洁。端饮食与搞清洁的人员是两套人马，各自均有明确分工，互不代替，食品由前者担负，卫生是后者的职责。客人在食用中弄坏碗碟，及时更换，立即清理；偶尔丢下杂物在地，迅速清扫，哪怕只是丢了一支火柴头尾亦是如此。每一位工作人员，衣冠是否整洁，发型是否恰当，指甲是否剪平，都由部长、班长检查之后才准上班的。

五、全天营业，主要盈利靠承办酒会

西餐馆厅主营西餐，兼营西饼面包冷热饮品烟酒等，每天从早上7时开始至深夜12时不间断营业，一天供应五餐。早餐供应咖啡、牛奶、奶茶、果汁、烩果、奄列蛋、焓蛋、煎蛋、波蛋、粉卷、牛奶粥、通心粉、麦片西米等；午餐11时开始，以供应肉菜和汤类为主，奶茶、咖啡和牛油面包是常备品，前两种必须叫点，后者在开餐前照例先行送到，吃用与否，任随客意，但这时的顾客进食不会很多，通常是一汤一肉；茶餐在午后4时开始，只供应奶茶、咖啡、西饼、三明治一类的茶点；正餐下午6时30分至9时，习惯进食西食的人每天要有一顿肉类较为丰富的餐次，称为"正餐"，故这个时间是西餐馆人气最旺的，每当华灯初上，多种形式的酒会、宴会便拉开序幕；夜宵时间是晚上10时至12时，顾客人数比早

味道

餐有过之而无不及，一般爱吃冷熟肉配沙律，至多增加一个汤，接着便是咖啡或奶茶了。

当时经营西餐，赚钱主要是靠酒会和宴会，如鸡尾酒会、冷肉酒会、圣诞节狂欢宴以及婚礼、生日茶会或宴会等。鸡尾酒会是一种隆重的应酬酒会，以酒为主，不设菜式和餐具，只备花生、果仁、咸点心、炸薯片之类干性食品，以便流动祝酒、互相交谈时随手吃用。冷肉酒会，其性质和形式与鸡尾酒会基本相同，只加添几盘冷熟肉而已。圣诞节是西洋最重要的节日，圣诞节宴会通常于每年 12 月 25 日前后一周内举办，是西餐行业一年中生意最为兴旺的时候，也是各西餐馆最赚钱的时候。这些酒会和宴会，订客多是军政界和洋行大企业界，与会人数从二三十人至百余人不等，办一次就会赚很多钱。为了争夺这些高等顾客，名店都很注意结交政界人物，拉拢熟客，尤其是经办筵席的科室人员，不但在年节期间定期送礼，而且还经常请相关的办事人员吃饭，并开展长期交际活动。太平馆之所以能长期居于广州西餐龙头地位，与其营业对象以军政界为主、能长期拉到宴会订单有极大关系，当时蒋介石、林森、李宗仁、宋子文就时来光顾，陈济棠更是常客。

六、注重管理，精心烹制"广式西食"

由于竞争激烈，西餐馆常重金聘请熟练的管理人才，不少店铺都是请司理来管理的。司理的收入高于总管一倍左右；总管高于部长一倍左右；部长高于班长一倍左右；班长高于一般服务员一倍左右。也就是说，司理的收入是一般服务员的 16 倍。20 世纪 20 年代后期，太平南路的新亚酒店曾以优厚待遇聘请原亚洲酒店负责人钟标为司理，后钟标又受聘兼职于哥仑布餐厅，两店都有较大发展，业务兴旺。各家餐馆的司理，对经营都有自己的一套。例如大公餐馆的司理冯佳，他的一贯做法是亲力亲为——亲自选购主要原材物料，时刻注意菜式质量，并早晚检查清洁卫生（特别是厕所）；若因公外出，常有电话回来作指示，顺便通过电话，检听播放中的轻音乐曲调是否适当；晚市收歇后，利用夜宵的短暂时间，亲自主持一次碰头会，与总管、部长研究当天营业情况，分析滞旺原因，作出进一步的部署。他搞活门市的策略是：营业兴旺时，多供高档菜式，争取较高利润；反之，则以低档品种为主，转向薄利多销。与同业竞争的应策，更是果断迅速：当同地段的温拿餐馆新辟舞池时，冯佳立即研究陈设改革，因店制宜地装置新型美观的奶黄色壁灯，改设高背沙发，增播名曲抒情唱片，扩大宣传，等等。

同时，西餐馆老板们都意识到，外来的西餐要吸引嘴刁的广州人，必定要精制出质量上乘的菜式，特别是自己的招牌菜。因此，各馆都在此倾注了十二分功夫，都创制出自己叫得响的名菜，这是西餐能在广州兴旺的根本原因之一。首先，各餐馆不惜重金聘请高级西厨，主理的厨师，薪金和店面的司理相近。名馆的高级西厨，如太平馆的张炎、王澄，大公的郑谦、徐金松，经济的周贤等，都是驰誉省港澳的高手，所有名菜佳肴均是他们的杰作。其次，讲究用上等的食材，烹饪制作工艺绝不偷工减料。以太平馆饮誉数十年的烧乳鸽为例，原料是肥嫩的石岐良种，并派专人用嘴含豆于唇边逐粒向鸽诱食，使之短期内肥壮[1]，然后配以优质调料烹制而成。英华餐馆的牛扒及大公餐厅的牛柳，都是以闻名世界的澳大利亚牛为原料。经济餐馆的咖喱鸡选用的是省内首屈一指的清远良种。至于其他各种调味料、香料也大多从国外进口。冷热饮品的原材料，大都是进口货。烹制技术也颇有讲究。华盛顿的咖啡，是自行加工炒制的，香味浓厚；太

味
道

---

① 参见黄曦晖：《太平馆的沧桑》，载广州市政协文史资料研究委员会：《广州文史资料》选辑第二十六辑，广东人民出版社，1982年，第209—220页。

平馆的咖啡也很出名，除用料好外，烹制时对火候的掌握也非常精准，因为火候过了失味，不足则不出味。

当时广州的西餐，口味上自成一格，在国际上也享有盛誉。[①] 西餐有不同派别，东欧味重肥腻，西欧和美国口味清淡。当时广州西菜以英式为依据，并吸收粤菜特点作改良，创制出许多经典菜品，如太平馆的烧乳鸽、焗蟹盖、葡国鸡一直名闻遐迩；华盛顿餐厅则以洋葱猪扒、烧牛扒、焗猪扒饭驰名；新亚餐厅的拿手好菜是焗制品，如焗猪扒饭、焗海鲜饭、焗鸡饭等等；英华餐馆、爱群酒店餐厅、东亚餐厅的洋葱牛扒远近闻名；经济餐馆的咖喱鸡和大公餐馆的焗酿龙虾、荷兰牛柳也很受食客的赞赏；名不虚传的还有哥仑布餐厅、亚洲餐厅、新亚餐厅的西洋焗肾翼、烟仓鱼、牛尾汤、铁扒子鸡等。[②]

从葡萄牙人1514年首先叩关、1577年租占澳门，接着是西班牙、荷兰、丹麦和英国用武力强行输入西方商品，以广州为核心的岭南地区在不断反复的"禁海""取消海禁"政策更迭中展开与西方文化的互触交流。直到1757年乾隆帝开启了将近一个世纪的"广州一口通商"，广州逐渐成为中国对外贸易第一港和全国主要的商品集散地，逐步出现了以专业化、商品化为目标的手工业生产体系和商品经济萌芽，西方商业文化和海洋文化从这里不间断传入。鸦片战争后，西方资本主义势力直接渗入，大批华侨络绎回国开办工厂、百货公司、银行、路桥交通公司、酒家等。从1907年广州的第一家百货公司光商公司开业，每隔三年就有一家更大的百货公司

---

① 参见杨志慎等：《广州西餐业发展史话》，载陈基、叶钦、王文全主编：《食在广州史话》，广东人民出版社，1990年，第167—211页。

② 参见冯佳忆述，黄曦晖执笔：《我所知道的广州市西餐业》，载广州市政协文史资料研究委员会：《广州文史资料》选辑第二十六辑，广东人民出版社，1982年，第187—208页。

开业，到1916年广州已拥有光商、真光、先施和大新"四大百货公司"。
1930年广州城区有店铺2956间，1933年以商业为生的人口有10万人以上，[①]
形成第十甫、长堤、惠爱路（今中山五路）三大商业中心。[②]为数众多的
商业街成行成市：大同路、东堤的大米业，一德路的京果海味业，濠畔街
的皮革制品业，泰康路的山货藤器业，文明路的杂货家具业，大新街的象
牙业，文德路的旧书古董业，西来初地的酸枝家具业，仁济西的南北药材
业，杨巷的丝绸业，高第街的鞋帽业，上九路的土布业，长堤的洋酒业，
北京路的新书业，长寿路的玉器业，等等。[③]

　　西餐的传入、兴起和繁荣，是广州在这个特定历史时期城市生活变迁
的一个具体表征，反映的却是广州在"西食东渐"过程中对近代中国饮食
习俗变革和人们生活方式的影响。广州这一时期集中涌现的西餐馆，无论
是在建筑、经营方面，还是在器具、陈设方面，一边模仿洋式，一边创出
广式，恰是广州人群在面对中西文化的碰撞、中国传统文化受到前所未有
的冲击之时的智慧融合与转化输出，也是岭南文化得以在各种新思想、新
文化和新潮流的涌现中勇敢地接受挑战，将之吸收并融糅在自身兼收并蓄
的多元文化格局中而获得质变飞跃的明证。也正是在这一历史时期，广州
发展出数量繁多、经营细分、管理专业、出品上乘等特点鲜明的餐饮业，
使广州成为近代中国饮食行业的引领者，故民谚已有"生在苏州，住在杭
州，食在广州，死在柳州"的说法。这一定程度上反映出广式生活孕育的
广州人群，在中西文化碰撞交融过程中表现出的中和通达气韵与融合创新

味
道

---

① 丘传英主编：《广州近代经济史》，广东人民出版社，1998年，第303页。
② 龚伯洪：《商都广州》，广东省地图出版社，1999年，第188页。
③ 丘传英主编：《广州近代经济史》，广东人民出版社，1998年，第303—304页。

能力，正是他们带领着东南一隅的岭南文化走向了全国前列，步入先进地域文化的行列。

作者简介

柳立子，广州市社科院城市文化研究所所长、研究员、博士

罗飞宁，广州市穗港澳青少年研究所《青年探索》编辑部副编审

饮茶粤海未能忘：广州近现代茶楼形态变迁

周松芳

摘要： "食在广州"，"饮茶"为其最主要的标志之一，但学术文化界和饮食界对广式茶楼的兴起及其发展演变，多不甚了了，最主要的依据是一些民国过来的老员工的口述或笔谈，史实与史料的严谨性都颇为欠缺。本文基于新发现的晚清民国报刊史料等进行研究分析，认为在传统农商社会里，广州茶楼业非常不发达，水平甚至弱于内地。直到近现代工商业兴起后，为解决新的职业群体的饮食与商务需求，以吃为突出特征的广式茶楼业才应运而兴，并演进为茶室，进而酒楼茶室业合流，传统的二厘馆则转型为炒粉馆继续服务底层民众。广式茶楼形态的演变，实取决于新的社会生产力与生产关系的变迁。

关键词： 广式茶楼；演变；传统农商业；近代工商业

毛泽东在《和柳亚子》（1949年4月20日）一诗中说"饮茶粤海未能忘"，这无意中成就了一个关于广式生活及其茶楼文化的经典代言。毛泽东与柳亚子订交是在1926年民国时期的广州，当其时也，广州的茶楼业在全国推尊称盛，异彩纷呈。广州人无比喜爱新时期的广式茶楼，不仅热衷于各种不断创新的可口点心，也醉心于茶楼的环境和氛围。一时之间，报纸上谈茶如经者不断，茶楼中吃茶度日者络绎，大有不到广州茶楼吃茶就不曾体验过广式生活一般。流风所至，延至今日，"一盅两件"（一杯茶

味道

盅，两件点心如虾饺、叉烧包）成了广州茶楼文化、茶文化的深刻历史记忆，茶楼也成就了今日广式生活如陶陶居、莲香楼以及北园、南园酒家的广州点心文化、早茶文化的辉煌。

　　然而，鲜有人知的是，广式茶楼实际上经历了茶居、茶室、酒楼茶室、茶楼等多种形态的演变，甚至还曾以炒粉馆、粉面炒卖馆等若只看名字完全与茶不搭界的形态出现过。在茶楼之前，广州还有诸如茶话、二厘馆、茶寮等多种旧式茶馆。不了解这些内容，我们很难完全想象当年毛泽东与柳亚子在广州饮茶的惬意时光，我们也很难明白其时广州"本市各茶楼，无论早午夜，皆有人满之患，而本市商务，亦几推茶楼一行为最发达"的"最为紧要""狂热之饮茶嗜好"，[1]我们也很难理解今日广式生活中茶楼文化的历史脉络和务实乐生的文化基因。基于此，本文将详细讨论广州茶楼在近现代的形态变迁，以及广州茶楼业的社会环境发展等情况，以期对理解广式生活的茶文化、茶楼文化贡献绵薄之力。

一、广州茶楼业应近现代工商业发展而生

　　广州茶楼形态变迁与广州茶楼业的发展息息相关。可以说，茶楼业的发展是实质，而茶楼形态的变迁则是表象。要深入理解、描述茶楼形态在近现代的发展变迁，必然首先要对广州茶楼业发展的行业机制和商业环境有所把握。广州茶楼业的发展之所以在民国初年即有了令广州人引以为傲的成绩，一跃成为广式生活的代表性行业，与近现代广州工商业的发展有着正向相关关系——传统工商业尤其是工业的作息与饮食要求，与现代工商业不可同日而语。诚如阿翔《廿年来广州茶楼进化小史》[2]一文指出的，

---

① 邓定远：《狂热之嗜好》，载《民国日报》广州版，1926年1月20日第9版。
② 《民国日报》广州版，1926年5月13日第4版。

早期的茶楼（严格讲叫茶话或二厘馆），档次低，"广州人多贱视茶楼，仕宦之家，固不愿涉足其间，即商界中人，亦多鄙薄"。表面上的原因是"地方不洁也，下流社会集合场所也，太过破费钱财也，费时失事也。如欲食包点，命人买回来可矣。故此时各茶楼，除劳动界外，几无别界人光顾"；深层次的原因，当属彼时工商业尚不发达，即有所谓的工商业，也不同于现代工商业有大量的"上班一族"，那真正对这些茶话有需求的，就只能是底层劳苦大众了。

后来随着现代工商业的发展，特别是为适应这种发展开展的城市建设，如长堤的开辟，也促进了茶楼业的发展。长堤一带"尤以茶楼为多，且皆新式洋楼，高可数层，窗明几净，食品新奇，招待妥善，故人多往长堤品茗，已不复如前之贱视茶楼矣。影响所及，旧式茶楼，亦多从事改革，不敢以老招牌骄人。或改良地方，或改良食品，否则其营业必有日渐衰落，甚或高贴召顶字招。盖商战时代，优胜劣败，决难逃此天演公例也"。一言以蔽之，还是拜工商业发展和竞争所赐。

1925—1926年间，《民国日报》广州版有一署名为"文"的先生开设有一专栏名为《茶经》，意思是要如谈"生意经"一样介绍广州人关于茶楼的日常生活经验。这是因为广州人无论贵贱、男女、老幼，都乐于上茶楼饮茶，人人乐于谈茶，值得谈。他的《茶经》系列即对广州茶楼业的发展有详细的描述，也是我们了解以茶楼为代表的广式生活的一个重要资料来源。按他在《茶经》中的说法，茶话、茶居初兴，即为工商劳苦大众而设，不似阿翔把初期的"茶话"说得那么低贱、不受待见："昔无茶室，只有茶居。上焉者，上高楼，每盅茶八厘分六而已。下焉者，搭寮盖篷，不设局盅，纯用绿瓦壶，每位一壶，把之如旗下佬之揸鹌春，故时称在此等茶寮品茗者，为'揸鹌春'，茶价不过二厘，故又号之曰'二厘馆'。其食品不过油香饼、油炸桧、拆口枣等数事，亦有芽菜炒粉者，顾客皆苦力工人，及收买烂铜烂铁佬居多。每人饮分零银茶，足以解渴，足快朵颐也。"他还特别强调了茶居的饼饵业："茶居必兼造嫁娶之龙凤礼饼，故铺面为卖饼，辟楼上为品茗，饮茶必登楼，故时人称上高楼，用磁盅局茶，茶价有八厘楼分六楼之别。饼食除油蛋散、薄切酥、云片糕外，点心有虾饺、烧卖（又名油瓶枳）、叉烧包等等。"即便如此，"当时所谓财主佬、亚官仔，家有食品，不屑上高楼，故光顾者多是普通商人与工界"。[①]这说的是茶居、茶楼初兴时的情况。

其后的情形，如《茶经》（十五）《茶楼日盛之原因》[②]所表明的，茶楼在新时代之盛，当推广州，并方兴未艾，其原因更说到点子上，即首推现代工商业发展带来的上班一族的饮食问题："广州市工界众多，两餐而外，均以早午两市茶为疗饥品，甚至有饭可不食，茶不可不饮。"其次才是商业洽谈的需要："当未禁烟以前，各商店皆有烟局款客，吞云吐雾，烟床斟盆。自烟禁颁行，商人多就茶楼斟生意。"当然，茶楼兴盛之后，也改变着人们的一些生活习惯，从而与茶楼业形成良性循环：文人午暇无事，约同二三朋友品茗，一以果腹，又可谈天；朋友小应酬，请酒嫌破费，则改请茶以敷衍；请托密斟，有事唔俾三家知者，莫善于约往饮茶。——"基于此种种原因，故茶楼愈设愈多，于今为盛。"

而在一次著名的抗茗捐行动中，也显示了茶居与工商界特别是其工人的关系："回忆杨永泰长财厅时，批准捐棍承品茗捐，其办法不论茶居茶室炒粉馆，凡有茶卖者，概划入品茗捐范围，每盅八厘银者抽二厘，分六者抽四厘，取之茶客，以为于茶楼无损，即易于实行也。茶居行以事涉苛细呈请撤销，嗣又改为每张台计，分午早夜市抽捐。惟茶居茶室行均以苛捐病民，且品茗者多属下级手作工人，政府收入无多，徒令工商交受损失，联同罢市，一面请求撤销。维时广州市报馆亦主持正义，群起攻诘，

---

① 《茶经》之三《茶楼之派别》，载《民国日报》广州版，1925年8月5日第4版。
② 《民国日报》广州版，1925年8月21日第9版。

而茶楼工人又以失业为词，联帮向省署财厅请愿，卒达到'缓办'二字打销之。"①这种与内地茶馆茶楼顾客群体的不同，也决定着广式茶居的性质、特点及其发展。

回顾广州近现代工业的发展情形，也可发现广州茶楼业发展的一种必然趋势。1872年南海人陈启沅在广州建立了中国第一家民族资本企业继昌隆缫丝厂，1873年官办的广州机器局成立，随后1890年华侨黄秉常创办电灯公司（其实1888年张之洞即已引进发电机，但仅供总督府照明），1901年英商旗昌洋行又在长堤五仙门外开办了粤垣电灯公司，各行各业都有实体相继创办发展。到1936年，广州的工业从业人员已近4万。②农业时代的广州，虽传统手工业和商业相对发达，但人口规模一直有限。至正十一年（1351）是元代广州人口的峰值，城区人口5万人；明代隆庆间广州府所在的南海县有15万余人，广州城人口也不会太多；清初广州城人口小于3万，嘉庆间小于4万。随着近现代工商业的兴起，广州城人口迅速增加。根据广东省咨询局《编查录》，1910年广州城人口约52万，其中老新城约15万，河南区约7万，南关区约7万，西关区约23万，新增人口即主要集中在新兴工商业区西关区。据统计，1912年，广东有工业企业2426家，其中当年新增214家，其中136家使用现代动力4566匹马力，企业数及动力数均居全国之冠，分别占11.8%、87.4%，而这些企业大部分都位于广州。

近现代工商业的发展要求城市建设与管理相匹配，人口也随之继续增长：1918年广州市政公所成立，广州人口70万余；1921年广州正式建市，人口增长至79万；1928年增至81万余，仅次于上海、天津、北平和汉口。陈济棠主粤后工商业和城市建设得到繁荣发展，人口也为之大增：1932年广州人口110万，1937年增至122万。抗战军兴，人口骤降，胜利归来，

①《茶经》之十三《品茗捐之经过》，载《民国日报》广州版，1925年8月19日第4版。
② 陈代光：《广州城市发展史》，暨南大学出版社，1996年，第371—377页。

复又暴涨：1940年广州人口只有54万，1945年底即暴增至97万，1946年再大增为123万，1947年续增至133万。[①] 凡此，必然会刺激和促进广州茶楼酒肆的饮食消费，"食在广州"得名于清季民初，随后进入黄金时代，是理有必然。

二、广州茶楼新旧业态随社会剧变快速迭变

在传统的封建农耕社会，纵有都邑，然社会管理严格，茶楼酒肆的发展，无论规模和形态，都相对稳定，变迁不剧。唯至近代，因为西式工商业的引入，社会形态急剧变迁，茶楼酒肆的规模及形态亦复如是，其中广州尤为典型。后人回忆，每每难以确述。对我们今天的认知影响最直接的，当数从民国过来的老行尊冯明泉在20世纪80年代发表于《广州文史资料》第四十一辑的几篇回忆文章。其实如果我们进一步发掘更早的史料，则知冯先生的忆述颇多可商榷之处。那我们不妨先从形态变迁最剧的茶居、茶楼和茶室说起。

冯先生在《富有特色的广州茶楼业》里说，直到清咸同之世（1851—1874），广州还没有茶楼。并引1921年（11岁）即进入饮食业的张本师傅的说法，到光绪初年，还只有简陋的"二厘馆"（茶价二厘，每角钱等于七十二厘），招牌都是某某"茶话"，顾客全是劳苦大众。直到光绪中期，才开始出现虽有楼但是矮小的茶居。嗣后，"二厘馆"逐步发展为粉面茶点业，茶居发展为现代的茶楼饼饵业，但习惯上仍然称为茶居，包括相应的工会组织亦称为茶居工会。茶居向茶楼发展的契机是随着一口通商的结束，佛山商业趋于没落，当地资本转向省城，其中尤以七堡乡（今

---

① 陈代光：《广州城市发展史》，暨南大学出版社，1996年，第166、168、172、174、377、176—177页。

石湾）为著。金华、利南、其昌、祥珍为其初创的几家，楼皆三层，号为茶楼，食品也多当场烹制，并相应建立起自己的行会组织协福堂公会，促进了茶楼的进一步发展。如著名的"九如"茶楼，均属七堡人所创办。其中西如、东如、南如、五如、三如、惠如、太如，以及茗珍、和心、襟江（澄江）、莲香等均由谭新义所创或参与创办。其号称第一代茶楼王，1932年去世后，交棒第二代茶楼王谭晴波，主持协福堂至新中国成立后。另一位茶楼出身的七堡人谭杰南1920年与同里人陈伯绮主持创办陶陶居，既设饼柜（茶楼标志），又设低柜（酒楼标志），想兼营茶楼、酒家，因茶居工会的反对而作罢。但谭杰南向酒楼发展的初心不改，先后创办了七妙斋酒家、金陵酒家、大同酒家等，并主持酒楼同业公会怡颐堂直到解放。事实上，1936年以后，茶楼、酒楼、粉面行业的界线已逐渐模糊，几乎所有酒家都开设早午茶市，但老式茶楼仍在，有的甚至愿意撤销门市饼饵部而降为粉面茶点业一员。但抗战胜利后，老式的大茶楼终于下决心向综合性饮食企业转型，总体形态与今日渐渐趋同。

然后冯明泉先生又补写了一篇《茶室业十年》，对新型的茶室作了专门介绍。他认为茶室是介于茶楼与酒楼之间的一种形态，清末民初即已有开设，较早的有翩翩茶室等。其特点是营业时间晚，等传统茶楼上午九点半收市才开市，营业直至深夜，食品不是做好叫卖的方式，而是现点现制，确保新鲜热气，顾客多为相对文雅及生意之士。特别是1927年西关十七甫、十八甫等马路拆建之后，相继出现了新玉波、茶香室、半瓯、味腴、龙泉、英英斋、山海楼、第一泉、谈天、乐山、九龙、兰苑，还有星波、月波、菊波、玉波等十余家茶室，附近也出现了在山泉、六出花、鹿鸣茶室，以及其他地段的西门、荣珍、榕荫、五月花、四美、仙泉、兰溪、陶然、道平、陆园等，茶室业进入全盛时期。其间，1923年成立的酒楼工会与1919年成立的茶居（楼）工会为了争取茶室业的归属问题，一度掀起一场不大不小的风波，几乎动武，最后由社会局调停，以茶室营业时

味道

间与酒楼相同，经营的小菜也与酒楼业务相同，便将其归属酒楼工会并更名为酒楼茶室工会。其实，这也预示着茶室最终会消融于酒楼，其从全盛而至淘汰仅存十余年。

冯明泉先生大致拟出一条广州茶饮业的发展线索：茶话（按招牌称，二厘馆只是其俗称）——茶居（低矮的楼房）——茶楼（三层）——茶室——酒楼茶室。但这几者之间不是升级取代的关系，而是新式与旧式、高级与低级并存，当然各自有发展，比如茶话发展为炒粉馆而不是茶居。至于轰传广州茶楼可溯源于乾隆年间的成珠楼，潘英俊的说法更为可信："经查实是误传。之所以有此误传，是'成珠楼'最初做招牌匾时借用了乾隆皇帝的书法，所以招牌落款写上了乾隆两字；这块牌匾还未挂起，就被茶楼同业公会判定有打擦边球之嫌给没收了，并扣留在桨栏路的公会办事处；事隔多年后，有在此处办过公的茶楼员工见过此匾，不明原委就将'成珠楼'开张的日子定为乾隆年间，正是以讹传讹。"[1]

回忆总是有很多局限性，多方求证当于事有补。张亦庵的《茶居话旧（上）》[2]说：广式茶馆之最旧者称茶居，新式的称茶室，亦有附属于酒楼的，其风格新旧不一定。茶居与茶室之时代不同，大概是以辛亥革命为其划时代的界线，因为所有茶室几乎都是辛亥以后才有的；辛亥以前，我们所知的，只有茶居，而没有茶室。最初始的茶居附设于饼店的楼上，因为饼店在广东是一种规模宏大的门市营业，以承接人家婚嫁时的礼饼为大宗。广东旧俗，女子出嫁，则向男家索要各种果饼以为聘礼，其数目动辄数千枚，富有者或以万计。女家得此，拿来别赠亲友，作为"有女于归"的通知。所赠愈多而丰，则女家愈觉其场面之光荣。饼店之产生，也是适应这种需要的。并说在他幼年时代，在广州城内外，较为繁盛的所在，无

---

① 潘英俊：《粤厨宝典·菜肴篇》，广东科技出版社，2021年，第86页。
②《新都周刊》1943年第20、21期。

不开设有这种饼店。店面装修得金碧辉煌，玻璃柜台里陈列着色泽鲜明的糕饼，市招上写的是"龙凤礼饼""蜜饯糖果"。店堂的中央就是一座大的楼梯，正对着门口。由这楼梯上去就是茶座了。所以从前称上茶居叫"上高楼"。在上海，以前也有过这样的附设于饼店的茶居，他们的店号有利男居、上林春、群芳居、同安、怡珍，至今仍然存在的只有利男居。《茶楼之派别》[①]也佐证了张亦庵之说："茶居必兼造嫁娶之龙凤礼饼，故铺面为卖饼，辟楼上为品茗，饮茶必登楼，故时人称上高楼。"

嫁娶多用龙凤礼饼的习惯沿袭，也大有助于茶居维持既有的经营模式，所以到了1932年茶室已经大兴的年头，茶居犹可借此过得很好："本市各茶居，其营业除茶面点心之外，多有兼营饼业者。本市各行商业，尚不觉十分困难，故工商人之生活，均能维持，品茗人较昔为众。加以时局多事，有女之家，多以及早遣嫁为安，故嫁娶特多。而嫁娶者仪式虽属文明，礼饼究难免俗，因是龙凤礼饼生意，极为畅旺，而全年之中，又毫无工潮，故是行生意，亦颇顺利。"[②]

时代在进步，茶居、茶楼在发展，但传统的旧茶居也有令人怀念之处，如张亦庵在《茶居话旧（下）》[③]中说，以旧日茶居的一切制度来比今日最新型的茶楼，则旧日茶居可取之处实在甚少，其唯一使茶客觉得便利之处就是一切都随便。不论来客的衣冠服饰是怎样华贵或褴褛，他们都给予你同样的看待，你不能说他们冷淡，也谈不上殷勤。他们不希冀你的小账，而习惯上也没有给小账的，连加一的数目也没有，一是一，二是二，你喝了多少盅茶，吃了多少点心，就给多少钱。你在茶居里面，可以不拘形迹，可以箕踞而坐，可以袒裼裸裎，可以高声谈笑，可以随意倾倒茶脚，可以随处丢掷烟头，可以与素不相识的其他茶客拼坐一张桌子，可以

---

①《茶经》（三），载《民国日报》广州版，1925年8月5日第4版。
②《过去一年各行商业之概况》之六，载《民国日报》广州版，1932年1月8日第9版。
③《新都周刊》1943年第22期。

自己走上去领取点心，可以自己拿水壶来冲水。

除了忆述，也有时人做茶楼业的相关梳理，如1925—1926年《民国日报》广州版刊登的阿翔的《廿年来广州茶楼进化小史》。他把1908年以来的近20年划为三个时期。第一期是衰落时期，指1908年以前茶楼没有发展起来的初期，时人多贱视茶楼，仕宦之家固不愿涉足其间，即商界中人亦多鄙薄，以其地方不洁，为下流社会集合场所也；如欲食包点，命人买回来即可，故此时各茶楼，除劳动界外，几无别界人光顾。第二期是改造时期，即1908年至1916年，长堤已经开辟，新建筑之商店已开始营业，尤以茶楼为多，且皆新式洋楼，高可数层，窗明几净，食品新奇，招待妥善，故人多往长堤品茗，已不复如前之贱视茶楼矣。第三期是进化时期，也可谓兴盛时期，从1917年至1926年，是大竞争大发展至兴盛的时期。这在《民国日报》广州版1925年12月5日第9版的《食话》（一〇四）中也有佐证："二十年前，太平街之桃李园，鼎鼎大名之酒楼也……与之对门有怡怡居小茶室，午点小荤极美，伊府面尤为特色。怡怡居即今日茶室之先锋，短床小桌，铺位虽窄，布置尚佳。京都熏卤烤炸之小馔均备，生意极旺。尤以粉果炸饺为佳，十八甫茶香室之后，此其最著也。"《民国日报》广州版1925年12月9日第9版《食话》（一〇六）又强调："市中小酒楼及茶室，近有风起云涌之势。"

三、广州茶室、酒楼兼营迎合商业社会多元需求

《民国日报》广州版1925年8月13日第4版《茶经》（九）谈《近日茶楼之趋势》："茶室座位以雅洁见长，食品以精巧见著，盖业此者，俱由酒菜兼办。座位上未尝不加以讲求，点心每碟，半毫一毫，贵精不贵多。光顾之茶客，类多上流人。此辈但求可口、精细、新奇，所谓'越少越好味者'。言虽滑稽，亦非尽无见地。至于面食，彼恃有上汤调制，如窝面碗

面之类，确胜茶居一筹，炒粉馆更瞠乎其后矣。近则有注重园林风景者，如南园、西园、北园、文园等酒家，曲槛回栏，林木畅茂，此亦别饶风味。惟茶室食品的色，似乎每碟半毫，但每人吃二三碟仅足摄牙齿罅，加以芥酱动辄二三碟，不招自来，以三枝公饮茶，离台找数，六七毫闲闲地耳。此老饕所以掉头而弗顾，揸住几分银叹一盅两件者所以望门而退步也。"

《民国日报》广州版1925年9月29日第9版《茶经》（三十三）说："'陶然亭'在卫边街，即今之吉祥路，乃茶面酒菜之茶室也。地位雅洁，迥殊于众，食品亦称精美。"1925年12月11日第9版《茶经》（七十四）说："惠爱中路亦有'陶陶居'，其门另悬'岭南茶室'招牌以别之，实不知其何所取义。当未辟马路时，附近茶室甚鲜，彼算数一数二者也。自马路辟，食物肆相继起，生意不无影响，且彼座位尚古，而又狭逼，殊非招徕生意之道。惟食品一层，斯算精美，韭黄酥盒、烧金钱鸡，乃彼创制杰作也。金钱鸡原为下酒之品，彼以烧烤得宜，进而为茶点之列，是诚得法。拌食亦用层面，完全具酒菜规模，非如西施以面包皮代，此则有独到之处，无怪茶客称赏。"甚至回教的聚兴馆也是如此："四牌楼'聚兴'，茶面酒菜，俨然酒楼茶室，惟专造教门食品，猪肉免问。"[①]

还有一些酒楼，虽不卖点心，但卖粉卖面有茶饮，也可谓酒楼而兼茶室："有非茶楼性质，而亦有茶话者，此类以营业酒菜，不卖点心，只有茶话、粉面为区别。如味也同、福来居、妙奇奇、乐奇奇等是。业此者，大都以中等酒菜太牢食品为目标，日午非食酒菜之时，因又兼卖粉面，招徕茶客。而茶客因地点就近关系，或因时候太晏关系，亦多有赴之品茗者。"[②]青莲阁先是茶室，后成酒楼，仍兼茶室："关部前'青莲阁'为姑苏

① 《茶经》（八十一），载《民国日报》广州版，1925年12月22日第9版。
② 《茶经》之一〇二《无点心之茶话》，载《民国日报》广州版，1926年1月29日第9版。

茶室之最老字号者，闻昔为茶烟馆，与'茶香室'同一性质，后乃专事姑苏酒菜，仍有茶面。"①

由于茶室左右逢源，所以就有茶居改为茶室："南堤'得元'茶楼，原为旧式茶居，营业历有年所，迩来竟改用茶室制，座位编列号数，取销桌上食品，改用星期点心。茶居改茶室，惟得元始之。"②最后茶居、茶室统归酒楼，甚至成为一股独立的势力——酒楼茶室行："日前酒楼茶室行代表王道，呈请省署批准免抽茶面，以为从此可望依法解决，故连日对于顾客，只代抽酒菜捐，且减收茶费三天，以示招徕生意……"③

四、广州茶楼业新生炒粉馆顺应中下层需求

按照冯明泉先生等人的看法，早期的茶话二厘馆因为时代的演进而升级为炒粉馆，这种升级有一个重要的特点是，茶话所销食品，是不足以果腹的，而升级为炒粉馆后，饱肚问题得以解决，而茶仍有得喝，但仍是不同于外江粉面馆的地方，故它仍属于茶楼或茶居范畴，即使它也有自己单独的行业组织。由于没有理解这种演进与归属关系，后来者往往顾名思义，以致炒粉馆渐渐为今日治地方饮食史者所忽略。

我们先补充说明一下炒粉馆由二厘馆演进的情形。文先生在《民国日报》广州版开《茶经》专栏，先在1925年8月5日第4版《茶经》（三）《茶楼之派别》中说："吾谈茶经，当先谈茶楼之派别。昔无茶室，只有茶居。上焉者，上高楼，每盅茶八厘分六而已。下焉者，搭寮盖篷，不设局盅，纯用绿瓦壶，每位一壶，把之如旗下佬之揸鹌春，故时称在此等茶寮品茗者，为'揸鹌春'，茶价不过二厘，故又号之曰'二厘馆'。"紧接着

<hr />

① 《茶经》之一三○《各式茶楼之补评》，载《民国日报》广州版，1926年3月20日第13版。
② 《茶经》之一三四《各式茶楼之补评》，载《民国日报》广州版，1926年3月26日第13版。
③ 《茶面捐之问题》，载《民国日报》广州版，1924年4月14日第10版。

在下一期即1925年8月6日第4版《茶话》（经写成了话）中说茶室，介绍完茶室之后立即说："以上三派，分为三行，一望其招牌，即能辨别。如门外灰垩'裹蒸油器'招牌，及有炉镬置门外，炒炒吓粉者，是为粉面行。金木'龙凤礼饼'招牌，玻璃柜满贮饼食者，是为茶居行。玻璃'茶面酒菜'招牌，或于柜上陈列几件锡碗者，是为酒楼茶室行。各工人亦分设立粉面工会、茶居工会、酒楼茶室工会。"则前有二厘馆炒粉面行（即后来或他人所谓之炒粉馆），后有粉面行无二厘馆，如何与茶居、茶室并列为"三"？除了二厘馆演进为粉面行，无他。也有一种说法则是二厘馆后来并入了炒粉馆："粉面行乃炒粉馆与昔之二厘馆并合而成，以粉面油器为主业，并售饼饵包饺。"[1]

需要说明的是，此际的茶居，当即所谓上高楼的茶楼（包括二层三层的茶楼），而非复昔日简陋的茶居了。即便炒粉馆，也绝非昔日简陋的二厘馆设施，而是形制有如"上高楼"之茶楼，高可二三层，虽然不如茶楼之讲究："炒粉馆之弱点，尤不胜言……其最弊病者，是烟煤太大。吾人每到炒粉馆品茗，无论二楼三楼，渐觉煤气郁蒸，及油炸之气，中人欲呕。"[2]再总结一下的话，就是传统的"二厘馆—茶居—茶楼"，到茶室出现及二厘馆演进为炒粉馆后演变成为"炒粉馆—茶居—茶室"。

其实茶居、茶室与炒粉馆，虽有明显的内容细分，也并非界限分明，只是各有侧重而已，混业兼容，有助发展，才是根本："三行虽不同，近亦渐相仿效，如茶室之有炒面，茶居亦有之矣，粉面行更有之矣；炒粉馆之有炒粉，茶居茶室亦袭而用之矣；茶居之有饼食，炒粉馆亦采仿而自制矣。惟各有行头，不容搀夺营业，故茶居而兼作炒粉营业者须兼入粉面行，兼作酒菜营业者又须兼入酒楼茶室行，茶室及炒粉馆之欲兼营者同，

---

[1]《一年来各行商业概况》之七，载《民国日报》广州版，1933年12月31日第7版。
[2]《茶经》之十九《茶楼之弱点》，载《民国日报》广州版，1925年9月3日第4版。

故有一间铺入几个行者，职是之故。茶居与茶室之异点：茶居桌上陈饼食香烟，及多余之局盅茶杯等物，茶室则仅列一碟瓜仁，余悉无；茶居饼食以每件计，茶室以每碟计；茶居计数以两钱分厘，茶室计数以元毫仙；茶居点心乃托来叫卖，如叫街小贩，茶室点心乃先选后奉。炒粉馆则与茶居大致相同，所略异者，有各式油器及裹蒸粽耳。"[1]

比较而言，炒粉馆从一出身就显得低微，虽有发展，也甘居下僚；这也是有好处的，因为顾客也是分层次的："炒粉馆为中下级社会人所趋向，故为迎合茶客心理计，食品只求'相宜夹大件''埋腩''腻喉'，茶客便心满意足，客似云来矣。故油器如拆口枣、咸煎饼、鸡蛋散，至今犹存。裹蒸粽在曩昔每年仅出现于端午节前后数日，如角黍类，近则因应茶客需求，挤诸茶点之列，长年都有，且视为不可或缺之常备点心。冬令萝卜当生，炒粉馆又有萝卜糕之制。查萝卜糕昔为卖糕婆（即专卖咸糕甜糕之小贩）叫街供小孩子作止啼品，'三文两件''两文一件'，为物甚贱。殆西关大来茶楼取法制作点心，大受茶客欢迎，驯而各炒粉馆亦纷纷仿制，萝卜糕遂一跃而为冬令点心之一。至于炒粉面，为炒粉馆之特制，名实相符，至今弗衰。粉为附市东北'沙河墟'之出产品，故炒沙河粉最著名。次则米粉，近且兼炒面矣。然为应茶客之需，亦有不用炒而用汤者，粉面皆然。至若点心，则包饺之属，亦粗具数式。其取价不外分六、二分四之数，不敢离'相宜夹大件'之本旨也。"[2]

茶客多属工界，这点尤为重要，因为广式茶楼本因现代工商业之兴，服务工商界人士乃其根本。因此，"相宜夹大件"，不仅体现在分量上，也体现在价格上："登炒粉馆之茶客，多属工界，腔中自有打算。食品只求够饬两，够大件，价钱必要相宜，一件拆口枣四两重，则欣欣然咸称抵食

---

①《茶话》（话当为经）之五，载《民国日报》广州版，1925年8月7日第4版。
②《茶经》之七，《近日茶楼之趋势》，载《民国日报》广州版，1925年8月11日第4版。

也，以视茶室半毫一碟烧卖仅三粒，则谓为不足摄牙罅矣。"①炒粉馆的优点还体现在出品的丰富上，可不是仅提供粉面那么简单，这也是它被归属于茶居大类的原因："尤有可取者，则业此者多是竞争心重，点心则式式粗备，粉面则立维俱全。前楼叫卖滑鸡大鲍，后楼又卖牛肉烧卖；河粉有蚝油、虾酱、茄汁、滑蛋之别，汤面有排骨、大肉、牛腩、滑牛之分，款式不厌其繁，交易务求其众，此则炒粉馆之优点也。"更进一步，几欲与酒楼争胜了："其本钱厚者，兼领酒牌，作小炒卖，炖牛腩，炒牛肉，使一般老饕，望水牌而垂馋涎，浇四两而过口瘾，亦酒徒所乐为也。秋风起，食鱼生，炒粉馆又乘而投人所好，兼作鱼生之制。沙梨萝卜，切碎如丝，柠檬辣椒，五光十色，茶客品茗之余，又可作烧歌（方言烧酒）之继兴，此炒粉馆之所能也。"②这也值得我们今天的粉面馆效法。

　　特别是在经济下行时，更显出竞争的优势："粉面行之营业，实与茶居无甚分别，行中商号，即俗称炒粉馆者是。在昔本行商号，为地方经营起见，多设大灶于门前，以为炒粉之用，故其范围之规定，亦以门前有灶镬者为粉面馆。但自政府取缔后，此种商号，亦将灶移入后进，则与茶居实无分别矣。本行生意，专靠车夫苦力及小商人等光顾，是年因都市之进化，车夫、小贩、商人，均与时俱进，而本行生意，范围甚少，一切原料，均可赊入，卖出生意，概收现金，且晨早出本，晚即获利，正如俗所谓朝种树晚界板者。故平日生意，已极易做，本年生意，更形发达矣。"③

　　当年如是，转年亦然："粉面行……顾客向以苦力居多，近年生活困难，智识界中人，为欲节省计，亦多光顾，故生意日见旺盛。此种营业大资本者不屑为之，小资本而不熟行者，亦不敢为，故家头之增加，为数不多。但此种小营业，大都一毫数分之交易，纸币风潮，不蒙其害，而该行

①《茶经》之十四《品茗客之趋向》，载《民国日报》广州版，1925年8月20日第4版。
②《茶经》之二十二《茶楼之优点》，载《民国日报》广州版，1925年9月10日第9版。
③《过去一年各行商业之概况》（六），载《民国日报》广州版，1932年1月8日第9版。

不但完全现银交易，并且生意简单，无赊数之累。其所用原料，多属平贱之物，故获利甚丰。"[1]甚至连年如此："食在广州一句话，似代表广州人士好食之语。但年来百业不景，尤以酒楼茶室茶居为最甚。自去岁废历年关以后，倒闭之酒楼茶室茶居，几有四分之一，其存在者，亦未见好景。惟下级食物店则蓬勃异常。一为经济饭店，二为炒粉馆，三为白粥油器。此三者，食品价值较酒楼茶室食品低廉，故颇有生气，虽装束摩登之男女，亦不嫌其下级而光顾。故近日此种下级食物店，更进而加设卡位，营业颇为不恶。"[2]

炒粉馆的这种升级转型，也再一次证明了广东茶楼业以饮食为主的特征，及其与现代工商业发展的关系。我们通常说"得闲饮茶"，正说明现代工商业的发展使人们生活节奏加快，不易得闲。而不易得闲，就要求上班一族的饮食需要有一个较好的解决方式，这就使广式茶楼或茶居应运而生，也推动了二厘馆的炒粉馆转型。食味求真，求食品之真味，不求门面之奢华，故"虽装束摩登之男女，亦不嫌其下级而光顾"。这更是"食在广州"之真精神。延至今日，即便相约上酒楼喝大酒，我们仍然会以"得闲饮茶"代之，这也是"食在广州"广式生活的一种文化传统与文化特色吧。

作者简介

周松芳，文史学者、专栏作家、博士

---

[1]《一年来各行商业概况》之七，载《民国日报》广州版，1933年12月31日第7版。
[2]《社会经济衰落不良现象：下级食物店与旅馆畸形发展》，载《民国日报》广州版，1934年3月23日第9版。

广式生活

的

声音

Sound

传说信仰、生活礼仪、粤语粤剧、流行音乐、现代娱乐等

04

基于广义论证理论的广式早茶说理交际研究

——以"谂"为例

麦劲恒　张晓琪

———

摘要： 早茶是广州悠久的文化习俗之一，茶楼是广州街坊、亲朋好友交换信息、发表观点的重要场所，基于这些信息交流的论证形式层出不穷。"谂"作为其中一种极具广府特色的论证形式，具有独特的说理和情感交流功能。本研究运用"广义论证本土化研究程序"，以动态的、实践的视角记录广州人的早茶生活，系统挖掘广式早茶情境中"谂"式论证的核心规则，揭示广州人的阔达、开放、包容、幽默、和气、乐观等性格特质。同时，本研究验证了广义论证理论在地方性说理事件研究中的适用性，为系统提取地方性说理规则提供了实证参考。

关键词： 广式早茶；地方性说理；广义论证

一、引言

交际互动的规则一直是社会学、逻辑学、人类学等学科研究的焦点之一。以韦伯（M. Weber）和帕森斯（T. Parsons）为代表的经典社会学理论尝试以抽象的概念和模型来把握社会现实中稳定的本质。20世纪五六十年代兴起的常人方法学和会话分析认为这与事实不符,[1]他们认为人们是通过自己的方法来实现交际的有序性和融洽性的, 而不是死板地遵循抽象的、外在的规则来行事。互动社会语言学是基于会话分析、交际民族志等学科发展而来的,[2]这个学科同样反对传统语言学和社会学对抽象概念和结构的研究, 主张研究日常的交际互动, 关注特定的文化情境中人们相互理解的机制。上述研究方法的兴起使得基于常人方法视角的经验性研究成为可能。近年来, 广义论证理论的提出,[3]使得人们开始将注意力转移至特定的文化框架下的说理研究中, 关注日常的说理活动。

广式早茶作为广州人重要的休闲与交际活动, 有其独特的文化内涵和交际功能。街坊、亲朋, 甚至互不相识的人都可以在早茶情境中交换信息、交流情感、发表观点, 这体现着广州人休闲的生活方式和开放包容的文化特征。广式早茶中的说理是基于上述文化氛围而产生的一种典型的地方说理交际活动, "谝"是其中一种以粤语语篇展开的论证形式, 其功能便是说理。从粤语的角度解释, "谝"有着争论的意思,[4]随着茶客们"谈天说地", 基于不同观点的"谝"时有发生。但是大家面红耳赤地"谝"完之后, 明天又能开开心心地在茶桌上相聚, 这正是因为广式早茶的情境赋予了"谝"特殊的意义和功能。本文在对比上述研究方法的基础上, 尝试以广义论证本土化研究程序来分析广式早茶中的"谝", 从而验证其适用性和可行性。

声音

---

① Garfinkel, H. *Ethnomethodology's Program: Working Out Durkheim's Aphorism*. Maryland: Rowman and Littlefield Publishers, 2002.

② Gumperz, J. J. *Discourse Strategies*. Cambridge: Cambridge University Press, 1982.

③ 鞠实儿:《论逻辑的文化相对性——从民族志和历史学的观点看》, 载《中国社会科学》2010年第1期。

④ 麦耘、谭步云编著:《实用广州话分类词典》, 世界图书出版广东有限公司, 2016年。

二、问题与方法

在地方性说理研究领域，研究者首要面对的问题就是，人们在说理的过程中遵循着什么样的规则？以什么方法来研究这些规则？本研究也不例外。互动社会语言学与常人方法学、会话分析有着密切的关系，他们为解答我们上述所关注的问题作出了一定的贡献。但这些方法能否直接套用至地方性说理研究中，这是需要探讨的。

（一）常人方法学与会话分析

加芬克尔（H. Garfinkel）开创的常人方法学反对传统社会学用抽象化概念及结构来解释行为的做法，主张回归到实践现象本身，[1] 旨在发现更真实的规则。萨克斯（H. Sacks）的会话分析正是基于该思想发展而来的对"实际发生事件的细节"进行观察的社会学。[2] 会话分析立足于日常会话，关注会话中的社会秩序以及人们达成这些秩序的方法，[3] 通常借助录音、录像等手段对日常会话进行收集，之后对这些数据进行精细转写，进而提取规则。[4]

常人方法学与会话分析的兴起使得基于常人方法的经验性研究成为可能，但由于两者拒斥抽象概念，其关于地方性规则的描述往往过于琐碎。对此，互动社会语言学尝试作进一步发展。

---

[1] Garfinkel, H. *Ethnomethodology's Program: Working Out Durkheim's Aphorism*. Maryland: Rowman and Littlefield Publishers, 2002.

[2] Sacks, H. "Note on Methodology". In Atkinson, J. M. & Heritage, J. (eds)., *Structure of Social Action*. Cambridge: Cambridge University Press, 1984: 21–27.

[3] Lynch, M. *Scientific Practice and Ordinary Action: Ethnomethodology and Social Studies of Science*. Cambridge: Cambridge University Press, 1993.

[4] 于国栋，李枫：《会话分析：尊重语言事实的社会学研究方法》，载《科学技术与辩证法》2009年第2期。

（二）互动社会语言学

针对会话分析的不足，互动社会语言学致力于把握对交际事件中人们相互理解的线索①和"交际框架"（frame of interaction）②。

互动社会语言学认为，交际的核心是意图，③为了刻画交际意图，互动社会语言学者着重描写会话推理和策略。④在交际过程中，参与者必须依靠各种语言、副语言和非语言信息来揣摩对方的意图，继而选择交际策略，这些表面信息被称为语境化线索（contextualization cues）。语境化线索的使用与理解遵循特定的地方性规约，遵守相同语境规约的人群能够在交际中对正常的节奏、音高、语调、语体等因素有一定的预设和期待，同时也能够识别这些线索。

互动社会语言学的另一个关注点是"交际框架"。在一次成功的交谈中，"交际框架"实质上与人们的语境化线索相关。人们在通过语境化线索相互交流和理解的过程中，会渐渐达成关于"该说什么""如何说"等问题的共识，从而实现使会话变得流畅的交际"同步性"。从语境化线索到达成"同步性"的过程就是"交际框架"商议的过程。⑤"交际框架"是研究者们大概地确定事件类型、分析事件中的主要交际情境和交际线索的重要依据，目前，已被广泛运用到单语、双语甚至多语互动的研究中。⑥

互动社会语言学在确定特定类型的交际事件方面有了长足的进步，但

---

① Gumperz, J. J. & Berenz N. "Transcribing Conversational Exchange". In Edwards, J. A. & Lampert, M. D. (eds.), *Transcribing and Coding Method for Language Research*, Hillsdale, NJ: Lawrence Erlbaum Associates, Inc., 1993: 91–121.

② Gumperz, J. J. *Discourse Strategies*. Cambridge: Cambridge University Press, 1982.

③ 郑立华：《交际与面子博弈——互动社会语言学研究》，上海外语教育出版社，2012年。

④ Gumperz, J. J. "Interactional Sociolinguistics: A Personal Perspective". In Schiffrin D, Tannen D, & Hamilton H E (eds), *The Handbook of Discourse Analysis*, London: Blackwell Publishing, 2001: 215–228.

⑤ Gumperz, J. J. *Discourse Strategies*. Cambridge: Cambridge University Press, 1982.

⑥ Gumperz, J. J. "On the Development of Interactional Sociolinguistics",载《语言教学与研究》2003年第1期。

是他们依然无法帮助研究者发现系统性规则。对于以什么因素作为切入点
来描述一个"交际框架",以及人们在地方性说理事件中到底遵循着何种
行为模式等问题,依然没有作出解答。

(三)广义论证的理论与方法

所谓广义论证,是指隶属于一个或多个社会文化群体的成员(即论证
参与者)在相应的社会文化背景下,依据所属社会文化群体的规范而生成
的一个基于语篇的社会互动序列。其目的是劝使论证参与者对有争议的观
点或论点采取某种态度,消除分歧从而达成一致意见。[①]

为了还原上述意图实现的过程并且发现系统的说理规则,广义论证理
论采取的办法是,在充分掌握本土文化知识的基础上,通过实际的说理互
动案例分析,提取本土文化语境下说理交际的理解规则、功能规则、表达
规则和语篇分块规则,这四个规则能分别揭示人们在日常交际中所需要解
决的"在哪里""做什么""如何做"和"为什么"四个问题。鞠实儿认
为,人们为了实现目的,在特定的文化情境说理过程中,会在相互理解的
基础上,以语篇的形式展开论证。每个子语篇均能实现相应的行为功能,
众多子语篇组成的总语篇为说理者的最终目标服务。在这个过程中,说理
者会产生一个行为功能结构与对应的语篇结构。

广义论证的基本结构可描述为:(1)在论证开始阶段,双方处于特定
的语境下,社会成员产生分歧且有意构建具有说理功能的语篇;(2)说话
者依据其所处语境,依据论证功能规则,确定将要实施的论证语篇行动的
功能;(3)依据论证语篇表达规则生成具有上述功能的语篇,并实施论证
语篇行动;(4)听者依据论证语境理解原则理解说者给出的语篇行动以及
其他伴随效应,修改其原有的语境。然后,本轮听者改变身份为说者,随

[①] 鞠实儿等:《融合与修正:跨文化交流的逻辑与认知研究》,经济科学出版社,2020年。

同新语境返回上述第（2）阶段，如此反复直至结束。同时，在整个说理交际过程中，说理双方的语篇均呈现出有组织的分块结构，也就是说，他们会根据交际的推进，阶段性地"谋篇布局"，实现意图。[①]

为了发现上述结构，进而发现地方性说理规则，鞠实儿提出了一套系统的研究程序，即"广义论证本土化研究程序"。[②]第一步，研究者需整理本土文化中关于论证的相关背景知识，如语言、信仰、价值、社会制度、文化习俗等。第二步，研究者需进入田野广泛收集论证的经验数据。第三步，用会话分析、语用学、互动社会语言学、功能分析等方法分析数据，并在此基础上归纳出候选的逻辑规则，亦即上述的广义论证基本结构。第四步，运用第一步所得的文化背景知识对候选规则进行合理性说明。第五步，重回田野，运用第四步所得的规则进行论证实践，对它们进行归纳检验，通过检验者即为该文化中控制论证进程的逻辑规则。

该研究程序的优点是：基于常人方法的视角，从实际的说理交际中发现系统的地方性规则，确保科学归纳和验证的严谨性的同时，不否认规则的灵活性和内生性。本研究试图采用上述研究程序的前四步来发现广式早茶中具有说理功能的"谢"式论证的功能结构和语篇结构，从而验证该研究程序的适用性和可操作性。

三、广式早茶"谢"式论证结构分析

广义论证的研究思路为广式早茶文化语境下的语篇分析提供了研究框架。其中，"谢"作为粤语中的特色字词，在早茶交际语境及说理过程中具有重要地位，值得进行深入研究。

声音

---

① 鞠实儿：《广义论证的理论与方法》，载《逻辑学研究》2020年第1期。
② 鞠实儿等：《融合与修正：跨文化交流的逻辑与认知研究》，经济科学出版社，2020年。

（一）广式早茶的流变与"跴"的背景知识

到广式茶楼饮早茶是广州人悠久的文化习俗之一，至今已有100多年的历史。广州茶楼从简陋的"茶寮"，到可以遮风挡雨的"二厘馆"，再到相对舒适的"茶居""茶楼"，经历了漫长的蜕变过程。《清稗类钞》中有关于茶寮的记载，"粤人有于杂物肆中兼售茶者，不设座，过客立而饮之"，其盛行于咸丰、同治年间（1851—1874），经济实惠而且方便，被民间称为"一厘馆"。随着经济发展，在肉菜市场附近的劳苦大众和商贩便有了歇脚的需求，"二厘馆"应运而生，同时为各类社会群体提供了一个交流的公共空间，也催生了广州早期的茶客"朋友圈"，行业资讯、家长里短等信息均可以在这个空间里进行交流。后来社会上有身份的人士对饮茶环境的要求有所提升，早茶经营模式逐渐高档化。饮茶高档化可以从茶居说起，茶居比二厘馆高级、舒适，受到有闲阶层的欢迎。早期较有名的茶居有五柳居、陆羽居、永安居、福来居等，这些茶居环境优越，茶叶品质较高，而且菜品丰富，受到当时市民追捧，后来不乏跟风的商人开设各类茶居。[1]

光绪年间，广州开放通商口岸已有一段时间，佛山传统手工业受到欧风冲击，商家们纷纷寻找新的投资出路。七堡乡商人开始抱团来广州进行茶楼投资，开设了金华茶楼、利南茶楼等，引起了一时的轰动，并形成了当时茶楼"点心"和"礼饼"两种经营策略。后来被称为"茶楼大王"的谭新义也是七堡乡人，先后以独资或合资的形式开创了西如、东如、三如等酒楼，也收购了当时较有名的惠如楼，几十年间茶楼之风盛行于广州。广州茶楼对"如"字亦越来越情有独钟，自1875年的惠如楼至2000年的100多年间，广州共出现了十三家带"如"字的茶楼。因为粤语"如"和"鱼"谐音，民间戏称其为"十三条鱼"。时至今日，广州饮食业竞争日益

---

[1] 李权时、顾涧清：《广府文化论》，广州出版社，2013年。

激烈，涌现了不少新式茶楼，覆盖早午晚全天茶市，创新的菜品吸引了不少年轻消费群体，但是早茶依然最受老年群体青睐。

人们的饮茶场所从清末作为苦力、商贩歇脚之地的二厘馆形态发展到今天的各式茶楼酒楼，历久不衰。[①]虽然大家交流的信息有所改变，但其仍然是广州市民交流感情、亲朋聚会、传播信息的重要场所。在茶楼情境下，人们无所不谈，上至国家大事、经济民生，下至"家头细务"、妯娌琐事、街坊传闻等均可以作为讨论话题，总之广州人喜闻乐见的闲聊都可以在早茶情境中找到。广式早茶交际情境的核心特征之一是"搭台"，或称"孖台"。茶楼很多用的是大茶桌，人们允许其他人一起来搭台饮茶，即使不认识的人也可以坐一桌饮茶甚至聊天，一则新闻或者一味点心都能让大家聊起来。随着近年来茶楼更多元地发展，茶楼店面越来越大，某些茶楼既可以提供小桌让亲戚朋友们"约茶"小聚，同时也提供大圆桌让各类茶客搭台，很多"老广"每天最期盼的活动便是与老街坊、老茶友们搭台聊聊家常。虽然广式茶楼中也不乏亲戚、朋友之间的"约茶"，但广式早茶的交际有别于其他餐饮场所的私密化交际，"搭台"这一习俗催生了广州特有的开放交际空间和交际情境。在这种情境下，具有地方特色的说理便随之产生。

在早茶情境之下，人们在不同的人际关系中交流信息，出于各种目的、运用各种策略使得对方接受自己的观点，说理便随之而来，"谢"便是其中一种能够实现说理功能的典型论证形式。"谢"在粤语中是争论的意思，有时会伴有一些情感的宣泄，俗称"谢颈"。人们"谢"的时候可能会用一些广式粗口、情绪化策略，因此"谢"的说理往往带有些许广式市井味道。在搭台现象还算盛行的当代广式茶楼中，茶客们的背景各异，大家交际起来难免简单粗暴。这种搭台关系所产生的情景往往能够促使这

---

① 茉莉：《一盅两件——广式早茶》，广东教育出版社，2009年。

种论证的产生，当持有不同观点的时候，大家难免会"谂"。

需要指出的是，虽然在其他情境中人们也会"谂"，但滋生在早茶情境下的"谂"则有着独特的交际功能。广式早茶的情景相对轻松、开放，人们"谂"的过程中通常不抱有敌意，也不必分出胜负。这样的说理既能满足茶客们抒发观点、宣泄感情、建立威信等欲望，也能给予大家足够的面子。因此，茶客们的关系可以得到维持乃至加深，他们"谂"过以后也会继续搭台。总的来说，广式早茶中的"谂"多数是为了沟通感情而发生的。

（二）"谂"案例本土解读

在充分了解文化背景知识的前提下，研究步入收集案例并对其进行本土解读阶段。以下是一个"谂"案例分析示例。

生活在五羊邨的两位老人家CE（87岁，女）和XL（91岁，男）是多年的老街坊，而且通过长期的搭台成了好茶友。XL是码头工人出身，年幼时读过几年"卜卜斋"（私塾），在他们那个年代也算是文化人，在茶楼中颇受人尊重。而CE是"疍家人"，从小没有机会读书，因此目不识丁。自恃肚子里有点墨水的XL每次跟CE聊天的时候总想着彰显自己的文化，而CE却恰好不吃这一套，结果他们经常都会"谂"。

某日早晨，XL"呻"（粤语中有吐槽的意思）了让他很郁闷的一件家庭琐事：他每天早上都有用耳机听粤曲的习惯，结果那天却被妻子说XL听粤曲吵着她了，XL觉得耳机造成的噪音实在有限，因此抱怨妻子无理取闹。CE开始持反对意见，后来被XL的观点说服，茶友M在最后起到圆场的作用。

表 1　案例："家吵屋闭"

行	原文（粤语）	翻译
1	CE：大家都要迁就↓。	CE：大家都要迁就↓。
2	XL：佢＝佢对屋企又系噉，	XL：她＝她对家人也是这样，
3	佢对外面又系噉，	对外人也是这样，
4	都：：专系乱讲嘢嘅。	都：：专门乱说话。
5	CE：大家咪系算咯，	CE：大家就算啦，
6	就咪行咪唔听咯，	就走就不听啦，
7	（噉啊唔好吵啦嘛）傻猪…	（这样不要吵啦）傻猪…
8	你话佢，一阵佢又唔呢你，	你说她，待会她又不服你，
9	一阵又再翻去作，	待会又再回去折腾，
10	仲有得吵啊。	还有得吵啊。
11	XL：一阵翻来讲呢啲说话，	XL：待会回来说这些话，
12	｛［hi］你都发火啦：：｝。	｛［hi］你也会发火啦：：｝。
13	CE：即系我噉同你讲。	CE：我也就这样跟你说而已。
14	XL：你话系咪啊［面向 CE 和众人］	XL：你说是不是［面向 CE 和众人］
15	…阿＝阿玉阿珍①（噉讲）。	…阿＝阿玉阿珍（这么说）。
16	＝你都会发火＝。	＝你都会发火＝。
17	众人：＝［笑］　　＝	众人：＝［笑］　　＝
18	XL：啊：：↓你真系自己又系［笑］。	XL：啊：：↓你真是自己也是［笑］。
19	CE：我唔同你㖞，	CE：我跟你不同啊，
20	你系两公婆要迁就㖞，	你是两夫妻要迁就啊，
①21	吵开头就有瘾㖞。	吵开头就有瘾啊。

① 阿珍、阿玉是 CE 的女儿。

声
音

续表

行	原文（粤语）	翻译
22	XL：咪就係咯，	XL：那就是咯，
23	你＝你缩埋啲佢就挣开啲咯，	你＝你缩起来一些她又膨胀一些，
24	就係噉样。	就是这样。
25	CE：实情，我话呢-	CE：实际，我说呢-
26	XL：==係啊-	XL：==是啊-
27	CE：==老母做翻老母嘅面粉。	CE：==自己管自己，不多生事端。
28	XL：你缩埋啲佢＝就…　　　＝	XL：你缩起来些她＝就…　　　＝
29	CE：　　　　＝乜乜乜噉＝	CE：　　　　＝什么什么那样＝
30	XL：挣开啲，即係-	XL：膨胀一些，也就是-
31	CE：==你话你缩埋佢咪乱恰你咯。	CE：==你说你缩起来她就欺负你咯。
32	XL：咪係咯。	XL：就是咯。
33	CE：呢个又係㗎，真係。	CE：这个又是的，真的。
34	XL：係咪啊？都唔好话咩啦，	XL：是不是啊？都不用说别的了，
35	阿珍阿玉…你都会发火啦，	阿珍阿玉…你都会发火啦，
36	即係话即係＝係咪噉样？	就是说是＝是不是这样啊？
37	CE：係：：↓↑（　　）。	CE：是：：↓↑（　　）。
38	XL：你迁就佢就…更加衰。	XL：你迁就她就…更糟糕。
39	CE：迁就一次，迁落第二次，	CE：迁就一次，迁就第二次，
40	第三次又係噉咪顶鬼佢咯。	第三次还是这样就顶撞她咯。
41	M：［面向XL］嗰日嗰个係你个女？	M：［面向XL］那天那个是你女儿？
42	XL：係啊！	XL：是啊！

从上述文本可知，XL的主要目的是通过对家庭矛盾的吐槽，获得茶客们的支持，而CE则想劝解XL，让他息怒从而维护家庭和睦。XL的目的需在与茶友CE针锋相对的过程中，通过驳斥CE的观点来实现，但CE不服气，XL和CE之间随即引发了一场关于如何应对家里矛盾的争论，双方的观点已经明显呈对立状态，并且通过引起共识、解释等策略摆明自己的观点，如CE在第1行用坚定的语气激发广州人对于"家和万事兴，家衰口不停"的认知。这部分对话为**"产生分歧"阶段（第1—12行）**。

随着分歧的产生，双方的面子会受到冲击，都忙于为自己赢得争论，在本案例中，双方通过取笑、举例、抢话等手段展开攻势，如第18行，XL运用降调的"啊"引起大家关注，继而取笑CE懂得说别人却不懂得说自己。这部分对话为**"面子博弈"阶段（第13—24行）**。

但是在早茶情景中，碍于街坊邻里的关系，大家都要时刻注意对方的情绪和面子，在明确双方胜负的前提下，必须让大家都有台阶下，从而维护大家的面子以及长久的茶友关系。在本案例中，参与者通过有保留地认同对方（如第37行带有语调波动的"係"）、提出折中观点（如第27行、第39—40行）、转变话题（如第41—42行）等策略来实现上述目标。这部分对话为**"达成双赢"阶段（第25—42行）**。

（三）"谢"式论证结构的提取及其合理性说明

根据上述"谢"案例的本土解释，我们将进行第三和第四步的研究程序，也就是功能和语篇结构的提取并且总结规则，随即对这些结构和规则的合理性进行说明。整个案例由19个语篇表达构成，分别实现了19个行为功能，分为三个阶段，相关的语篇和功能结构见图1。

第一阶段为产生分歧阶段。在这个阶段，CE的主要目的是劝解XL，平息XL的怒气，而XL一直不服文化水平比自己低的CE，因此其主要目的是激怒CE从而挑起事端。这个阶段总共由4个语篇表达构成，分别完成

4个行为功能，并由此引出广式早茶说理中的**核心规则1——"摆明车马"**。具体而言，在早茶说理的过程中，基于大家街坊茶友的关系，人们需以诚相待，展现自己的真实观点。由于广式茶楼是街坊们随心表达观点的重要场所，因此茶客们可以畅所欲言。**"摆明车马"**决定着第一阶段互动过程中的每一次相互理解，运用语篇实现相应功能时所遵循的子规则。在说理的开始阶段，CE应该充分了解她与XL的街坊和茶友关系、XL倔强的性格及其当下的动机，以及XL妻子无理取闹的性格等因素，并且根据这些情境因素规划自己后续的行为，此为理解规则1。根据这些因素，CE需要以促进街坊和谐、家庭和睦等共识为出发点劝解XL，此为功能规则1。为了实现上述功能，CE需以斩钉截铁的语气引出广州人的共识观点来打动XL，此为表达规则1。广式茶楼为街坊提供了一个谈论生活琐事的场所，人们生活中的郁闷、困难都可以在此寻求支持与解决，因此坦诚地向对方告知自己的观点是十分有必要的。基于此文化背景以及核心规则1的内容，上述子规则在广式早茶情境下是合理的。由于篇幅所限，我们可以根据广式早茶的背景知识以及核心规则1，得出往后的理解规则2-4，功能规则2-4以及表达规则2-4等子规则（见图1）。由于这些行为序列都是基于街坊以诚相待的原则，我们可同时得出这些子规则在该文化背景下的合理性。

经过第一阶段的铺垫，说理双方开始进入第二阶段——面子博弈。CE这个阶段的主要目的是挽回自己受损的面子，与强势的XL抗衡；另一方面，XL的主要目的是驳倒CE的观点，建立自己的威信。本阶段由4个语篇表达构成，分别实现4个行为功能。根据这一阶段的语篇和功能结构可以总结出**核心规则2——"言之以理"**。在广式早茶的情境下，说理双方随着激烈的交锋，面子受损在所难免，他们赢得面子的关键在于能否说得在理，是否"接地气"。进一步说，说理双方在讨论的过程中需对自身与对方的实际情况有深入理解，在此基础上提出切合实际的观点，从而理性解决大家的各种生活问题，避免因情感的过度宣泄而影响邻里感情，只有在此情况下，大家的面子才能平衡。广式茶楼是街坊们讨论并分享生活琐事的重要场所，人们在表达对这些琐事的郁闷的同时，也会促进相互理解，使其他街坊茶客能设身处地地考虑自己的处境并解决自己的问题。"言之以理"的核心规则体现出街坊茶客们理性互助的特征。本阶段一开始，CE需根据XL说话的语气察觉到XL高涨的情绪，此为理解规则5。对此CE要显示出自己没有敌对之意并安抚XL，让其静下心来就事论事，减少XL对自己的攻击，维护自己的面子，此为功能规则5。因此CE表明自己没有针对之意来缓和气氛，此为表达规则5。根据广式早茶理性互助的特征以及核心规则2的具体内容，上述子规则是合理的。我们可以根据广式早茶的背景知识与核心规则2，总结出随后的理解规则6-8、功能规则6-8、表达规则6-8（见图1），由于这些行为序列均是出于理性且合乎街坊情理的，我们同时得出这些子规则的本土合理性。

　　随着双方说理局势的明了，XL和CE开始着手使大家都能有面子地下台，说理进入到第三阶段——达成双赢。本阶段由11个语篇表达构成，分别实现了11个行为功能，其中暗含着广式早茶说理的**核心规则3——"以和为贵"**。换言之，在广式早茶的情境下，对于说理的胜负，茶客倾向于心照不宣，他们在达成诸如宣泄情感、表达观点、建立权威等目的后，都倾向于使大家都觉得体面。茶友关系以街坊居多，他们乐于维持彼此的友谊，以便每天能见面闲聊、各抒己见、抒发郁闷，因此他们的说理一般会给对方留有余地。在此文化背景下，核心规则3是合理的。本阶段一开始，CE自知无法说服XL，再争吵下去有损街坊情谊，此为理解规则9。她需寻求一种方法在不损害XL权威的前提下使自己体面下台，此为功能规则9。因此她提出了一个折中的观点，此为表达规则9。这些子规则均体现了广式早茶中的街坊情以及核心规则3的重要特征。同理，我们可以根据广式早茶的文化背景知识以及核心规则3，总结出往后的理解规则10-19、功能规则10-19以及表达规则10-19（详见图1）。由于这些行为序列最终目的

声音

图 1：论证结构图

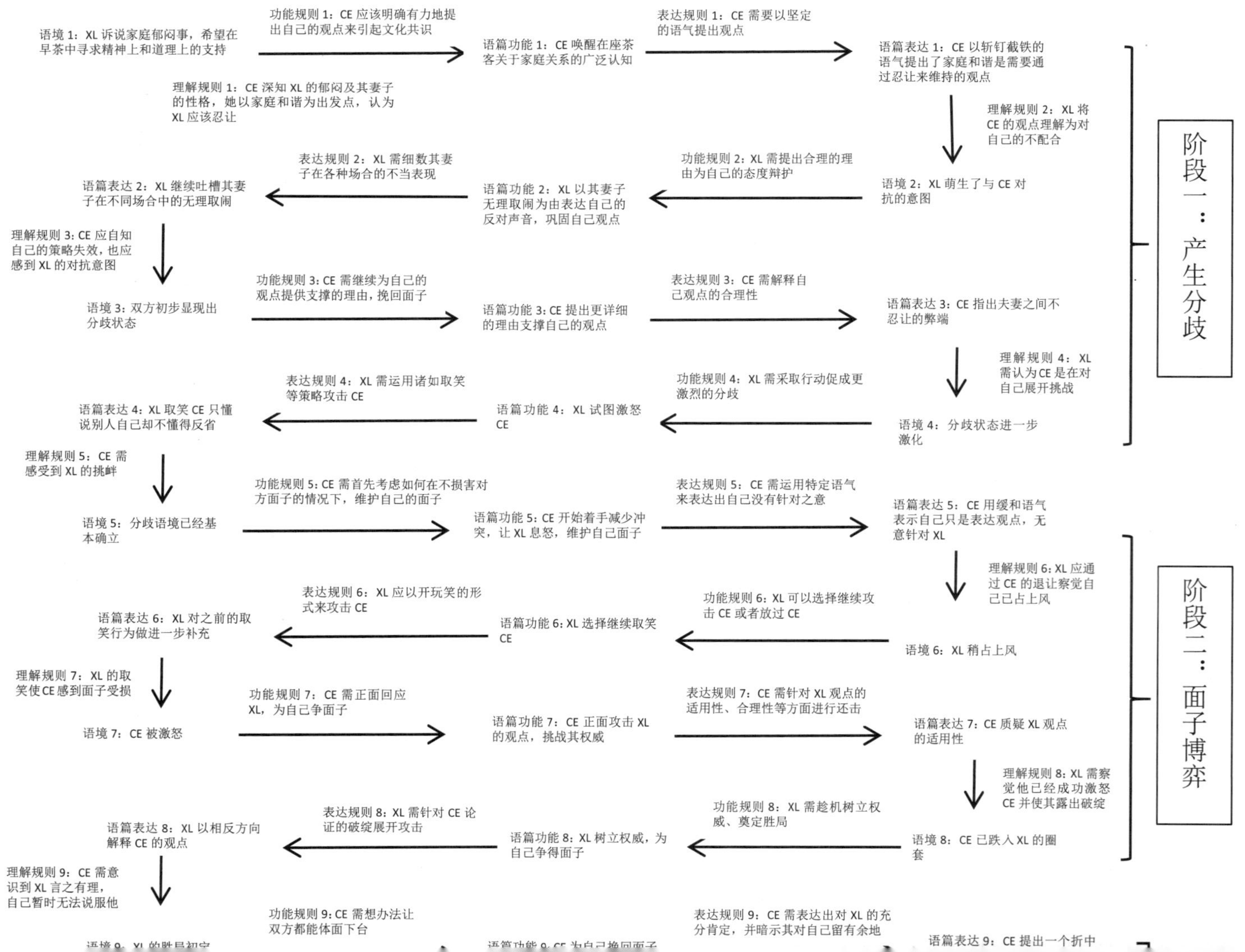

阶段一：产生分歧

阶段二：面子博弈

语境 1: XL 诉说家庭困扰，希望在早茶中寻求精神上和道理上的支持

功能规则 1: CE 应该明确有力提出自己的观点来引起文化共识

表达规则 1: CE 需要以坚定的语气提出观点

语篇功能 1: CE 唤醒在座客客于家庭关系的广泛认知

语篇表达 1: CE 以新钉钉截铁的语气提出了家庭和谐是需要通过让步来维持的观点

理解规则 1: CE 深知 XL 的郁闷及其妻子的性格，她以家庭和谐为出发点，认为 XL 应该忍让

理解规则 2: XL 应不认为 CE 的观点，理解其为对自己的不配合

语境 2: XL 萌生了与 CE 对抗的意图

语境表达 2: XL 继续吐槽其妻子在各种场合的不当表现

语篇表达 2: XL 以其妻子无理取闹为由表达自己的反对声音，巩固自己观点

功能规则 2: XL 需提出合理的理由为自己的态度辩护

语篇功能 3: CE 提出更详细的理由支撑自己的观点

功能规则 3: CE 应继续为自己的观点提供支撑的理由，挽回自己面子

表达规则 3: CE 提出更详细的理由来支撑自己的观点

表达规则 3: CE 指出合理性

理解规则 4: XL 是处在对 CE 展开挑战的

语境 3: 双方初步显现出分歧状态

语境表达 3: CE 应该明知自己的策略失效，也应识别人自己却不懂得反省

理解规则 3: CE 感受到 XL 的抗拒意图

语境 3: CE 指出其夫妻之间不忍让的弊端

语境 4: 分歧状态进一步激化

功能规则 4: XL 需采取行动促成更激烈的分歧

语篇功能 4: XL 试图激怒 CE

语篇表达 4: XL 取笑 CE 只懂说人自己却不懂得反省

语篇表达 4: XL 需运用诸如取笑等策略攻击 CE

理解规则 5: CE 需感到自己的挑衅

功能规则 5: CE 首先要想如何在不损害对方面子的情况下，维护自己面子

表达规则 5: CE 需运用特定语气来表示出自己没有针对之意

语篇表达 5: CE 用缓和语气表示自己只是客观针对 XL

功能规则 6: XL 可以选择继续攻击 CE 或者放弃

语境 5: 分歧语境已经基本确立

语境 6: 稍占上风

语篇功能 6: XL 选择继续攻击 CE

功能规则 6: XL 应该首先考虑如何在不损害自己面子的前提下，维护自己面子

表达规则 6: XL 为自己争面子

语境表达 7: CE 的取笑使 CE 感到面子受损

语篇表达 7: CE 正面攻击 XL 的观点，挑战其权威

功能规则 7: CE 需针对 XL 观点的适用性进行反击

表达规则 7: 合理看等方面进行反击

理解规则 7: CE 质疑 XL 观点

语篇表达 7: CE 需针对 XL 观点的适用性

语境 7: CE 被激怒

语篇表达 8: XL 需树机构立权威，奠定性局

语篇功能 8: XL 需针对 CE 论证的破绽展开攻击

功能规则 8: XL 需树立权威，为自己争得面子

理解规则 8: XL 需继续树立权威

表达规则 8: XL 需表达出对自己的充分肯定，并表示其对自己留有余地

理解规则 8: CE 需要通过对自己成功激怒宽恕使其露出破绽

语境 8: CE 跌入 XL 的圈套

语境表达 9: CE 需解释 CE 论证的破绽展开攻击

语篇功能 9: CE 为自己辩护

功能规则 9: CE 需想办法让双方都能体面下台

表达规则 9: CE 需表达出对自己的充分肯定，并表示其对自己留有余地

理解规则 9: CE 言之有理，识到 XL 言之有理，自己暂时无法说服他

语境 9: XL 提出一个中……

阶段三：达成双赢

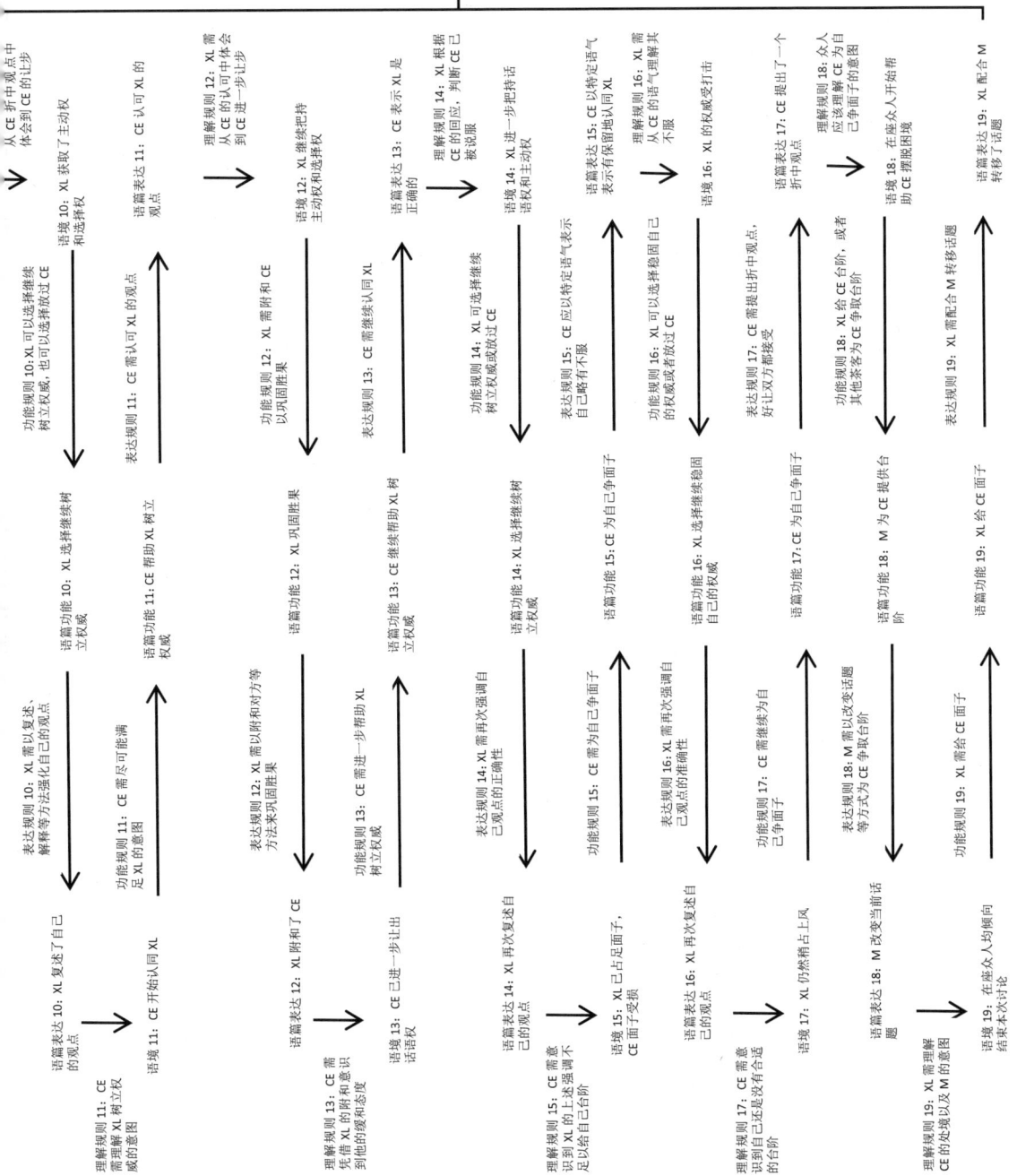

节点 10
- 语篇表达 10：XL 复述了自己的观点
- 表达规则 10：XL 需以复述、解释等方法强化自己的观点
- 语篇功能 10：XL 选择继续立权威
- 功能规则 10：XL 可以选择继续立权威，也可选择放过 CE
- 语境 10：XL 获取和选择权
- 从 CE 折中观点中体会到 CE 的让步

节点 11
- 理解规则 11：CE 需理解 XL 树立权威的意图
- 语境 11：CE 开始认可 XL
- 语篇功能 11：CE 帮助 XL 树立权威
- 功能规则 11：CE 需尽可能满足 XL 的意图
- 语篇表达 11：CE 认可 XL 的观点
- 表达规则 11：CE 需认可 XL 的观点
- 语境 11：CE 需继续认同 XL

节点 12
- 语篇表达 12：XL 附和了 CE
- 语篇功能 12：XL 巩固胜果
- 功能规则 12：XL 以巩固胜果
- 表达规则 12：XL 需附和对方等方法来巩固胜果
- 理解规则 12：XL 从 CE 的认可中体会到 CE 进一步让步
- 语境 12：XL 维续把持主动权和选择权

节点 13
- 理解规则 13：CE 需凭借 XL 的附和意识到他的缓和态度
- 语境 13：CE 已进一步让语权
- 语篇功能 13：CE 继续帮助 XL 树立权威
- 功能规则 13：CE 继续帮助 XL 树立权威
- 表达规则 13：CE 需继续认同 XL
- 语篇表达 13：CE 表示 XL 是正确的

节点 14
- 表达规则 14：XL 再次强调自己观点的正确性
- 语篇表达 14：XL 再次复述自己的观点
- 语篇功能 14：XL 选择继续树立权威
- 功能规则 14：XL 可选择继续树立权威或放过 CE
- 语境 14：XL 进一步把持话语权和主动权
- 理解规则 14：XL 根据 CE 的回应，判断 CE 已被说服

节点 15
- 理解规则 15：XL 需意识到 CE 的上述强调不足以给自己台阶
- 语境 15：XL 已占足面子，CE 面子受损
- 功能规则 15：CE 为自己争面子
- 语篇功能 15：CE 为自己争面子
- 表达规则 15：CE 应以特定语气表示自己略有不服
- 语篇表达 15：XL 已占足面子，CE 面子受损

节点 16
- 表达规则 16：XL 再次强调自己观点的稳固性
- 语篇表达 16：XL 再次复述自己的观点
- 语篇功能 16：XL 选择继续稳固自己的权威
- 功能规则 16：XL 可以选择稳固自己的权威或者放过 CE
- 语境 16：XL 选择继续稳固自己的权威
- 理解规则 16：XL 需理解其 CE 的语气理解其不服

节点 17
- 理解规则 17：CE 需意识到自己还是没有合适的台阶
- 语境 17：XL 仍然稳占上风
- 功能规则 17：CE 需继续为自己争面子
- 语篇功能 17：CE 需提出折中观点，好让双方都接受
- 表达规则 17：CE 需提出折中观点
- 理解规则 17：CE 提出一个折中观点

节点 18
- 表达规则 18：M 需以改变话题等方式为 CE 争取台阶
- 语篇表达 18：M 改变当前话题
- 语篇功能 18：M 为 CE 提供台阶
- 功能规则 18：XL 给 CE 台阶，或者其他客套为 CE 争面子
- 语境 18：在座众人开始借助 CE 摆脱困境
- 理解规则 18：众人应该理解 CE 为自己争面子的意图

节点 19
- 功能规则 19：XL 需给 CE 面子
- 语篇表达 19：XL 给 CE 面子
- 理解规则 19：XL 需理解以及 M 的意图
- 语境 19：在座众人均倾向结束本次讨论
- 语篇功能 19：XL 配合 M 转移话题
- 表达规则 19：XL 需配合 M 转移话题
- 语篇表达 19：XL 配合 M 转移了话题

是指向增进街坊情感的，我们可同时得出这些子规则在广式早茶背景之下的合理性。

如果说上述核心规则1-3是阶段性规则，分别约束着各个阶段对话的子规则，那么以下的**核心规则4——"灵活执生"**①，便是贯穿整个对话过程的规则。茶客们会根据会话的推进，在不同的阶段调整自己的目标与会话策略，因此上述整个对话的过程都呈现阶段性的特征，不同阶段的语篇表达及其功能的结构都有所不同。根据背景知识可知，广式早茶的对话属于日常对话，因此会瞬息万变，茶客们需在不同的阶段达到表明观点、树立权威、争取面子、促进和谐等目的，这样既能实现自身诉求，又能维系大家的街坊情谊。因此，核心规则4在广式早茶情境下是合理的。

四、总结与展望

广式早茶为市民搭建了一个临时的交际空间，是广式熟人社会关系具象化的重要场景。在这个交际空间中，人们会基于这种轻松的人际关系畅所欲言，尽情地表达自己的观点。从清末二厘馆的苦力、商贩，到现代茶楼中的街坊、亲朋好友、商务伙伴，虽然熟人社会的结构发生了变化，但是早茶内在的维系人际情感的基本功能没有改变，而"谝"式说理正是实现这种功能的重要工具之一。本研究立足于广式早茶的交际语境这一极具广式生活特色的场景，聚焦于说理交际中的"四个问题"，运用"广义论证本土化研究程序"，发现了广式早茶说理中蕴含着"摆明车马""言之以理""以和为贵""灵活执生"等核心规则。尽管交际语境以"谝"这种带有一定争辩的拌嘴方式呈现，但值得注意的是，经过详细、微观的语篇及说理结构分析，本研究发现，广州人开怀阔达、乐天自得、和气生

---

① "执生"在粤语中有随机应变的意思。

财的生活态度与处世之道其实暗藏在日常话语交际之中。该研究发现，一方面说明这种生活态度已经以"集体无意识"的状态根植于广州百姓的日常生活，成为一种文化基因伴随着每个个体；另一方面，这种文化基因也在日常交际中潜移默化地反哺于社会的其他个体，通过代际传播、群体传播、大众传播等方式感染着生活在广州的本地群体及与广州人相处的外地群体。

在研究方法方面，本研究验证了广义论证理论在地方性说理研究中的适用性与可操作性。相对于常人方法学、会话分析和互动社会语言学，广义论证理论倾向于以论证结构的形式描述地方性说理的规则，这种研究方法不仅使规则的呈现更直观，为外地人融入该文化情境提供有力的参考，而且能够以说理交际行为中的"四个问题"为切入点，对复杂多变的言语交流进行分析，使数据更具可概括性，使成果更具系统性。此外，这种坚持以解释为研究导向、以当地人自己的文化解释他们自己说理行为的方式，使所发掘的规则更贴近实际，同时也具有较强的可验证性和可修改性。研究者可以不断地通过新的案例分析来验证和修正自己的研究成果，换言之，这一特点也体现了规则的灵活性和内生性。

"广义论证本土化研究程序"为提取贴合地方性说理规则提供了有力的支撑，这种"从田野中来，到田野中去"的做法能够确保所得规则的地方性，摆脱抽象概念与固化的研究框架对事实的扭曲并同时保持科学归纳的严谨性。但是，本研究未能呈现该研究程序的第五步。第五步的实施方式可以有很多种，如问卷法、参与观察法、交际实验法等，这些方法各有不同的优缺点。未来研究可就该步骤作进一步延伸，验证在广式早茶情境或其他广式生活场景中，地方性说理如何体现广州人的处事风格及生活态度，也继续探讨这些方法对于成果验证的适用性，完善"广义论证本土化研究程序"。

声音

附录：

转写符号

符号	示意
,	小于0.5秒的停顿
…	大于0.5秒的停顿
==	表示说话者的话轮重叠，如： A：×××＝××××＝ B：＝××××＝××××
==	表示话轮间没有停顿
=	表示突然中断，如： A：××××＝××××。
：：	拉长
~	词语发音中有语调波动
××	标记一般重读
××	标记极端重读
{［ ］}	非词汇现象，如：{［hi］文本}表示大括号内的调阶比正常要高，{［lo］文本}表示大括号内的调阶比正常要低；{［ac］文本}和{［dc］文本}示意大括号的内容比正常稍快或慢
［ ］	表示肢体语言
- ==	表示打断，如： A：×××- B：＝＝××××！
（ ）	表示不能辨析的片段，也用于对不能辨析的词汇片段的猜测
（×××）	当不能辨析的片段里的音节可数时，用一个×代表一个音节

续表

符号	示意
（""）	对说话中不规范的内容进行规范化
↑↓	表示语调的升降

声音

作者简介

麦劲恒，广州市社科院社会研究所助理研究员、博士

张晓琪，集美大学马克思主义学院讲师、博士

天台上的咏春拳①

————

谢开来

摘要： 本文以天台空间为中心，对国家级非物质文化遗产代表性项目佛山咏春拳展开民俗志研究，通过深度参与式观察和长时间习练，在把握传统武术和演练空间之间深刻联系的基础上，阐明了咏春拳与市井社会、生活空间、历史痕迹、传承者心理和城市商业之间的复杂关系。研究认为，天台作为咏春拳实践空间和社会生活空间的重叠地带，承载了诸多文化联系和社会关系，凸显了空间作为生产要素的重要地位。作为传统体育民俗，咏春拳赋予了天台乃至更加广阔的城市空间以浓郁的文化气息和生活意趣。

关键词： 天台；咏春拳；身体民俗；非物质文化遗产；民俗志

广州的气候，凡不是冬日寒潮来袭，屋内就总是闷热。师父是个讲究练拳不开空调的人，觉得练拳就该出汗，出汗正好排毒。但屋里的闷热总是事实，徒弟们难免要说嘴几句。师父的解决办法就是把我们带上天台。我去练咏春多在傍晚，其时日头已落，暑气渐隐，若遇到晚风，气血奔涌的燥热便能大为缓解，身体的劳累仿佛也就散去了许多。这实在是天台练

———————

① 本文系广东省哲学社会科学规划项目"武侠文学的故事世界与时空体类型研究"（批准号：GD24XZW09）及 2024 年度国家社科基金文化遗产保护传承研究专项"文化遗产赋能经济社会发展的机制和路径研究"（批准号 24VWB027）的阶段性成果。

拳最直观和真切的好处。

在天台上教学咏春拳已颇有历史。叶准在《叶问宗师年谱》里写他父亲叶问到香港，曾经在"大角咀福全街大生饭店之阁楼"授拳。[①]这个阁楼本是饭店货仓，后来被饭店东主借出来。这地方在顶楼，恐怕与天台的位置十分接近，只是文中描述简约，不知外面有没有天台。叶问在此教了三年，弟子门人不少，想来地方不会过于逼仄。甄子丹主演的电影《叶问2》演叶问初到香港时找个阁楼仓库开馆，徒弟来了就在天台教拳练拳。影视作品当然不等于历史，但天台练拳却不见得是假。我的师公张务勤在佛山教拳，在住处的天台也专门辟了一块地方，铺上地砖作授拳练拳之用。所以我的师父带我上天台练拳，或是文化传承使然也。

咏春拳在珠三角地区历史长、传播广。就广州、佛山而言，两城自古毗邻，水网相通，民心相连，武术和武术家的交流十分频繁。今天，佛山咏春拳已成国家级非遗代表性项目，而广州亦有咏春拳（天河）和咏春拳（西关）两项，分别为省级非遗代表性项目和市级非遗代表性项目，在广佛珠三角各地传承久远且深入，门人弟子众多。广州这两支咏春拳的开创者都曾学艺于佛山的咏春拳师，如西关咏春的开创者岑能学艺于佛山张保和阮奇山，天河咏春的开创者黄沪芳学艺于阮奇山之徒黄祯与岑能。咏春拳见证了粤港澳大湾区从清代到民国的历史巨变，也经历了新中国成立以后的现代化与城市化浪潮，纵跨古今，横亘城乡，已经成为珠三角地区的国际文化名片。

咏春拳在珠三角传承日久，其习练场地自然多种多样。按咏春祖师与清代红船戏班的密切关系，恐怕有不少咏春门人要在船上练拳。到梁赞和陈华顺的时代，咏春弟子已然不再是伶人，在岸上可以有许多练习场所。陈华顺曾在佛山桑园大街叶氏宗祠教拳，其徒吴仲素又到普君虚设馆，这

声音

---

① 叶准：《叶问宗师年谱》，载叶准等：《叶问·咏春》，国际文化出版公司，2011年，第171页。

两处都是叶问曾经学习咏春拳的重要地方。叶问在佛山的家中还有一间大花园经常用作练功场地（这花园在电影《叶问》里似乎也有出场）。佛山叶家豪富，寻常人练拳当然不能企及。听我师父说，师公张务勤曾与岑能来广州打拼，在荔枝湾练过拳。那时候当地还是一片水网，还没有荔湾湖和周边的公园。练完拳，还能就近从水里捞鱼煮夜粥吃。这实在令我心生向往，盖因我每晚练拳体力消耗大，为减重又不敢在晚上吃消夜也。总的来说，咏春拳对于习练空间有较强的适应性，这与它的基本动作收敛精巧有关。尽管如此，我又深以为天台是练习现代咏春拳极为重要的一种场所。它实在地代表了传统武术与当代日常生活相融共处的传承理想。这种代表性与咏春拳的现代变迁和天台的空间特点密切相关。

一、市井生活交融的"城堡"时空

咏春拳到了现代经历了一系列的变化，尤其社会地位发生了根本性的变革，这是它能够"上天台"的社会基础。一是它从相对先进的"暴力技术"转变成为相对落后的"暴力技术"。至少到清代，国家的暴力技术在相当程度上仍然是以传统武术为基础的，军警队伍学习武术是其保持战斗力的重要保障。叶问在佛山时就曾倚咏春之技街头捕人。[1] 近代以后，枪支等武器装备逐渐取代武术成为暴力的主要基础，也使学武之人在社会中的关键地位为造枪之人和持枪之人所取代。

由此，武术从暴力的关键技术转变成为不那么关键的技术。这种转变的结果之一，就是传统武术从一种内部性较强的暴力技术逐渐转变成为一种公开性较强的身体技术。打法在武术中的地位明显地下降，而演法和练

---

[1] 叶准：《叶问宗师生平三两事——解读描写先父行事的〈西江月〉》，载叶准等：《叶问·咏春》，国际文化出版公司，2011年，第17—18页。

法的地位则显著上升。由是，传统武术在中国式现代化的进程中，尤其是在军事现代化和治安现代化的进程中，逐渐实现了"脱密""脱敏"和"解绑"。咏春拳的教授和习练不再被局限于传统社会紧密的师徒关系之中，局限于封闭和私密的空间和环境之内。它被转化为表现中国形象和强身健体的非遗技艺，成为一种能够在大众中广为流传的东西。如此，咏春拳才能够在天台这样的公共空间里生根发芽、开枝散叶。

天台是住宅小区的配套设施，往往属于小区业主所共有。于是在天台上晒被、晾衣、种树、莳花、养鱼、喂猫的，兼而有之，不一而足。但天台又不像小区里的广场那样热闹，带有偏僻而冷清的色彩。它不是居民们回家的必经之路，要上去多少要费些工夫。这使它常常处于大众的视线之外，很有闹中取静、大隐于市的意思。所以，练拳上天台既不受阻拦也不受打搅，且常常能感受到周围洋溢着城市生活的气息。花圃中的柠檬树结出了果实，楼道边碗里的猫粮多了又少了，小阁楼通风处的晾衣绳纵横交错，黄昏时的通风口不时飘来油烟的味道。天台上处处都是人们生活的痕迹，但又见不到具体的人。我与他们分散在不同的时间，而又共处于同一个地点。这种隔而不隔的距离感很能让人产生想象。这样一来，我也颇能在枯燥疲劳的练拳中感到生活的意趣，又常深深地体会到贯穿于咏春拳历史中的那种市井味。

在当代非物质文化遗产的保护与传承中，这种市井味是很重要的。根据联合国教科文组织通过的《保护非物质文化遗产公约》，"非遗"乃"被各社区、群体，有时是个人，视为其文化遗产组成部分的各种社会实践、观念表述、表现形式、知识、技能以及相关的工具、实物、手工艺品和文化场所"。[1]处于社区之中，被群体接纳和认可是非遗保护传承的重要因素。咏春拳长期以来是活跃在珠三角市井中的拳种，许多著名的咏春拳师都有

声音

---

[1] 联合国教科文组织：《保护非物质文化遗产公约》，2003年，第2页。

自己的市井身份。如梁赞和姚才家里都是经营医药铺的，张保和岑能都在佛山天海茶楼点心部打过工，吴素仲家里是开瓦缸店的，诸如此类，不一而足。①虽然有的时候，咏春拳也被称为"少爷拳"或"二世祖功夫"，②但就现存文献记录来看，它从来没有真正和民间社会脱离过。咏春拳也没有形意拳那样从军旅到民间"脱枪为拳"的经历或传说，没有拳法与枪法互通的技术特点。它长于贴身短打，许多技法也是市井斗殴的打法，不太适合两军对阵。咏春拳法和六点半棍法在技术上相对独立，后者更像是对前者的补充。

与珠三角市井生活的血肉联系，多少造就了咏春拳师细致周到的处事风格。传说叶问幼年提出拜陈华顺为师时，陈华顺回答拜师要二十大洋，等叶问真拿出二十大洋时，陈华顺又言须见到叶问母亲方可。直到见到叶母，确定拜师的钱款来历，又征得家长同意，陈华顺才正式收叶问为徒。我的师父也是个细致周到的人，在徒弟们放鞋拿棍时常有诸多吩咐，要减少磕碰，不要扰民。甄子丹演的"叶问"系列电影中，叶问也是这样的处事风格，在不违反大原则的前提下，以细致周到的风格维护街坊邻里之间的关系。故舞剧《咏春》在咏春祖训里提炼出"养正气戒滥纷争，当处世态度温文"的两句精神可谓传神。这种处世风格与咏春拳的传承风格也有关系。咏春拳中有太多的讲究和细节，常在小处细处见真章，实在非有师父言传身教，巨细靡遗地分说明白不可。市井生活、为人处世和武术风格在咏春拳中就是这样融会贯通的。

天台很像是巴赫金时空体诗学中所说的城堡。巴赫金说："城堡里充塞了时间，而且是狭义的历史时间，即过去历史的时间。城堡为封建统治者生活之处（因此也是过去历史人物的居住场所）。城堡的各处建筑

---

① 黄涛编著：《咏春拳》，人民体育出版社，2013年，第8—13页。

② 叶准：《先父叶问宗师学习"二世祖功夫"的经过》，载叶准等：《叶问·咏春》，国际文化出版公司，2011年，第8页。

中……在各朝代交接继承权的特殊人际关系中，都留下了许多世纪和年代的具体可见的遗迹。最后，神话传说通过追忆往昔事件，使城堡的一切角落及其周围全获得了生气。这些使哥特式小说展开了一种特殊的城堡情节。"[1]天台上的遗迹和城堡中的遗迹很是相似。在一种半开放半封闭的时空中，由特定的人群不立文字又悄无声息地在有意无意之间留下自己的历史。这些遗迹好像是特洛伊古城或者北京路官道那样，层层叠叠地展示着时间的痕迹。当然，居民楼天台上的时间没有城堡中的时间那么厚重，它的历史尺度也比哥特小说中的历史尺度要小得多。天台的历史没有城堡的历史那样庄严，少了几分"会当凌绝顶"的宏阔，却多了一层"江清月近人"的可亲。

二、传统武术习练的重要空间

随着习练日久，我们在天台上留下不少足迹。盖因咏春拳的习练，尤其是张保宗支，极为强调下盘。拳力虽然由肘或掌发出，但根基在于马步。故坐马和转马是练好咏春拳基本动作的关窍所在。初学者练会最基本的动作"日字冲拳"后，就要开始学习偏身马，继而练习偏身锤。这两个动作的核心就是"转马"，也就是从双脚并立、脚尖内扣的钳羊马转向左侧或右侧，变成一脚在前一脚在后的偏身马。在这个转动的过程中，习练者双脚必须踩实地面，继而碾地平转。只有这样，才能做到力从地起，发于腰而打于肘。在偏身马或偏身锤之后，像独角锤等基本动作，其转马也都有双足碾地的要求。居民楼的天台无人打扫，积灰严重，加上雨水浇盖，地板往往是黑的。我们在地板上转马转多了，就会在地板上"碾"出

声音

---

[1] 巴赫金：《小说的时间形式和时空体形式》，载钱中文主编：《巴赫金全集》（第三卷），河北教育出版社，1998年，第447页。

一双双白色的圆圈。张保咏春里还有一个基本动作叫箭锤。箭锤要求上步转马冲拳，身体向前冲，拳也向前发，前进的力量很大。人必须沉身坐马，用向下的力去制衡向前的力，维持姿态的稳固，不让冲拳把重心"抢走"。在这个坐马的过程中，后脚要跟上先迈出的前脚，会在地上拖行一段。所以在天台上练箭锤，常会在地板上留下一条条白色的痕迹，又长又直，非常显眼。这些痕迹能让人产生一种事毕留痕的成就感。

有两次，师父跟我说有师弟踩着我们的足迹练功，又拿出视频给我看。因张保咏春特别看重腰马，而门下许多小学员都不肯老实扎马步，令他颇感无奈。咏春拳的功相当部分在腰马之中，故无论师父还是师叔伯都要对弟子学员耳提面命，反复强调。记得初入门不久，师父首次带我访问五师伯，临走时师伯问我："你觉得手的力气大还是腰的力气大？"我很不解。师伯遂让师兄们演示，置肘于腰间，前臂横出，关节锁住。此时小臂因借了腰马力气，极为稳固，很难推动。这是师伯对腰马重要性的一次开示。咏春拳讲究"归跸"，要求双肘不横出，往往收于腰部附近。许多动作依靠腰马带起前臂与手掌横转，用以偏转对方攻击或拉扯对方手臂，像摊手、膀手、捺手这样的基本动作都能借此发力。练好了腰马，许多基本动作才能真正扎实。成人学员的足过留痕算是下了功夫的见证，所以师父也乐见其成。

老一辈常说起少林寺千佛殿里武僧们留下的足坑，以为那是日久功深的历史见证，也是少林武艺的鲜活表现。这些痕迹也偶尔让我想起《神雕侠侣》里的古墓石室。小说讲王重阳曾在古墓石室练功，留下诸多符号痕迹。林朝英、小龙女和杨过在石室中练功，先后参悟了他的武学。小说家言当然多为虚构，但又并非全无来由。中国神话中说伏羲是华胥履迹而生，可见足迹在中华文化的古早时刻就有了很深的象征意味。"迹"是时间的沉淀，是历史的外显，跟中国武术中的"功"极相似。但功夫随身，不会时刻留在空间内，平时难得看出来，需演示才能见着。迹则不然。它是人身之外的物质实体，很容易被对象化。由练功形成的足迹天然地表达着习练者的追求，凝聚着武术精神乃至先人智慧。少林寺的足坑能为人津津乐道，甚至高山仰止，其道理大体如此。天台上浅白的足迹不能与少林寺里的相比，但它也是对习练者的时刻提醒和长久见证。

天台空间开阔的特点对于咏春拳练习也很有意义。诚然，咏春拳擅长贴身短打、小巧腾挪，大量基本动作乃至三大套路都不需要移动太多距离，但部分训练仍然需要较大的空间。除前面谈到的箭锤之外，张保咏春中的半摊膀逼步练习也很典型。叶问咏春里有相似的手法，称为捆手。不管是半摊膀还是捆手，都要求习练者以左右手型变化消解对方攻势的同时控制对方。半摊膀逼步要求一边变换手部动作一边向前进马，挤压对手的空间和重心以达到控制目的。习练者要不断进马，师父帮助习练就要不断退马，两个人在习练场中持续游走，就需要开阔的空间。进马、逼步这类练习在整套咏春拳中都占有重要地位。它们的核心，在于挤压对方的活动空间，以达到连消带打或控制对手的目的。电影《败家仔》里洪金宝教元彪"吃位"，其核心就在于此；咏春拳诀说"甩手直冲"，虽不用上步进马，但思想也与此相同。电影《一代宗师》里说"宁可一思进，莫在一思停"，也含着类似的道理。

咏春拳器械练习也很需要开阔的空间。咏春八斩刀虽然短小，但张保宗支的练习有较多开马上步动作，一套刀法练下来，没有足够的空间，很难施展。咏春六点半棍所用实木棍则长达二米七以上，习练者持之挥舞进退，更是非要开阔空间不可。相传，六点半棍是咏春拳师黄华宝习自红船水手梁二娣，而梁二娣又习自少林至善禅师。梁二娣在岭南水乡以竹竿行船，每日竿不离手，在长棍上已有相当基础，故能得至善以长棍法相授。[1]梁在水上行船，兼练习棍法，自然就有开阔的空间。

---

① 黄涛编著：《咏春拳》，人民体育出版社，2013年，第310页。

声音

开阔的天台空间也养育了开阔的心境，而开阔的心境又对咏春拳的传承十分重要。这种心境首先有助于习练者适当放松身体，更好地理解和掌握技艺。咏春拳是内家拳，行拳时不能处处刚硬，尤其需要适当的柔和松。这种柔和松可以帮助习练者更好地体会发力的要点，整合全身的力量。如果习练者全身紧绷，身体难免僵硬，发力行拳难免处处受限。这种松和柔在格斗上也有相当重要的意义。尤其是在咏春黐手的过程中，过于明显和刚硬的发力很容易被老手抓住破绽，落入对手的技巧和控制之中。据叶准回忆，陈华顺曾教叶问："与一个不认识的人黐手，倘若他是硬邦邦的，便不用怕，要是遇上一个双手如烂布般，似有力又似无力，要摆脱又摆脱不了的对手，那便要小心了。"[1] 所以，松和柔是咏春拳习练和格斗的关键要领之一。佛山老拳师说练拳打拳喜欢用"玩"字，常说"玩几下""玩咏春"，也是保持宽松开阔心态的一种体现。

习练者的心境开阔，才能够海纳百川，择善从之，不断进步。咏春拳中有不少传说，是关于吸收或改进技艺的。黄华宝得以将少林六点半棍纳入咏春拳系统，并从咏春黐手中演化出黐棍；梁二娣则习得咏春拳技艺，也成为咏春拳的代表人物；[2] 叶问接受了梁碧对咏春拳的改造，大获裨益，终成一代宗师。[3] 这些故事都表现了咏春拳传人的开明心态。实际上，各个咏春师傅的天赋、体格、偏好、思路乃至记忆常有不同，导致咏春拳在传授过程中往往变异极多，是谓"各师有各法"。从非遗传承的角度来看，咏春拳技艺的不断变化，恰恰是这个拳种具有活力的表现。当下还有传说，言咏春拳乃概念武术，其核心在于理念。恰恰是从大量变异的心态中汲取营养，再加以印证，咏春拳赖以立身的拳理才能不断彰显。

---

[1] 叶准：《假如没有梁碧》，载叶准等：《叶问·咏春》，国际文化出版公司，2011年，第13页。

[2] Leung Ting, *Wing Tsun Kuen*, Hong Kong: Leung's Publications, 2003, p39.

[3] 叶准：《假如没有梁碧》，载叶准等：《叶问·咏春》，国际文化出版公司，2011年，第13—14页。

三、现代体育产业的传统镜像

　　天台上的咏春拳还隐含着民间武术从传统乡村走向现代城市的宏观叙事。咏春拳在中国社会的城市化进程中有不少变化，如木人桩的形制就是如此。按叶准所言："以往在佛山的木人桩都是整支桩藏在地下的，香港的多层式大厦结构，不能安装；在没有木桩的情况下，宗师只好将桩法当作拳套一样教法，这种打法名为'脱手桩'。直至20世纪50年代中期，才有弟子想出用木横梁承托木人桩，成为横担桩；同门何联甚至改用弹簧做承托，成为弹弓桩。"[①]从传统木桩到横担桩与弹弓桩的微观变化，背后就是咏春拳传承从乡镇空间到城市空间的宏观变迁。和木人桩的变化类似，上天台同样意味着咏春拳从开阔的乡村地带转移到了大都市中寸土寸金的"水泥森林"。许多佛山师傅选择在小区楼房里经营武馆，这些地方租金低廉，接近客户，还有天台或院落来弥补室内空间之不足，实在优点不少。

　　现代健身房在功能上和传统武馆颇多重合。健身房里也有教拳击、泰拳或自由搏击的。但健身房的整体气质却跟武馆相差甚远。这可能是健身房内大量的器械和设备，或者教练们专业的着装和装备导致的。昂贵的专业设备使健身房带上了强烈的重资产属性，设计感十足的服装和装备又将它包装得极具专业气质。健身房就像是体育器械公司和运动服装公司在社区的市场化延伸。或者说，它就像是资本主义工业的生产方式在大众体育领域的一个典型性场域和代表性具象。健身房为其产业链上游打通了连接大众市场的"最后一公里"，在相当程度上改变了中国都市人的生活方式和消费理念。在健身房里，人和器械处于一种强烈的关联之中：似乎只有

声音

---

① 叶准：《木人桩的学习要诀》，载叶准等：《叶问·咏春》，国际文化出版公司，2011年，第65页。

依赖专业的器械，人才能将身体形塑到尽善尽美。通过消费，人们得以进入精致的空间，获得精美的服务，然后精美地形塑自己的身体。但大众也经常会听见这样的故事：某人买了一套健身装备，或者买了长时间的健身会员，却没有时间去健身。相应地，大量健身房"跑路"的新闻也经常出现在媒体中。看上去，这种重资产加重消费的运作方式在当下的经济环境中有些难以为继。

咏春拳馆，乃至传统武馆则具有另外一套运作逻辑。咏春拳馆当然也需要武术器械，像木棍、八斩刀、藤圈、木人桩以及镜子之类的资产。但这些东西的造价和售价并不高昂，更远比不上健身器械。对于习练者来说，咏春拳最重要的装备可能是鞋。在长时间的扎马转马练习中，鞋底和鞋垫很容易被磨穿。所以比起相对昂贵的跑鞋，100块钱以下的回力鞋可能是更加经济的选择。从这个角度看，咏春拳馆尚未像健身房那样为资产需求所支配。咏春拳的习练，尽管也依赖部分器械，但其核心仍然是人。它主要通过姿势的停留和变化来锻炼身体，增强格斗能力，器械只起到辅助的作用。咏春拳馆没有必要像健身房那样容纳昂贵的大型器械，仅仅依靠轻资产，就可以良好地运作。咏春拳也不会被器械锚定在武馆空间之内。师父可以带着弟子走出武馆，去天台、去院落、去公园、去广场，融入市井之中甚至山野之间。健身房里的教练很少有这样的自由。

从这个角度看，天台上的咏春拳还为现代产业提供了一面反观的镜子。当然，咏春拳也有它被卷入资本的面向。现代产业，尤其是大众媒体产业对咏春拳技艺的影响是相当明显的。咏春拳也试图通过搏击擂台进入现代国际体育产业。咏春拳的众多拳馆，也在尝试朝着专业化和精致化的方向去发展。但就当下而言，珠三角的咏春拳馆还是保留了相当的传统味道。咏春拳技艺本身从传统民间社会诞生出来，以强烈的具身性排斥着健身器材及其背后重资产运作模式的侵入。它对空间或场地的强大适应力帮助它在珠三角的城市社会中实现了相当的繁荣。从非物质文化遗产保护的角度看，佛山咏春拳作为国家非遗代表性项目，完全不像许多濒危项目那样，要推动"长期的社区参与、主体的全程参与"[1]的相关实践。咏春拳仍然在地方社区内部蓬勃发展，社区成员自身就是非遗技艺的主人，是非遗传承活动的主导者。社区传承已然在咏春拳的现代传承中发挥着主体作用和主要作用了。这种良好的运作状态当然和功夫电影的流行有很大关系，但也要依赖传承群体在日常习练中走出武馆的空间边界，与社区生成和维系的血脉联系。

四、结语

至此，本文以天台为中心开展咏春拳民俗志描述的尝试就要结束了。我们以演练空间和传统武术的内在联系为焦点，描绘了咏春拳与市井、与遗迹、与心境、与城市商业之间的复杂关系，凸显了空间及其社会文化承载在传统武术传承中的重要地位。天台作为咏春拳实践空间和社会生活空间的重叠地带，起到了明显的文化连接作用，从而也呈现了咏春拳在整个社会文化网络中的位置。反过来看，按照马林诺夫斯基的经典定义，这种位置也就寓示了咏春拳在现代城市文化生活中的某些功能。作为传统体育民俗，咏春拳赋予了天台乃至整个城市空间以更加浓郁的文化气息和更加广阔的想象空间。相关民俗志叙述可以将人们习以为常的天台空间陌生化或者文化化，使那些埋藏的历史和故事重新焕发光彩，将被工业制品和现

声音

---

[1] 杨利慧：《以社区为中心——联合国教科文组织非遗保护政策中社区的地位及其界定》，载《西北民族研究》2016年第4期。

代标准包裹的日常生活染上新的颜色，避免人们被大众文化铺天盖地的同质性淹没。这种巫术般的触染，正是现代民俗学独特魅力的显现。

作者简介

谢开来，北京师范大学民俗学博士，广东社会科学院文化产业研究所副研究员

海纳八方：清代外来人群在广州的流动、聚合与世居[①]

梁敏玲

摘要：清代的广州海纳八方，汇聚了来自五湖四海的人群。城中大片的合族祠书院群见证着城乡的互联，以及乡人在城市的活动。洋盐商人及各种商人群体、官宦幕僚、手工业者等，来自全国各地与周边的珠江三角洲地区，不少移民的后裔在世居广州后最终成为"土著"。清朝的统治也为广州带来了人口基数日渐庞大的驻防旗人群体，广州的旗人与本地的民人日渐交融，也成为这座城市的一分子。外来群体在广州的在地化并不仅是融入与适应当地的单向进程，他们也带来了家乡的生活方式与文化元素，甚至参与了"本地"传统的塑造与传播。广州独特的城市气质，也可以在城市与乡村之间，以及"本地"与"外地"的流动与交错之中进行把握。

关键词：清代广州；外来人群；土著化；文化交融

声音

作为历史悠久的口岸城市与地区的政治、经济、文化中心，广州的发展离不开海纳八方的开放胸怀及和而不同的包容心态。这座城市"俗杂五方，海舶贸易，商贾辐辏"，[②]长久以来，形形色色的人群在此停留、生活

---

① 本文是广州市哲学社科规划2021年度课题"岭南文化的海外发展及影响力研究：以日本学者对岭南宗族文化的调研状况为中心"（批准号：2021GZQN17）的阶段性成果。
② 乾隆《番禺县志》卷17《风俗》，第1页b。

乃至繁衍子嗣，广州的文化也因此碰撞、交融出多姿多彩的色调。明清时期，广州的腹地珠江三角洲迎来巨大的发展，外洋、内河与内陆贸易在广州尤其西关地区交汇，推动了广州城市规模在清代的急速扩大。

清代的广州是一座充满机遇、兼容并蓄的城市。至清代中叶，除了大量的流动人口，广州的外来人群主要有以来自江苏、浙江为主的退休官员与幕客，来自浙江等处的盐商，从事外贸或其他商贸活动的闽商和徽商等外省商人，满汉旗人，客家地区的读书人，寓居的士绅，珠江三角洲腹地的工商业人口等。[①]他们当中有相当一部分人在这里成家立室，开枝散叶。发展至晚清时期，随着贸易制度与格局的转型，"绅商"群体登场并在广州扮演着越来越重要的角色，[②]除了番禺和南海，他们中有许多人来自顺德、鹤山、新会等西江下游州县。他们受益于省港的商贸联系与华侨网络，通过慈善活动扩大了其在广东社会的影响力。还有许多来自西江下游州县的人群考取了功名并成为世居西关的绅士。

清代见证了大批外来人群在广州停留、寓居甚至定居数代后成为"土著"的过程。这些外来者成为沟通家乡与广州的桥梁，其中不少人通过宗族建设等方式表达着与这座城市历经多个世代的故事，在礼仪习俗、文化活动、方言腔调等方面体现着外来元素的在地化，乃至参与创造本地"传统"的进程。

一、乡人在城与城乡互联

广府地区"俗最重祭"，[③]粤语歇后语"太公分猪肉——人人有份"即

---

① Steven B. Miles, *The Sea of Learning: Mobility and Identity in Nineteenth-Century Guangzhou*, Cambridge and London: Harvard University Press, 2006, pp.24–42.
② 邱捷：《清末文献中的广东"绅商"》，载《历史研究》2001年第2期。
③ 同治《番禺县志》卷6《舆地四·风俗》，第5页b。

来自宗族的祭祖仪式。珠江三角洲地区宗族建设的普遍化出现于明中后期以降。明末清初，著名学者屈大均如此描写当时祠堂之盛："岭南之著姓右族，于广州为盛。广之世，于乡为盛。其土沃而人繁，或一乡一姓，或一乡二三姓。……其大小宗祖祢皆有祠，代为堂构，以壮丽相高。每千人之族，祠数十所，小姓单家，族人不满百者，亦有祠数所。其曰'大宗祠'者，始祖之庙也。庶人而有始祖之庙，追远也，收族也。追远，孝也，收族，仁也，匪僭也，匪谄也。"①

明清时期珠江三角洲极为兴盛的修祠堂、编族谱等宗族建设活动，与赋役户籍制度变革、礼仪改革、沙田开发等过程相伴相生，并最终在民间普及。②而根据日本学者井上徹的研究，作为明朝边境的珠江三角洲社会，在明中后期的商业化、都市化浪潮中，在多民族、多宗教并存的状态下，经历了儒家化的洗礼，最终发展出全国闻名的高普及度与组织性的宗族组织。③在这样的潮流中，宗族也成为珠江三角洲社会中人们极为常见的文化符号、财产单位乃至生活方式之一。④

与乡村地区的宗祠相比，省城广州的宗祠主要是合族祠。虽然合族祠形制往往与乡村宗祠无异，但这类祠堂来自同姓人士的联宗，主要展示乡人在广州的活动及其与这座城市的关系。这些合族祠由各地乡下的同姓氏宗族共同合资建造，目的是为参与建造合族祠的同姓宗族子弟在省城办理

① （清）屈大均：《广东新语》卷17《官语·祖祠》，中华书局，1985年，第464页。
② 代表性论著参见科大卫：《皇帝和祖宗：华南的国家与宗族》，卜永坚译，江苏人民出版社，2009年；刘志伟：《在国家与社会之间：明清广东地区里甲赋役制度与乡村社会》，中国人民大学出版社，2010年；科大卫、刘志伟：《宗族与地方社会的国家认同——明清华南地区宗族发展的意识形态基础》，载《历史研究》2000年第3期；［日］片山剛：「清末広東省珠江デルタの図甲表とそれをめぐる諸問題—税糧・戸籍・同族」，载『史学雑誌』第91編第4号，1982年，第42—81頁；「清代広東省珠江デルタの図甲制について—税糧・戸籍・同族」，载『東洋学報』第63巻第3号，1982年，第1—34頁。
③ ［日］井上徹：『華と夷の間＝明代儒教化と宗族』，研文出版，2019年。
④ ［日］西川喜久子：『珠江デルタの地域社会—清代を中心として—』，渋谷文泉閣，2010年。

各种事务等提供便利，更像是各地同姓宗族在广州设立的"办事处"，而非严格意义上的宗祠。除了工商业的经营，科举应试（以及为此进行的学习）、诉讼等事务是乡人来省城的最主要目的，合族祠为他们提供了一个落脚之处。而合族祠的建设与日常管理也为城乡之间同姓宗族组织的联络提供了桥梁，合族祠的利用者是出资兴建合族祠的各乡同姓之人，而运营则往往交给城中的同姓绅士与商人。[1]

明末，广州城内的合族祠极少，[2]其时，珠江三角洲的大族往往直接在广州建立作为乡村宗族分支的支祠，并介入省城事务。[3]但是，发展至清代，如《白云越秀二山合志》所称，"广州自耿尚屠城以后，城中鲜五世萃居者，故无宗祠。有则合族祠耳。乾隆间有合族祠之禁，多易其名为书院，为试馆"。[4]可以说，在清代，珠江三角洲的乡村宗族与广州的关系主要通过合族祠这种间接的方式体现出来，而合族祠又因为不合礼制而往往通过改称书院、试馆的方式继续发展。根据抗日战争期间来到广州的日本学者牧野巽的观察，当时广州市内有大量的祠堂，在东北方向四分之一左右的空间内尤为密集。牧野所指的范围，即今日中山四路、北京路一带。牧野称，这些祠堂中既有陈家祠那样供奉有超过一万二千个牌位的大规模祠堂，也有小至只有一间主室的小祠堂。这些祠堂多名为"书院""书室""试馆"，不仅是祭祀与集会场所，也可以提供住宿服务，并且书院周

---

① 黄海妍：《在城市与乡村之间：清代以来广州合族祠研究》，生活·读书·新知三联书店，2008年。

② 根据黄海妍的统计，明代位于广州的合族祠只有设立于天启二年的冼氏曲江侯书院。参见黄海妍：《在城市与乡村之间：清代以来广州合族祠研究》，生活·读书·新知三联书店，2008年，第15—18页。

③ 参考［日］井上徹：「明末広州の宗族—顔俊彦〈盟水斎存牘〉に見る実像」，載『東アジア近世都市における社会的結合—諸身分·諸階層の存在形態』，清文堂，2005年；「明末珠江デルタの郷紳と宗族」，載『明清史研究』第4輯，2008年；「霍韜による宗法システムの構築—商業化·都市化·儒教化の潮流と宗族」，載『都市文化研究』第3号，2004年。

④ 崔弼初编，陈际清总辑：《白云越秀二山合志》，道光二十九年刻本，卷9《志祠·祖祠》，第19页a—第19页b。

边还会有"别墅""别业"等建筑。牧野所观察到的即是合族祠。他认为，合族祠体现了宗族中有意的、人为的要素的重要性，祭祀共同始祖的宗祠能够消除成员之间的陌生感，进而得以将同族组织的范围扩大。[①]

今日，大小马站书院群的主体部分就是合族祠书院，其密集程度全国罕见，我们也可以以此大致推想牧野巽当年看到的更大规模的书院群光景。合族祠不仅为乡人提供了读书、停留的居所，还为他们创造了彼此认识、建立社交网络的机会。例如，出身三水的梁士诒在梁氏的合族祠青云书院读书时认识了出身新会的梁启超，彼此建立了深厚的友谊。建成于晚清，今日已成为广东民间工艺博物馆的陈家祠，其前身同样是合族祠。陈家祠的建设背后是当时活跃在广州乃至香港的新会、台山陈姓子弟以及华侨的网络，其营造体系亦带有香港元素。[②]可以说，陈家祠的建造过程本身，即体现了城乡、中西的融通以及省港的互联。合族祠的出现，反映了形成于乡村的宗族形态在省城中的灵活变化，而从今天的角度看，陈家祠这样的合族祠也为广州带来了各乡的文化遗产，以及彼此交流互动的平台。

二、漂泊寓居与成为"土著"

合族祠体现的是来自四乡的居民在广州的停留、活动与交往。而除了短暂的寓居，还有一些来自四乡之人最终选择世居省城，从"乡下人"转变为"城里人"。清代的广州也吸引了除珠江三角洲外来自全国各地的人群，有的外来者在漂泊寓居之后选择购地置产、安葬先人，甚至入籍南海

---

① ［日］牧野巽：「広東の合族祠と合族譜（一）——主として廬江何氏書院全譜について」，载『牧野巽著作集』第6卷（中国社会史の諸問題），御茶の水書房，1985年。

② 陈晓平：《谁创建了陈家祠｜"出口转内销"的艺术》，https://m.thepaper.cn/newsDetail_forward_4142554。

或番禺，并最终成为广州"土著"。

广州吸引最多外来移民之处无疑是城外的西关。清代，外洋、内河与内陆贸易汇聚于西关，商业、手工业蓬勃发展，越来越多的地方形成街区。雍正八年（1730），布政使王士俊在奏折中称，"其新城之外，商贾行店，以及番彝洋客往来贸易，四方杂处，尤为辐辏骈集，人烟稠密之地"，[①]王士俊所云之处即太平门外的下西关地区。大量外来商人在广州从事对外贸易，其中又以福建人最盛。明末清初，葡萄牙人耶稣会士曾德昭称"在西城墙外有一个很大的郊区，几乎就是一座城市，被称为福建区（bairo dos Chincheos）"。[②]康熙年间的方志亦称，"城西一带，异省商人杂处，闽产尤多"。[③]定居在西关的知名福建商人家族有颜氏、叶氏、潘氏、蔡氏、郭氏等，多为一口通商时期的十三行行商，其中选择入籍当地的家族也为数不少。正如颜氏族谱所称，"自颜君建勋尚仁、柯君国乔仲臣，始以粤籍相继登贤书，于是桂市绣泉，居然土著矣"。[④]这些闽商在广州定居生活，已"居然土著"了。闽人的活动中心为湄洲庙，在下九甫洪圣西庙的东邻，[⑤]即今日广州酒家附近。该处开发甚早，是下西关的中心区域。

闽商以外，在西关积极活动的主要还有徽州商人。道光、光绪、民国三个版本的《婺源县志》，共有161例涉及旅粤商人。其中较早的例子是乾隆年间龙腾俞氏有俞世兴者"运茶为业"，往还于徽、粤之间，从一开始"不过一二人往来东粤"，到道光年间"今之诸子辈业茶起家者，皆赖公创

① 王士俊：《奏报将南海县丞移驻广州新城折》，雍正八年十一月十五日，载台北故宫博物院编：《宫中档雍正朝奏折》第17辑，台北故宫博物院，1979年，第173—174页。
② ［葡萄牙］曾德昭：《鞑靼人攻陷广州城记》，董少新译，载李庆新主编：《海洋史研究》（第十九辑），社会科学文献出版社，2023年，第262—277页。
③ 康熙《南海县志》卷6，《风俗志·习尚》。
④ 颜叙铭：《重修颜氏迁粤族谱》卷2《绰亭公配慈淑柯恭人寿序》，广东省立中山图书馆藏。
⑤ 吕子远：《广州西关湄洲庙与清代闽籍移民》，载《广州大典研究》2024年第2辑，国家图书馆出版社，2025年。

厥始也"。① 有的徽州商人在广州贸易之余选择入籍本地，其中较为知名的是詹天佑家族。詹天佑编撰的族谱收有詹氏入籍南海的文书，详细讲述了詹氏来粤经营茶叶生意并最终定居的过程。② 今天，我们在西关还能看到詹天佑的故居。相比闽商，徽商落籍广东的情况并不多见，詹天佑的祖父詹世鸾与乡人在广州创办"归原堂"，运棺回籍，说明许多徽人并未选择在广州安葬。③ 广州的徽州会馆在下九甫，靠近福建人的湄洲庙，这或许与他们的营生均涉及对外贸易有关。

　　活跃在西关的除了闽商、徽商等外省商人，也有三角洲地区来此经营工商业之人。他们世居广州之后，也有不少编有族谱，讲述自己与这座城市的关系。例如，修纂于晚清的《西关杨氏支谱》将其在广州的居住地西关冠于族谱名称之上。杨氏的"南邑始祖"从顺德县移居南海县佛山镇，"南邑五世"约轩公（1716—1796）因从事手工业，从佛山移居广州新城的晏公街，及后，约轩公之子、"南邑六世"艺圃公从佛山镇移居广州西关十一甫，生意随之风生水起。艺圃公的子孙们与城市里的商业与文化精英建立了姻亲关系。④ 南海芦排梁氏始迁祖裔龙公于康熙年间从顺德县的扶闾乡来到广州经商，卜居西关，寄籍南海。⑤ 移居广州的第三代天麟公（1698—1746）入籍南海。⑥ 自始迁广州的裔龙公始，"另选派名，不依乡谱"。⑦ 移居广州第七代东屏公（1815—1883）经营陶瓷业，将陶瓷卖予洋行商人，收入颇丰，于是移居西关芦排巷，并购入尝产（用于筹办祭祀祖

声音

---

① 黄忠鑫：《清代广东口岸贸易中的婺源商人群体》，载《江西社会科学》2016年第8期。
② 《徽婺庐源詹氏支派世系家谱》，《文童詹钰为沥情叩恩批准入籍事》，广州市荔湾区地方志编纂委员会办公室藏。
③ 此处蒙吕子远博士提示，谨此致谢。
④ 《西关杨氏支谱》，《南邑五世》《南邑六世》《长房·南邑八世》《七房·南邑七世》等，广东省立中山图书馆藏。
⑤ 钟锡璜：《南海芦排梁氏家谱》序，《南海芦排梁氏家谱》，广东省立中山图书馆藏。
⑥ 《南海芦排梁氏家谱》卷1《宗支谱·三世天麟公》。
⑦ 《南海芦排梁氏家谱》卷1《宗支谱·始迁祖裔龙公》。

先活动的公有产业）。①最终编撰族谱者梁纶以"芦排梁氏"自称。

上述世居西关的外来人士的后裔逐渐构成了西关"土著"的主体人群。例如，成立于嘉庆十五年（1810）的文澜书院规定"寄居西关，须税业三十年后进庠中式，始得入院"。入院条件中，要求正途出身，对籍贯不做限制但必须"寄居西关"且"税业三十年"，并专门提出"文会宜送正身榜名老师评阅，惟不送西关榜名绅士评阅，以避嫌疑"。②根据《文澜众绅录》的记载，被认为是西关"土著"的进士、举人主要来自广州、肇庆府籍，也包括已入籍南海、番禺的福建人等外省人士，尤以出身西江下游州县人群居多。③其中，有的祖上为一口通商时期的行商，有的祖上为五口通商以来贸易制度转型后崛起的绅商。后者作为买办，从事对外贸易，沟通西江、省城与香港的贸易网络，他们大多捐有职衔，倡行善举，在省港澳乃至海外拥有广阔的人脉，西关是他们在广州主要的活动舞台。他们的一些子孙也通过参加科举考试获得功名，成为正途出身、世居西关的绅士。不过，晚清崛起的绅商与作为文澜书院成员的西关"土著"绅士尽管有少许交集，但并不是同一群人。比起对是否土著的强调，这些绅商群体更为显著的特征在于背后的社会网络与相关的商业、慈善活动，乃至日渐扩大的政治参与。

盐商是十三行行商以外清代广州另一批重要的大商人，他们的活跃场所主要在新城。著名的高第街许氏祖籍潮州府澄海县，入穗第二代许拜庭成为盐商，开始在新城高第街居住，并入籍番禺。④更多的盐商来自浙江地区，他们通过商籍在经商地入学，并最终在本地落户，其子弟也得以在本地科考应试。例如，南海进士桂文燿就是出身浙江的盐商家庭，同

---

① 《南海芦排梁氏家谱》卷3《家传谱·七世祖东屏公传》。
② 《文澜众绅录》，《书院规程》，光绪十七年刊本，第14页a。
③ 《文澜众绅录》，《文澜书院甲班》《文澜书院举人》，光绪十七年刊本，第1页a—第17页a。
④ 关于许氏通过盐业发家的历史，参见刘正刚、张启龙：《嘉道时期广州高第街许氏房产契约研究》，载《广东社会科学》2019年第2期。

治《南海县志》称"桂文燿，字星垣。其先浙江慈溪人，祖鸿以商籍生员改本邑学生员，中乾隆丙午科举人，官安徽泾县知县，遂着籍本邑，居省垣，故为捕属人"。①

由于省城衙署林立，城内聚集了大量客居的官宦与幕客，他们主要聚居于老城北部小北门以内，该区属番禺县管辖，大概在今天豪贤路、德政北路、仓边路、小北路、法政路一带。这些外来人群有的也逐渐融入城市，并落户番禺。例如，浙江山阴汪氏祖先汪伦秩在乾隆年间出任广东长宁县知县，三子汪炌开始举幕业，游幕多处，其子孙也多举幕业。直到光绪元年（1875），汪炌之孙汪腺才加入了番禺县捕属籍，其从子汪兆镛、汪兆铭也因此得以在番禺县参加科举考试，并定居于豪贤街。②而高阳许氏的祖先则是在乾隆、嘉庆年间来粤游幕，在道光年间加入了番禺县捕属籍。③晚清，番禺县捕属士绅还结成共同体，建立了捕属册金局、捕属集议所。

上文提到的"捕属""捕属人""捕属籍"来源于清代南海、番禺典史（捕厅）的管属范围，清代南海、番禺县分治广州城，两县的"捕属"范围加起来大致对应广州城厢内外，即"城市"的部分。"捕属"逐渐成为在城市居住的外来移民入籍后的户籍标识，而这一标识同时包含着"已入籍本地"与"本属外来者"两重意涵。④清代的广州聚集了四面八方的人群，清朝逐渐宽松的户籍政策，让侨寓之人有了入籍以及在地求学和应试的机会，使得他们可以在寓居之所谋求长远发展，广州也因此留住了大量人才和他们创造的财富。

---

① 同治《南海县志》卷13《列传》。

② 《山阴汪氏谱》，《山阴汪氏谱录第二·玉泉府君》，广东省立中山图书馆藏；林子雄：《入粤浙江山阴汪氏及其族谱》，载《广东史志》2003年第3期。

③ 比如，《浙杭迁粤高阳许氏家谱》第一谱、第二谱、第三谱、第四谱牒中多处有记"失考""代考"。

④ 梁敏玲：《"捕属"与晚清广州的城市社会》，载《中国历史地理论丛》2020年第4期。

这些外来移民在世居广州之后，也开始参与本土文化的建设工作。根据麦哲维的研究，嘉道以降的广州存在一个"地方性转向"，围绕学海堂这个立足省城又具有跨地域意义的学术机构，形成了一个流动性很强、由外来移民后裔构成的知识精英团体。缺乏地方根基的他们依靠学海堂，逐渐构建起"本地人"的身份认同。①学海堂由两广总督阮元在道光初年建立，江南的学术风气随之被带到岭南。学海堂提倡朴学，兼融汉宋，是清中后期广州最为著名的书院，它的出现奠定了岭南学术文化的基调，也让其展现出全国性的高度。学海堂的不少学人致力于编纂广东地方文献，刊刻了大量广东学人的著述，塑造着广州的文化传统。这样一座广府学术机构的建立与发展，却是依托于汇聚在广州的"新移民"群体。同样的道理，清代大批的岭南园林由世居广州的商人、士绅建造，他们自身往往是外来移民的后裔，例如被誉为岭南第一园的海山仙馆，就出自祖籍福建的富商潘仕成之手。

外来群体在广州的活动对本地的方言腔调的发展亦有所影响。由于城西工商业的发展与街区规模的扩大，清中叶以来"西关"称谓日益普及，有可能比较接近南海白话的"西关音"逐渐被认为是标准的"省城白话"，并随着人口的流动与粤剧、粤曲唱片的灌制等在香港、上海等地得到认可与强化。②西关的发展离不开外来人群的到来与交互，"西关音"的形成与传播也同样如此。而在广州东边的番禺，本属外来者的捕属人在学会本地方言后，其发音又与番禺司属四乡的发音有所区别："捕属与司属语音大略相同，而微有特异之处。如弹丸之'丸'，司属读若'圆'，捕属读若'环'；'公使'之'使'，司属读若'肆'，捕属读若'洗'。"③可以想见，

---

① Steven B. Miles, *The Sea of Learning: Mobility and Identity in Nineteenth-Century Guangzhou*, pp.277–286.
② 程美宝：《城市之声西关音：由省至港及沪》，载《中国语文通讯》2020年第1期。
③ 邬庆时：《南村草堂笔记》卷2《第二篇　番禺之方言》，民国九年刊本，第1页a。

晚清的广州熙熙攘攘，在喧嚣的市井中，耳边传来种种白话口音——西关音、捕属音，以及四乡尤其西江下游的口音。这些有着微妙差别的白话发音，正体现了各色人群在广州的活动，亦是他们融入当地的印记。

三、旗人北来与旗民融合

说到清代广州的外来人群，不得不提的还有旗人。清朝在全国各地的重要城市与要塞设置八旗驻防，同时奉行旗、民分治的治理原则，在各项制度中为旗人与民人构筑了严密的边界。清代驻粤八旗按旗分密集驻防、居住于广州老城西边的"旗境"，而旗境之外普通老百姓居住的地方称为民地。旗境的范围大致在今天的大德路以北，解放路以西，人民路以东，盘福路以南。唐宋的藩坊区存在于这片区域中，著名的怀圣寺、光孝寺、六榕寺、五仙观等宗教建筑亦密集分布于此地。旗人的到来增加了该处的多元色调，使其成为广州最能体现多民族、多宗教交融的区域。广州的旗、民之间的交往、交融，也相较不少地方发生得更早、更深。

清初，在平定三藩之乱后的康熙二十年（1681），清政府在广州设置驻防八旗，额设旗兵3000名，广州也因此成为全国21处直省八旗驻地之一。当时，广州是仅有的三处全部由汉军八旗驻防的城市之一（另两处是福州与京口），这是因为广州有着迥异于北方的水土、曾经的藩王统治带来的复杂形势，以及处理对外贸易事务的需要，同时满洲八旗的人数不足亦是考虑的因素。[①] 相比其他城墙高筑的"满城"，广州的旗境并未在外围修筑城墙，旗境与民地之间仅以栅栏相隔，这是广州驻防八旗的另一个特点，也为广州的旗、民交流与融合提供了有利的条件。发展至乾隆年间，旗人生齿日繁，乾隆皇帝推动"出旗为民"政策，大量驻防汉军旗人被要

声音

---

① 定宜庄：《清代八旗驻防研究》，辽宁民族出版社，1999年，第32页。

求出旗为民。不过，同样由于广州复杂的形势，广州的汉军八旗没有全部出旗，而是保留了一半名额，另一半名额则留给了从北京、天津调拨至广州的满洲旗人。由此，广州的八旗驻防从完全的汉军驻防转变为满、汉合驻。

有清一代，驻防广州的八旗军队及其家人不断繁衍，尤其清初即来到广州的汉军旗人在经历了"出旗为民"的政策后，人数仍一路见长。根据嘉庆十六年（1811）的记载，广州的满洲旗人为4500余人，汉军旗人为14 300余人，[①]而发展至《驻粤八旗志》的编撰时期，即光绪十年（1884），满洲旗人已增加为6272人，汉军旗人增加为25 758人，合计32 030人。[②]因官兵的名额有限，在如此大规模的旗人群体中，只有少数人可以领取口粮。八旗余丁从事贸易等副业的行为逐渐得到允许，[③]越来越多的旗人开始经营商业。乾隆年间，旗人利用军盐生产经营的酱园就受到了民人的欢迎。[④]由于人口基数庞大的汉军旗人的生计最成问题，他们也比满洲旗人更早、更彻底地融入了当地社会。发展至晚清，汉军旗人多兼营生意，或做小贩、手作。而且他们"向来与三元里、黄定塘等十数乡通姻好，是以该处乡民互称'老表'（即表亲的意思），又旗人出外洋、到港澳谋生者虽不多，但往省内四乡觅食者却不少"。[⑤]也有不少汉军旗人考取功名，或者与城内的读书人交往，活跃于学海堂的读书人之中。

旗人的在地化进程也体现在旗境这一空间，以及其与民地的关系上。

---

① 福会：《奏为御史李可蕃所奏广州汉军兵丁内多有出城交结外人勾伙谋利一节实力查禁事》，嘉庆十六年七月廿一日，档号03-2362-024，中国第一历史档案馆藏军机处录副奏折。

② 《驻粤八旗志》卷1，《官兵额设·户口》，光绪五年刊本，第25页a。

③ 《驻粤八旗志》卷14，《人物志·柏之蕃》，光绪五年刊本，第6页a。

④ 甄人、谭绍鹏编：《广州著名老字号》，广州文化出版社，1989年，第124—125页；苏光华：《清代广州八旗轶闻》，载《广州文史资料存稿选编》第9辑，中国文史出版社，2008年，第119页。

⑤ 于城：《广州满汉旗人和八旗军队》，载《广东文史资料》第14辑，中国人民政治协商会议广东省委员会，1964年，第184—185页。

按照满洲与汉军八旗驻地的不同，旗境中形成了满洲街和旗下街的区分。据《驻粤八旗志》记载，除了居民住宅，旗境内还有衙署、军署、兵房、堆卡、台、栅栏、箭道、马圈、应火援、印务处、公衙门、左司衙门、右司衙门、官学、义学、书院、同文馆、粮仓、银库、军器库、火药局、监狱等机构和设施。① 在外国人的笔下，旗境最为明显的特征是道路远较民地宽阔，房屋由夯实的泥浆（mud rammed solid）建成，建筑的粗糙与白色的墙壁让人印象深刻。中文材料亦提到"八旗界内即是兵营，屋宇即是营房。所有大街一般比本地街较为宽阔，街渠多是明渠。通衢大道、街的两头，均建红色木栅，系用排杉做成。其屋宇初是营房，公家建造，故一般多从简朴，墙壁几乎全部是版筑土墙或蚝壳墙"。② 时至今日，虽然经历了近代以来的城市建设，但漫步在旗境的街巷时，我们仍能略微感受到此处相比西关更为规整、宽敞的街区风格。

这片独具特色的区域并非与周边的民地隔绝。早在八旗驻防设置之初，"由归德门至大北门街西，添置官堆八，令官兵昼夜巡守。遇有旗、民交争事故，小则弹压，大则捕治。其街西房屋，任租赁于民开设店肆，俾通贸易。于是商贩骈集，繁盛倍前。月收地租，统存右司库"。③ 而且，伴随着旗人生计问题的加剧，越来越多的旗人把房屋租赁给民人。发展至晚清，因租金低廉，不少民人选择租住在旗境。④ 人们频繁往来于旗境与民地之间，在不少旗境的宗教建筑碑记中，也可以看到旗人与民人共同参与的痕迹。

声音

---

① 《驻粤八旗志》卷2《建置志》，光绪五年刊本，第12页b—第34页a；卷3《建置志》，第1页a—第33页b。

② N. B. Dennys, *The Treaty Ports of China and Japan*, Hong Kong: A. Shortrede and Co., 1867, p.153. 苏光华：《清代广州八旗轶闻》，载《广州文史资料存稿选编》第9辑，第113页。

③ 《驻粤八旗志》卷17《人物志·彭希圣》，光绪五年刊本，第6页b。

④ 苏光华：《清代广州八旗轶闻》，载《广州文史资料存稿选编》第9辑，第113页。

　　驻粤旗人的在地化进程并未消解旗人的特色与认同。随着旗人在广州的世居以及清朝政策的调整，驻粤旗人开始就地安葬先人。广州麓湖的满族坟场现存大量清墓，白云山上也可零星看到一些旗人墓地。在这些墓地中，旗属一定是墓碑中突出的内容。与此同时，广州的旗人也开始结合八旗的旗分进行宗族建设，形成各旗的家庙，体现了八旗制度与岭南宗族社会的交融。今日，还有不少满洲、汉军旗人的族谱存世。通过这些族谱，我们可以了解他们来到这座城市并繁衍后代的故事。改革开放之后，驻粤满洲旗人后裔成立"广州市满族联谊会"（现改称"广州市满族历史文化研究会"），会址就设在清代旗人的"家庙"观音楼。[①]广州市满族历史文化研究会定期编纂发行《广州满族》等刊物，还会举办满族节日颁金节的庆祝活动。广州的汉军旗人后裔虽然没有这样的组织，但汉军旗人后裔的身份也为不少人带来了独特的社会网络。

　　旗人的北来给广州的文化与生活带来了许多新鲜的元素。比如，旗人的支摘窗随驻粤八旗而来，结合广州的气候发展出上下推拉式和中轴旋转式，原本简练的窗棂样式亦在当地经过精心装饰，镶嵌上描绘有图案的彩色玻璃，成为独特的岭南"满洲窗"，至今仍是广府民居的常见装饰。[②]每年元宵、中秋花灯满街，工艺精美，多是旗人出品。旗人经营的酱园森森斋、致美斋、六和栈等成为广州最为著名的酱园，致美斋的酱油更是今日广州人的餐桌常客。[③]满族的代表性食品如沙琪玛，也发展为知名的广府点心。至于旗人的语言，汉军旗人樊屏曾提到"满人则仍操京腔，汉军人则仍守关东语韵"，其时是道光二十二年（1842）。[④]在此之后，这种"京

---

① 汪宗猷：《广州满族在发展过程中形成的历史特殊性》，《广东民族研究论丛》第4辑，广东人民出版社，1988年；[日]細谷良夫：「三藩の史跡—福州・広州・桂林の旅」，载『満族史研究』第2号，2003年。

② 朱君：《满洲窗：多层文化交融的形式记忆》，载《装饰》2019年第3期，第142—143页。

③ 苏光华：《清代广州八旗轶闻》，载《广州文史资料存稿选编》第9辑，第119页。

④ 樊屏：《驻防广州小志》卷3，民国六年抄本。

腔"与"关东语韵"也逐渐融合了粤语的语音和词汇，最终形成了"广州满洲话"与"广州汉军话"。[①]时至今日，旗人后裔们虽仍心念东北故土，但已完全融入广州，操一口流利的粤语了。

四、结语

清代广州吸引了八方来客，也留住了八方来客。广州城中大片的合族祠书院群见证着城乡的互联与乡人在城的活动，珠江三角洲的元素也为广州带来了乡土的文化、社会网络与质朴、务实的品质。洋盐商人及各种商人群体、官宦幕僚、手工业者等从全国各地与三角洲腹地来到广州，这些外来者在广州打拼，也见识了更广阔的世界。一些人决定留在广州谋求长远发展，他们在穗购地置产、安葬先人，以迁穗一支为中心编撰族谱，甚至入籍应试。最终，不少移民的后裔在世居广州后成为"土著"。清朝的统治也为广州带来了与别地不同的驻防旗人群体，虽然政府对旗人与民人的管理迥然有别，但广州的旗人最终与民人走向交融，成为这座城市的一分子。

外来群体在广州的在地化并不只是融入与适应当地的单向进程，他们也带来了不同的生活方式与文化元素，参与了"本地"传统的塑造，一些人甚至成为岭南学术文化的缔造者与宣传者。今天，当我们在广州的烟火气中体味这座城市的人间百味时，或许会意识到，不同于上海的光鲜亮丽，广州人早已将高大上的"洋气"化作吃进肚子的日常。浓郁的生活气息、低调朴素的为人处世、兼容并蓄的胸怀……也许我们也可以在城市与

声音

---

① 汪宗猷主编：《广东满族史》，中国戏剧出版社，2006年，第96—97页；伍嘉祥：《"明个克哪D"》，载金玉阶等主编：《花城旗语》，花城出版社，2015年，第227—233页；沈林：《从广州"满洲话"谈八旗"军话"与现代汉语普通话的关系》，载《广州驻防八旗及岭南满学刍议》，吉林大学出版社，2019年，第40—50页。

乡村之间，在"本地"与"外地"的流动与交错之中，把握这座城市的独特气质。

作者简介 |

梁敏玲，暨南大学历史学系副教授、博士

从生存到自在：一个城中村"居民"的广州生活

彭　杰

摘要：广州有200多个城中村，遍布全市11个区。这些看起来不是很光鲜的城中村，却是很多新进入广州工作生活的人的起点，是他们开启广州生活阶梯的第一步。本文记述了一个具体个案——"二哥"——在广州的发展历程和生活轨迹，展现了其从石牌村开始广州生活，到重回小洲村感受自在生活的过程。二哥在广州城中村的生活轨迹，和由这个轨迹所串起的广州故事，其实不只是二哥一个人的故事，是大量20世纪后期开始进入广州、在广州打拼，并在广州扎根的故事。这些故事，从城中村开始，串起了一串城中村，无论是初来乍到的艰辛，还是重新选择城中村的自在，这些城中村为大量像二哥一样新进广州的人打开了大门，也伴随着他们在广州的生活。

关键词：城中村；生存；自在

　　"城中村"在整个珠江三角洲地区是一个非常普遍的现象和热门的话题，围绕着"城中村"，街谈巷议中也有各种各样的故事。[①]同样，与广州有关的故事，似乎也总绕不开城中村。从各种媒体人写下的在广州大道奋斗的往昔，到最近几年火遍大江南北的"五条人"的故事，都与广州的城

---

① 李培林：《巨变：村落的终结——都市里的村庄研究》，载《中国社会科学》2002年第1期。

中村有着种种联系。甚至是近几年驰名中外的快时尚跨国电商巨头希音，它的传奇商业故事，也离不开广州主城区南部的城中村。

广州的城中村现象发轫于20世纪八九十年代，之后在城市化进程中城中村并未消亡，伴随着城市的扩张，城中村的数量不断增长。[1]根据《广州市城中村改造专项规划（2021—2035年）》报告，广州现有272个城中村，遍布全市11个区。[2]一方面，遍布广州的城中村为来穗人员提供了租金较低的住房和便捷的通勤条件，被视为外来务工人员融入城市并转变为新市民的摇篮和跳板。一项针对广州城中村的调查显示，来穗人员选择居住在城中村的原因中，排名第一的是离工作地点比较近（55.9%），排名第二、第三的分别是交通便利（27.0%）、房租便宜（21.2%）。[3]但另一方面，说起城中村，或者是不小心走进城中村的人，对它的第一印象肯定是"脏乱差"。有学者指出，城中村存在建筑物密集、环境脏乱差、人口结构复杂、治安管理难、多数居民文化素质较低、就业难等问题，并认为"城中村治理，是城市治理的顽疾"。[4]因此，城中村被认为是广州城市现代化发展的洼地，对城中村进行空间、经济与社会功能的结构性、系统性再造，是认真贯彻落实习近平总书记对广州继续在高质量发展方面发挥领头羊和火车头作用殷殷嘱托的具体举措。[5]

好与坏交织，构成了复杂多面的城市景象。这个复杂多样，甚至有些

---

[1] 广州市社会科学院社会研究所课题组：《广州城中村公共服务供给与需求调查》，载张跃国、尹涛、黄玉等编：《广州社会发展报告（2023）》，社会科学文献出版社，2023年，第61—80页。

[2] 广州市规划和自然资源局：《广州市城中村改造专项规划（2021—2035年）》，2024年。

[3] 黄玉、朱泯静、郭沐蓉：《2023年广州城中村居民公共服务需求调查报告》，载张跃国编：《广州社会发展报告（2024）》，社会科学文献出版社，2024年，第270—292页。

[4] 朱立、封晓健：《城市治理的顽疾——城中村问题研究的可视化分析》，载陆丹、包雅钧主编：《城市治理的理论与实践（2019—2020）》，社会科学文献出版社，2020年，第45—65页。

[5] 黄玉、朱泯静、郭沐蓉：《2023年广州城中村居民公共服务需求调查报告》，载张跃国编：《广州社会发展报告（2024）》，社会科学文献出版社，2024年，第270—292页。

不那么美好的城中村形象，与作为一线城市的广州似乎有些不相称，也与大多数人有关城市的想象，存在着巨大的差异。在一个正经历着巨大变迁，从农业社会进入城市社会的国家，我们对城市的想象，特别是一线大城市，应该到处都是干净整洁的街道、宽阔的马路、鳞次栉比的摩天大楼。但有关城市相关的理论传统，特别是经典的芝加哥学派有关城市生态的理论，却提醒我们，城市似乎就应该是广州这个样子。它足够多样、足够复杂，因此也足够包容，从而构成了一个丰富多样，各种人群都可以在其中生存、生活的生态系统。

因此，城市不应只是作为符合大众审美的对象，更是一个个具体生活其中的人的生活空间。一个个具体的人，和他们在其中的生活故事，让城市充满了生机和活力。广州故事，必然是由千千万万生活在广州的人书写的，也同样与遍布全广州的城中村的人联系在一起。接下来，本文将呈现一个具体个案，讲述他的广州生活，其实也是他与城中村的故事。个案简单记述了二哥①在广州的发展历程、生活轨迹，展现了其从石牌村开始广州生活，到重回小洲村感受自在生活的过程。

一、初入广州：从石牌村开始

对于许多初到广州的外地人来说，石牌村是一个充满希望与挑战的地方。这里处于广州的核心城区附近，交通便利，吸引了众多怀揣梦想的人。二哥在1999年底来到广州，一开始就住在石牌村。石牌村，可以说是二哥在广州的起点。从这里开始，二哥开启了他的广州生活。

---

① 从第一次认识起，朋友介绍说"这是二哥"，我就称他为"二哥"。在本文中，也就用"二哥"来作他的称呼。"二哥"，50来岁，一个音乐人，出过唱片、搞过乐队、写过乐评、做过知名音乐杂志的主编，也做过"顶级的音乐内容"的策划，甚至还策划和主导过大型音乐节项目。用他自己的话说，"他是一个可以自由进出音乐的人"。

住在石牌：生活和工作的起点

二哥来广州之前就出过专辑，前前后后来过几次广州，直到1999年底才正式开始来广州工作生活。刚开始，二哥在天河科技街的一家电脑公司找了一份工作。天河科技街离石牌村很近，二哥就与同事在石牌村合租了一个并不宽敞的房子，每月的房租加上电费，每人需承担160元左右，对于当时的他们来说，也是一笔不小的开支。生活常常捉襟见肘，但石牌却让初来广州的二哥有了安身之地。

不仅如此，工作期间，二哥学会了电脑打字。与此同时，由于从小到大家庭文学氛围比较浓，他平时也会写一些东西。工作之余，他会在一些音乐刊物相关的圈子与人闲聊，顺便询问对方是否需要稿子。没想到，他的稿子稍加修改后竟然真的能用。就这样，二哥在石牌村不仅学会了电脑操作，还开启了自己的写作之路，为他日后的发展奠定了基础。

石牌印象：喧嚣与复杂

石牌村的生活环境复杂，二哥回忆说，当时住在里面的那段时间，几乎每个礼拜都会听说有凶杀案发生，还时常发生各种不良现象。二哥讲述了其中一次理发的经历。

他看到一家理发店打着5块钱理发的招牌，觉得价格很实惠便走了进去。没想到，店里的女店员一听他要理发，马上跑到门口拿起有线电话，叫人赶紧派个人过来，说真的有人来理发。接着，从楼上下来一个女的，拿个水盆出去倒水，然后又下来一个男的，随后进来一个女的，说那个人每次都不带套。听到这些不堪的话语后，二哥觉得这个地方不能再待下去了，于是调头离开。①

二哥讲道，石牌村虽然混乱，却也是许多像他一样的音乐人的起点。他说，"五条人"为什么叫"五条人"呢？就是五个人光着膀子睡在地下，不是五条人是什么！后来，条件好了，才能租有上下床的房子啊。二哥还说道，仁科曾写过一首歌叫《晚上好，春天小姐》，就是他17岁在石牌村看到拐角处的小姐手上拿了一把雨伞，在那等客人的场景，激发了他的创作灵感。这里发生的故事成为他们创作城市民谣的素材，他们用音乐记录下了石牌村的生活百态。

二、为了生活：广州各处的足迹

在石牌住了大概八个月后，二哥就离开了。因工作变动、恋爱等原因住过下渡路、怡乐路、南泰路、下塘西路老干大学等地，不断地寻找着适合自己的生活方式。

不同地方的生活体验

二哥说，在下渡路租的房子只能放一张床和一个很小的桌子，每月100块钱租金。这里的居住条件虽然艰苦，但也让他结识了许多同样在为

---

① "理发店"的故事，来自"二哥"的口述。作为个体的生活经历，作者无法从一般意义上去求证讲述者的叙事是否真实，但从相关文献的分析中，却可以发现"二哥"讲述的现象，是当时城中村的客观现实。学者刘梦琴在2000年发表了《石牌流动人口聚居区研究》一文，文中明确指出"发廊从业人员是租住石牌村的流动人口主要从事的职业类别之一"，"石牌村内几乎几步一个发廊，发廊总数超过一百家"。白涛等学者在《珠江三角洲城中村问题探析》一文中指出，2000年全年，广州某区全年入室抢劫案有75%发生在城中村，全市抓获的犯罪嫌疑犯有八成是从城中村的出租屋中抓获的。同时，"黄赌毒"之类的"地下经济"性质的违法行为，也十分广泛。因此，学者们指出，城中村这类边缘社区的违法犯罪问题，已经成为当时全国各大中城市严重的社会问题。具体参见：刘梦琴：《石牌流动人口聚居区研究——兼与北京"浙江村"比较》，载《市场与人口分析》2000年第5期；白涛、叶嘉国：《珠江三角洲城中村问题探析》，载《广东社会科学》2004年第3期。

生活奋斗的人。他说，很多人在这里租房，无非是靠近工作的地方，可以节省一些时间，有更多的时间睡觉而不是通勤。除了下渡路，二哥还住过马务村、怡乐路、南泰路、下塘西路的老干大学等地。比如说，之所以租在下塘西路的老干大学附近，是因为那里离广园新村的音响城很近。那段时间他在音响城上班。讲起怡乐路，二哥会说起学而优书店、博尔赫斯书店等充满文化氛围的地方。当然，在此期间，他有过甜蜜的爱情，也经历过婚姻的失败。

职业的转变与成长

在这个过程中，二哥的职业也在不断地发生变化。他从一个电脑公司的员工，逐渐成为一名编辑和作家，后来又涉足音乐行业，开公司、办音乐节等。他最初在电脑公司工作，学会了用电脑写文章，不错的文学和音乐素养，让他的文章很快得到市场的认可，之后还成为当时发行量很大的音乐杂志的主编。2003年，二哥就用写文章做音乐杂志挣的钱在南方医院附近的云锦花园买了房，"成为真正的广州人"。之后，还在广州知名的汇景新城居住过。

在职业道路上，二哥说，因为运气，凭借着文学才华和音乐才能，他很快就成为这个领域的"云端"人士。2007年，他为中国最大的电信运营商之一做过无线音乐基地的内容支撑和策划；2011年，决定自己开公司，帮音乐人出唱片；2014年开始经商创业，涉足酒吧、音乐节之类的项目；2016年，又为另一家头部企业的音乐平台做内容支撑，直到2019年合约结束。

当然，这个过程中他也遇到过不少困难和挑战。比如，在经营公司时，他面临着各种压力，从一开始的毫无头绪，到后来学习做PPT、做方案，经历了许多艰难的时刻。然而，正是这些挫折让他不断成长和进步，学会了如何在不同的领域中立足和发展。

三、重回城中村：小洲村的自在生活

各种机缘巧合，二哥在2019年选择搬到小洲村。这里与他曾经居住过的石牌村一样，也是一个城中村，但却给他带来了不同的生活体验。

选择小洲村：为了孩子

二哥说，选择小洲村主要是为了孩子的教育。南沙当时最好的小学，可能都比不上小洲村小学。因此，他卖掉了南沙的房子，租了小洲村的房子，一家人在这里开始了新的生活。二哥说，他有广州户口，将原来的房子卖掉后，名下没有物业，便租了小洲村有合法备案的房子，只需交一点税金，孩子读书就不用交赞助费。这对他来说，是极大的便利。不然，就需要交8万甚至找关系也要交5万的赞助费，而他却无须为此烦恼。正是考虑到孩子，谈到未来的打算时，二哥说，希望正在上幼儿园的第二个小孩读完小学后再做下一步选择。

自在生活：烟火气中的日常

谈到小洲村的生活，二哥说，小洲村充满着浓厚的烟火气息，是一个充满生活味道的地方。在这里，有时能看到送葬的队伍，满街的老人和小孩，构成了一幅生动的人间画卷。早上起来，一条街全是热闹的早餐摊，闹闹哄哄，充满了生活的气息。二哥来到小洲村后，学会了做饭，享受着这种很有人间烟火气的生活。

在疫情期间，小洲村虽然也被封了几次，但二哥却觉得这里比小区舒服多了。小洲村几平方公里的范围内，就像一个小王国，生活物资能够来回运输，即使被封控，"捅完喉咙后"物资就能运进来。这里有菜市场、超市甚至小吃摊，半夜还有夜宵，让二哥觉得即使在封控期间也能享受到生活的便利。相比之前居住的大型商品房小区，"买东西要跑很远"，小洲村的生活要方便很多。"在小洲村,每天每一顿饭都可以去一趟市场买菜,非常方便。"同时,村里还居住着各种不同的人,包括一些艺术家和各种自称有一定技能的人。虽然水平参差不齐,但总能找到几个在精神层面能对接的人打交道。二哥觉得,与这些人交流能够让他在精神上得到满足,也能让他在小洲村找到归属感。

在这里,二哥找到了自己的生活节奏,他既可以享受小洲村的烟火气,又能与志同道合的人交流。这种有烟火气的生活,让二哥感受到了生活的真实与美好,也让他觉得小洲村的生活很自在。

四、从城中村看广州生活

城中村的意义

对于二哥来说,城中村在他的人生历程中扮演了至关重要的角色。初到广州时,他落脚于石牌村,这个城中村成为他融入广州的第一站。在这里,他不仅找到了价格低廉的住所,还学会了使用电脑打字、写文章,为日后的发展奠定了基础。城中村就像一个港湾,接纳了来自五湖四海、一穷二白的人们,让他们在这个超级城市中有了一个可以栖息的地方。二哥感慨道,城中村为每一个外地来广州的人提供了一个宝贵的起步平台。在这里,人们可以以较低的成本生存下来,逐渐了解广州的生活方式和文化氛围。城中村的存在,也为那些怀揣梦想、渴望在大城市闯荡的人提供了希望和机会。他们知道,即使自己一无所有地来到广州,也能在城中村找到一个容身之所,开始自己的拼搏之路。这种吸引力使得广州这座城市不断被注入新的活力。

从城中村角度,看广州生活

在广州生活多年,二哥说,他很喜欢这座城市的随性与自由。在他看来，广州的有钱人与没钱人之间并没有太大的差别。无论是住在高档小区的富人，还是在城中村租房的租客，都能在这个城市里找到自己的生活空间。就像小洲村的村民，虽然有些人拥有好多栋房子，但他们依然过着简单朴实的生活，甚至还住在居住了很久的老楼房里，看起来与菜市场里的普通人并无二致。

二哥说，广州是一个充满活力的城市，人们在这里可以自由地生活，不必受太多的条条框框束缚。这里的人们穿着人字拖、大裤衩，悠闲地走在街头巷尾。没有人会因为你的穿着打扮而对你另眼相看，也没有人会刻意去追求所谓的"牌面"和"气场"。在广州，文化不是用来炫耀的资本，而是融入生活的一部分。人们不会刻意去强调自己的文化素养，只有在需要的时候才会展现出来。

二哥讲述了自己在广州的生活点滴，无论是在石牌村的艰难岁月，还是在小洲村的自在时光，都让他感受到了广州这座城市的独特魅力。在这里，他可以自由地追求自己的梦想，无论是做音乐、写作还是做生意，都能找到属于自己的舞台。广州的包容和自由，也让他觉得自己可以随心所欲地做自己想做的事情，而不必在意外界的眼光和评价。

五、结语

二哥的广州生活轨迹，串起了一串城中村。20多年来，二哥在广州生活过的这一串广州地名，石牌村、下塘西路、广园新村、南泰路、下渡村、云锦花园、汇景新城、小洲村（其中大部分都是城中村村名），对我而言，是很熟悉的，好像也是我的广州生活轨迹。我问了二哥这样一个问题，此前的生活完全没有交集的两个人，在广州的轨迹却又有很多的重合之处，这是为什么？这仅仅只是巧合吗？二哥的讲述，给了我们答案。他说，因为这是许多人进入广州，在广州留下来，成为广州人的相同历程。

声音

二哥在广州城中村的生活轨迹，和由这个轨迹所串起的广州故事，其实不只是二哥一个人的故事，也是大量20世纪后期开始进入广州、在广州打拼，并在广州扎根的外地人的故事。这些故事从城中村开始，串起了一串城中村，无论是初来乍到的艰辛，还是重新选择城中村的自在，这些城中村，给大量像我和二哥一样新进广州的人打开了大门，也伴随着我们在广州的生活。

也就是说，对许多外来人员而言，城中村被视为融入城市并转变为新市民的摇篮和跳板。越是地理位置优越、交通便利、服务类企业聚集的区域，城中村聚集人数也越多。广州市规划部门2012年的村庄调查数据库数据显示，广州城中村常住人口有613.7万人，新市民有431万人，新市民占村庄常住人口的70.2%。[1]因此，就算城中村存在各种问题，相关研究者在访谈中发现，"外来务工人员依然认为城中村给他们提供了便利"。城中村不仅为新进入城市的人提供了廉价的居住空间，也缩短了他们的通勤时间和通勤距离。同时，看似隔离的城中村，实际上也正在帮助他们增加就业机会，改善了外来人口的福利状况。[2]

就像二哥说到的，城中村对于每一个从外地来广州的人来说，都是一个很好的阶梯。它为人们提供了一个起步的地方，让人们能够在这个城市里生存下来，了解这个城市的生活方式。当然，也正是因为有城中村的存在，让这个城市可以吸引大量的人进入，并以较低的成本开始自己的城市生活。大浪淘沙，一些人走了，一些人留下了，在这个城市扎下了根。相关统计数据显示，伴随广州国家级中心城市的建设，广州对流动人口的吸引力更加强劲。根据第七次人口普查数据，2020年广州新市民达到937.9

---

[1] 黄玉、朱泯静、郭沐蓉：《2023年广州城中村居民公共服务需求调查报告》，载张跃国编：《广州社会发展报告（2024）》，社会科学文献出版社，2024年，第270—292页。

[2] 赵嵩年、吴次芳、朱鹏宇：《城中村存在对外来务工人员福利影响研究》，载高延利、张建平、唐健等编：《中国土地政策研究报告（2018）》，社会科学文献出版社，2018年，第223—239页。

万人，相比十年前增长了73%。流动人口占比在50%以上的乡镇街道，其中居住的新市民由400万人增长到805.7万人。[①]

广州发展到当下，城市更新和城中村改造，成为城市发展的重要主题。城中村更新，也被认为是广州高质量发展、高品质生活和高水平治理联动优化的核心抓手。虽然城中村是以外来进城务工人员为主体的低收入社区或外来人口聚居区，外来人口在数量上往往是原住村民的数倍，[②]但城中村改造中，却并没有听到太多他们的声音。由此，有学者建议在城中村改造中，应该重视进城务工人员的作用，以更有针对性地改造或更新城中村，而非彻底地摧毁它们。政府部门应当思考制定更好的政策，在城中村改造过程中积极重构其社会功能以延续城中村的积极作用。[③]基于小新塘村的经验，广州在系统总结深圳城市更新经验教训的基础上，提出了"包容性更新治理模式"。这一模式，尝试将部分用于出租的回迁房设计成与新市民实际支付能力相适应的小面积住房，在联动解决城中村更新与新市民可支付健康住房供给方面做出了有益尝试，提高了城中村更新的包容性和可持续性。简单地说，这一模式将城中村的居住主体"新市民"的住房和居住问题，放到非常重要的位置，坚持"以人民为中心，探索城中村更新和新市民可支付健康住房供给的联动解决方案"。按此方案对广州进行测算，当广州城中村更新完成50%时，新市民住房问题将得到基本解决。[④]

广州的城中村，在过去几十年中国城市化进程中，吸引并包纳了大量

① 叶裕民：《广州城中村更新的政策空间与建议》，载张跃国、郭艳华编：《广州城乡融合发展报告（2023）》，社会科学文献出版社，2023年，第172—187页。
② 魏立华、闫小培：《中国经济发达地区城市非正式移民聚居区——"城中村"的形成与演进——以珠江三角洲诸城市为例》，载《管理世界》2005年第8期。
③ 赵嵩年、吴次芳、朱鹏宇：《城中村存在对外来务工人员福利影响研究》，载高延利、张建平、唐健等编：《中国土地政策研究报告（2018）》，社会科学文献出版社，2018年，第223—239页。
④ 叶裕民：《广州城中村更新的政策空间与建议》，载张跃国、郭艳华编：《广州城乡融合发展报告（2023）》，社会科学文献出版社，2023年，第172—187页。

声音

像二哥一样的新广州人。它不仅给了他们栖身的生活空间，甚至有很多人也像二哥一样，以此为起点，在广州获得了相对自在的生活。就像过去一样，新的城市改造也考虑给他们提供低成本的租住空间，以更加包容的方式展现着可以被称为"未完成的现代性"式的"珠三角城中村美学"，这些"发源于珠三角地区，作为中国改革开放以来伴生的看似负面的阶段性现象，实际上却蕴蓄着创造性潜能"。[①]

作者简介

彭杰，湖南慈利人，社会学博士，华南师范大学社会工作系讲师

---

① 林峥：《未完成的现代性："五条人"与珠三角城中村美学》，载《现代中文学刊》2024年第2期。

广式生活

Artistic Conception

书韵诗意、墨香画韵、向海而生、商通万里、革新求变等

的

05

气韵

广式生活的内涵与传播

张志安　陈雅涵

摘要： 广州张弛有道、开放包容的城市气质使其区别于其他超大城市，这种价值传递根植于其2000余年的商贸历史与社会变迁。广泛、广阔、敢为天下先，这些通俗概括的城市精神，共同赋予广州独特的城市魅力及强大的生命力，潜移默化地影响着广州市民的道德修养、人文气质、生活方式及行为规范等多个方面，并进而使广式生活成为多元、平衡与务实的代名词。广州城市传播，可通过主流媒体引领、文化创新驱动、区域协同发展等策略，进一步书写广式生活美学及广州城市文化品牌。

关键词： 城市精神；城市传播；广州；城市文化

引言

广式生活不仅是"广州人的生活"，更是"在广州的生活"，甚至是"连接广州的生活"。这是一种融合了传统与现代、东方与西方、快节奏与慢生活的独特生活方式。它不仅投射在广州人叹早茶、品尝各地美食等日常饮食习惯之中，也体现在广州人对生活品质的追求、对多元文化的包容、对个人与社会的平衡发展等生活态度和价值观念之内，还吸纳和折射着对广州有兴趣的人的体验和感受。

作为一个拥有2000余年历史的千年商都，广州多以亲民、开放、放松的城市气质呈现。但是，如何以对话历史、立足当下的视角精准提炼广州的城市精神，阐明广式生活的独特魅力，是广州城市文化形象塑造与传播的重要课题。本文尝试剖析并回答上述问题，为彰显城市精神和展现城市品格探寻有效途径，也为推动城市高质量发展提供文化支撑和传播启示。

一、广州的城市精神

城市精神是城市在长期发展中形成的一种深层次的社会意识，是"城市的历史文化、城市的建筑风格、城市的形态格局，以及城市市民的综合素质、文明程度、价值取向、思想情操和精神风貌的综合反映，是城市政治、经济和文化在精神领域的集中体现"，[①]是城市在历史积淀中形成的价值体系和精神品格。[②]回望广州千年的历史与文化，其城市精神可以较为通俗地概括为三个关键词：广泛、广阔、敢为天下先。

其一，广州的广泛。这种广泛，源于其深厚的商贸历史与多元文化的交融之中。作为海上丝绸之路的起点，广州早在秦汉时期就已是中国对外贸易的重要港口城市，后更是成为中国一口通商港口，长期以来肩负着沟通中外、促进发展的历史使命。商贸互通带动着文明互鉴，无论是秦汉时期的南越文化，或是唐宋时期的东方大港，还是现代的改革开放前沿，广州始终以其博大的胸襟，吸收和融合着各种文化精髓，为形成丰富多元的城市文化蓄力。

在各方文明的碰撞交融中，独特的岭南文化应运而生，它不仅体现在广州的语言、饮食、建筑、艺术等各个层面，更渗透进城市基因和居民的日常生活之中。例如，粤语透出古汉语的音调和韵味，广州的流行音乐及

---

① 肖红缨：《试论城市精神》，载《江汉论坛》2004年第8期。
② 魏然：《走出城市精神的塑造误区》，载《人民论坛》2018年第31期。

电影创作有着港台流行文化的身影，骑楼则融合了西方建筑的外廊样式与中国传统民居形式，兼备东方美学与西方技艺。

其二，广州的广阔。其广阔得益于得天独厚的地理位置和国家战略支持所共同塑造的城市发展前景与开阔眼界。从古时的"三江际会，岭南门户"，到"祖国南大门、改革开放的最前沿"，再到今日粤港澳大湾区的核心城市，广州不仅是中国对外开放和经济发展的重要窗口，更已成长为具有国际影响力的现代化大都市，拥有广阔的发展空间和巨大的发展潜力。

新时代的广州继续发挥其区位优势及纽带作用，积极融入国家宏观发展格局，并在全球城市文化论坛、国际经济合作组织等国际平台积极发声。这种城市定位及责任使命，使广式生活拥有了前瞻性和国际化的特征，不断吸收并阐发先进观念，在城市规划及建设方面有较为全面及长远的目标，在城市创新、人类多元发展等方面也有着更高的追求。

其三，广州的敢为天下先。这种创新精神体现在广州从革命到建设、再到中国式现代化新征程的一系列先行先试实践中。从中国民主革命策源地，到打响改革开放初期的价格改革第一枪，再到全国第一批万元户的诞生、全国第一家卡拉OK及音乐茶座启幕；从内地第一家现代购物中心的开业，到今天在智慧城市、绿色发展等方面的积极探索，广州在经济发展、科技创新、文化传承、社会治理等多个领域始终走在时代前列，引领风气之先。

这种敢闯敢试、务实创新的精神，一方面在实践中为全国乃至世界提供了诸多经验与启示，另一方面，也让广式生活充满了活力与创造力，在不断追求创新与突破中形成了广州人勇于探索、乐于尝试的生活态度。

二、广式生活的内涵与意蕴

广泛、广阔、敢为天下先的城市精神，不仅是广州过去辉煌历史的写照，更是其未来发展不竭的动力源泉。它们共同赋予广州独特的城市魅力及强大的生命力，塑造了"老广"张弛有度的生活态度，也感染了新广州人对于生活的向往与憧憬。广州千年历史凝结的城市精神化成了城市文化基因，具有价值引领、行为约束、意识培养等多重功能，[①]潜移默化地影响着广州市民的道德修养、人文气质、生活方式及行为规范等多个方面。深究广州城市精神对广式生活方式的影响，主要体现在以下三个方面。

一是开放包容。对外贸易及文明互鉴使广州在物质及观念上都表现出极大的包容性，体现在文化习俗、价值观念、阶层关系等多个维度。[②]在广州，城中村镶嵌在城市中央商务区之内，教堂与寺庙相邻共存，城内既坐拥大批顶级奢华餐饮场所，也布满"便靓正"的"苍蝇小馆"。这种空间布局致力于为各社会阶层及文化背景的人们提供不同的生活选择，为各者提供了相互交流和融合的机会和空间。这片土地尊重各式各样的活法，促使一千个人在广州创造出一千种生活方式，让追求社会多元化和文化多样性变得具象化。

二是务实重义。商贸文化的底层逻辑由契约精神组成，蕴含着公平公正、平等相待、诚实守信等内涵。投射到广州的日常生活中，这种契约与平等已成为深入人心的社会价值观念及广州人对待生活的方式，不仅体现在不同阶层之间的和谐共处之中，表现在广州人直视金钱的态度之上，也反映在政府官员、学者、媒体和企业家的实干、温度与韧劲之内。这种务实重义的广式生活方式内涵营造了兼具秩序与信誉的社会环境，吸引了大批的实干型人才入驻广州。

三是平衡和谐。广式生活追求个人发展与社会和谐之间的平衡。由于机遇伴随着商贸往来频繁涌现，广州人能够以较为淡定的态度面对生活。

气
韵

---

① 魏然：《走出城市精神的塑造误区》，载《人民论坛》2018年第31期。
② 谭敏：《张志安：在广州学会享受每一天》，载《广州日报》2022年2月8日. https://baijiahao. baidu.com/s?id=1724169428044832202&wfr=spider&for=pc。

一方面是因意识到美好生活才是最终的奋斗目标，信奉"辛苦搵嚟自在食"①，喜欢具身地感受广州的气候、美食及生命力，使"叹"这一表示享受生活的词成为粤语的代表词汇之一。另一方面，则是广州市民对于机遇频发的自信，使其能够适当地暂停，找寻生活与工作中的平衡点。由此衍生而来，在城市中，人与人之间既有情感互动，又适当地保有个人空间，体现出广州发达的市民社会对个人自我发展和自我追求的尊重。加之广州温暖湿润的气候造就了嵌入式花海的城市空间景观，为人们在工作之余感受美好生活、追求高品质生活提供了一条曼妙的路径。

三、广式生活的传播进路

刘易斯·芒福德（Lewis Mumford）认为，文化是城市发生的原始机制，同时也是城市发展的最后目的，换言之，城市的本质在于文化。②从城市学视角来看，城市文化传播是城市文化在城市空间中的流动与扩散过程，城市的空间结构及功能布局均承载着丰富的文化信息，也承担着文化传播的任务。③从文化学视角来看，城市文化传播是城市文化在社会中变迁、传承与创新的过程。从传播学视角来看，城市文化传播则是通过人际互动、媒体传播等途径，将城市文化内涵传递给更广泛的受众。④综合而言，城市文化传播是文化向外传递、扩散而超出其产生地区的一种流动现象，它既包括文化在城市内不同区域之间的流动、文化在不同城市之间的流动、城市文化与农村文化的相互影响和渗透，也包括城市内外社会成员之间的文化互动。

---

① 粤语"辛苦搵嚟自在食"的普通话意为：辛苦赚钱就是为了舒服地吃。
② ［美］刘易斯·芒福德：《城市文化》，宋俊岭等译，中国建筑工业出版社，2009年。
③ 朱逸宁、刘士林：《论中国城市文化学理论的建构》，载《上海师范大学学报（哲学社会科学版）》2013年第6期。
④ 范红、慕玲：《城市传播》，中国社会科学出版社，2023年。

广州的生活方式有着其独特的感染力，提高其传播效力不仅是彰显城市精神和城市品格的重要途径，也是激发城市人文经济动力与潜力的关键驱动。在当下的传播语境中，"自上而下"传播与"自下而上"发声的意义并重，人际传播、群体传播、组织传播与大众传播的功能并进。在传播战略计划上，拉斯韦尔从"传播者、传播内容、传播媒介、受众、传播效果"展开的"5W模式"给予了讨论传播的理论启示。[①]结合广式生活的传播现状及进路，可尝试从主流媒体引领传播、文化创新驱动参与、互动体验激发活力、湾区协同促进发展、精神内核拓展升维五个方面加快推进广式生活方式的传播创新。

第一，做强、做大主流媒体的舆论宣传主阵地。广州传媒业发达，是南方日报、羊城晚报、广州日报三家报业集团和南方财经全媒体集团的总部所在地，在思想引领、文化传播、社会治理监督等方面均有建树，且与政府这一城市形象传播策略制定的发起者和主要推动者有着一定的接触度。因此，广式生活的宣传工作应利用此基础，把握时代机遇及话语，进一步加强媒体融合纵深发展，利用人工智能、大数据等新技术，有效引导社会热点。一方面，优化新闻采编流程，提升新闻舆论的传播力、引导力、影响力及公信力，增强主流媒体在舆论引导中的作用。另一方面，增加文化传播的互动性与体验感，拓展数字互动娱乐、数字视听等数字文化产业领域，让广式生活以更具身、更沉浸、更直观的方式呈现，使广式生活实现口碑传播效应。

第二，持续推动文化创新，刺激多主体参与。中华优秀传统文化的创造性转化与创新性发展是当前文化传承与发展的重要抓手，广式生活的传播同样如此。例如，可将具有广式生活特色的凉茶文化进行再创作，推出

气韵

---

① [美] 哈罗德·D. 拉斯韦尔：《社会传播的结构与功能（英文版）》，中国传媒大学出版社，2013年。

造型新奇的茶包，用于满足现代快节奏人群的养生年轻化需求；或以"热广式"为名，通过更潮流、更亲民的话语传播药食同源的中医药养生文化，深化外地居民对于广式生活理念的认识。此外，应推动广州本地百姓、侨胞、与广州有关的意见领袖及在广州生活甚至成长的外国友人积极参与创作及传播，并加强与国内外主流媒体的交流与合作，让受众能够从不同角度感受到广式生活的丰富与风情，增强广州的城市吸引力，增强广州内外民众对城市的认同感及归属感，也使正面宣传更加鲜活、接地气、有人气。

第三，关注受众体验及互动，激发多元主体活力。新媒体传播具有去中心化、移动化、互动化的特点，相较于主流媒体传播，更加有亲和力。因此，应有效利用新媒体平台，尤其在这里生长为超级互联网平台的"微信"。如今，微信已成为国内使用频率最高的新媒体平台，一方面应针对不同受众群体制作更为个性化、更具有故事性的内容，包括但不限于视频、音乐、微电影、网络文学作品、摄影作品等；另一方面，借助平台共享传播及算法传播等特点，激活用户参与生产、制作、点评、互动的能量，让各群体切身体会广州的鲜活及生命力，触发不同群体的情感共鸣，深度建立与广州的联结。[1]

第四，联结同类项，共建"人文湾区"与"休闲湾区"。作为粤港澳大湾区的核心引擎，广州肩负着推动区域一体化发展、增强区域发展动力的重要使命，需要发挥其城市文化的感召力，也要积极促进文化与经济的深度融合，挖掘人文经济的内在动力与潜力。广州、香港、澳门等地同根同源，同属粤文化，也同属粤语区，在生活方式、交际互动等方面具有较大的共性。尤其是港澳地区，拥有庞大的海外华人华侨群体，是广式生活

---

[1] 张志安：《在体育传播的路径中构建更有效力的国际传播体系》，载《南方日报》2024年11月12日，https://epaper.nfnews.com/nfdaily/html/202411/12/content_10117586.html?from=weChatMessage。

传播的资源与机遇。因此，广式生活的传播应借助粤港澳大湾区平台，集结各兄弟城市的力量，共同拓展广式生活的内涵与外延。同时，创建广式生活交流传播及文旅合作平台，推动区域内文化、休闲、商贸融合与集聚，旨在通过促进文化资源的交流、流通与共享，培养区域融合创新业态，增强内部的聚合力及外部的影响力，实现区域合作共赢。

第五，升级传播范式，实现从现代城市到高尚城市的跃升。总体来说，中国城市的传播范式主要聚焦在"现代城市"的框架中，从内容到议题、从视觉到内涵，力图呈现城市的加速现代化，更多呈现的是城市蓬勃向上、欣欣向荣的景象，体现的是城市"向上生长"的活力和生机。不过，这种崇尚"现代城市"框架的城市传播，既面临着大量城市形象定位的相对趋同化，也面临着难以让受众从欣赏城市走向认同城市的困境。后续，广州这样具有深厚历史文化积淀、开放包容气质的一线大都市，可在城市传播范式上朝"高尚城市"升级和提质，更加注重对城市文明、城市精神的弘扬，从凡人小事的文明善举、城市治理的开放包容、文化传承的魅力彰显等视角，充分挖掘和展现城市"向内省思"的魅力和价值。

结语

广州这座古老而又充满活力的城市，以其"广泛、广阔、敢为天下先"的精神特质，展现出了独特的生活态度、气质和意蕴。这种精神塑造了广州的城市性格，也潜移默化地使广式生活成为多元、平衡与务实的代名词，使广州成为一座充满人情味、开放包容、不断创新的现代化城市。未来仍需通过主流媒体引领、文化创新驱动、区域协同发展等传播升级思路，共同书写广式生活美学及广州城市文化品牌，让更多的群体感受到广州及粤港澳大湾区的魅力所在。但是，城市品牌形象塑造及其传播是一个长期、系统化的工程，仍需要全体城市居民的持续参与和努力。

作者简介

张志安，复旦大学新闻学院教授、复旦大学全球传播全媒体
　　研究院副院长、博士生导师
陈雅涵，广州市社科院城市文化研究所助理研究员、博士

"岭南文化中心地"的精神气质与广式生活的平实风雅①

温朝霞

摘要： 广州具有"岭南文化中心地"的城市文化定位，形成了贯穿古今、融汇中西、具有鲜明地域特色和时代风貌的城市文化。广州文化中的"羊文化""洋文化""花文化""食文化"和"商文化"，从根本上铸就了具有开放兼容、开拓进取、敢为人先、追求美好、拼搏务实、诚实守信等特征的"新时期广州人精神"，也就是"羊""洋"得意，"华"（通"花"）而务"实"（通"食"）。这种中西合璧、古今交融的城市文化，滋养了平实风雅的广式生活。广式生活既是对美好生活的诠释，也是广州城市精神在人民生活层面的体现。

关键词： 广州；岭南文化中心地；精神气质；广式生活

气
韵

广州作为建城2200多年的历史文化名城，自秦汉以来一直是岭南的政治、经济、文化中心，历史上文风昌盛、文人荟萃、文气精妙、文思开远，具有十分丰富的历史文化资源；并在反映改革开放所取得的经济社会成就中，形成了贯穿古今、融汇中西、具有鲜明地域特色和时代风貌的城

① 本文系广东省哲学社会科学规划2025年度一般项目"基于文化产业演进的新质生产力生成机理及进路研究"（GD25CXY12）、2024年广东省委党校（行政学院）系统哲学社会科学规划课题"以新质生产力推动广东文化产业高质量发展研究"（2024GDDXXT006）、中共广州市委党校（广州行政学院）2025年度新型智库及党建研究基地（中心）重点课题"共建人文湾区视域下广州提升城市文化综合实力研究"（ZDZKT202505）的阶段性成果。

市文化。因此，广州具有"岭南文化中心地"的城市文化定位，其中西合璧、古今交融的城市文化，铸就了具有开放兼容、开拓进取、敢为人先、追求美好、拼搏务实、诚实守信等特征的"新时期广州人精神"，也滋养了平实风雅的广式生活。

一、广州的城市文化定位：岭南文化中心地

广州的城市形象、城市魅力、城市文化定位，一直是广州城市发展的重要议题。1998年，《新周刊》杂志曾发布了"城市魅力排行榜"，其中广州被赋予了"最说不清的城市"称号，评语就是："广州在中国城市中的地位，有些像法国或巴黎在国际上的地位。谁说得清巴黎呢，巴尔扎克、雨果穷其一生之力也未说清。"但广州为什么会"说不清"呢？只能说广州文化内容太丰富、太精彩了。但是，笔者理解的广州，绝对是一座说得清的城市。关于广州和广州文化，有几种说法。

1.民间说法。广州的特点就是"一都二城三特四地"。"一都"指广州是著名的商都；"二城"指广州是闻名遐迩的花城和古城；"三特"指的是特有的粤语、粤剧、粤菜；"四地"就是广州的"四地说"：海上丝绸之路发祥地、近现代革命策源地、岭南文化中心地、改革开放前沿地。另外，广州还有"东山少爷西关小姐"的说法。

2.官方说法。第一，"四地说"：即古代海上丝绸之路发祥地、近现代革命史策源地、当代改革开放前沿地、岭南文化中心地。"四地说"从古至今，概括了广州的历史风貌和文化特色，这也可以说是广州历史文化最有特色、最具竞争力的优势资源。

第二，习近平总书记对广州的殷殷嘱托。2023年4月7日下午，国家主席习近平在广州市松园同法国总统马克龙举行非正式会晤。两国元首临水而坐，观景品茗，纵论古今。习近平总书记指出，了解今天的中国，要

从了解中国的历史开始。广州是中国民主革命的策源地和中国改革开放的排头兵。1000多年前，广州就是海上丝绸之路的一个起点。100多年前，就是在这里打开了近现代中国进步的大门。40多年前，也是在这里首先蹚出来一条经济特区建设之路。现在广州正在积极推进粤港澳大湾区建设，继续在高质量发展方面发挥领头羊和火车头作用。①

3.《粤港澳大湾区发展规划纲要》对广州的定位。《粤港澳大湾区发展规划纲要》第八章第二节"共建人文湾区"部分，对于广州的定位表述为："支持广州建设岭南文化中心和对外文化交流门户，扩大岭南文化的影响力和辐射力。"值得注意的是，在大湾区"9+2"城市里，只有广州享有这个独一无二的城市定位，就是"岭南文化中心"。综上，可知广州"岭南文化中心"的定位，既是历史和人文的沉淀，也是当代广州城市发展的特色和方向。

二、岭南文化中心地的精神气质

对于广州的精神气质，一直也是众说纷纭。笔者认为，广州文化中的"羊文化""洋文化""花文化""食文化"和"商文化"，从根本上铸就了具有开放兼容、开拓进取、敢为人先、追求美好、拼搏务实、诚实守信等特征的"新时期广州人精神"，也就是"羊""洋"得意，"华"（通"花"）而务"实"（通"食"）。这是广州作为岭南文化中心的精神气质的重要表现。

（一）广州文化中的"羊文化"，铸就了具有敢为人先和生猛特征的广州精神气质

广州有"羊城"的称谓，源于一个家喻户晓的美丽神话，即流传甚广

---

① 《习近平同法国总统马克龙在广州非正式会晤》，载《人民日报》2023年4月8日。

的"五羊衔谷，萃于楚庭"的传说。大约在周朝时，广州连年灾荒，田野荒芜，农业失收，人民不得温饱。一天，南海的天空忽然传来一阵悠扬的音乐，并出现五朵彩色祥云，上有五位仙人，身穿五色彩衣，分别骑着不同毛色、口衔稻穗的仙羊，降临广州。仙人把优良的稻穗赠给了广州人，并祝愿这一地区永无饥荒。祝罢，仙人腾空飞逝，五只仙羊化为石羊留在广州山坡。从此，承仙之愿，稻穗飘香，年年丰收，广州便成为岭南最富庶的地方。这就是广州"五羊城""羊城"名称的由来。"羊文化"也因此成为广州文化的一个重要组成部分。在广州越秀山木壳岗上，有著名雕塑家尹积昌等根据五羊的传说创作的五羊石雕像。五羊姿态各异，造型优美，栩栩如生。五羊石雕像经过40多年的历史检验，已被誉为广州的城徽，为这一历史文化名城增色不少。

在古汉语中"羊"和"阳"是相通的，《辞源》中"羊"的注解通"阳"。因此，三只羊画在一起，仰望太阳的图案就表示"三阳开泰"。广州之"羊"有民族性、地方特色和现实意义，它蕴含了广州文化和广州人的精神特征。羊城之"羊"是有广味的羊，是鲜美的羊、祥和的羊、领头的羊、大气的羊。"大气的羊"是"羊、阳、洋文化之和"，是现代文明和古代文明之"和"，是历史的造型"文""物"之"和"，是文化建设的物质基础和精神基础。"阳"是"亮点"，"羊"是"气魄"。有了"大气的羊"，广州之"广"有如海洋之宽，五羊之"羊"有如太阳之高。有了"大气的羊"，羊城的文化品味便得以升华。

广州的"羊文化"，决定了广州成为当代中国改革开放的"领头羊"，锻造了敢为人先和生猛（意为充满阳光般的活力与生机）的"新时期广州人精神"。从历史与现实来看，正是由"羊文化"铸成的"敢"字当头，使广州成为古代海上丝绸之路的发源地、岭南文化的中心地、中国近现代革命史的策源地和我国当代改革开放的前沿地。广州人那种敢想敢干、敢为天下先的创新意识和奋斗精神，是一次次重要历史事件发生的内在动力，广州在近百年来的现代革命中更是充当了"领头羊"的角色。孙中山在广州就任中华民国大总统、开办黄埔军校，国民党在广州召开一大，奠定了国共的第一次合作。新中国成立后始于1957年的"广交会"，是举世闻名的"中国第一展"，也是当时我国唯一的综合性出口交易会。广交会强化了广州商都的历史地位，使广州的开放称誉世界。改革开放，广东先行一步，广州也是一马当先，观念领先。广东文化中至少有一半是由广州来创造和代表的。可以说，"羊文化"铸就的"敢"字当头的人文精神，是广州建设国家中心城市的重要精神支柱，也是广州继续在高质量发展方面发挥领头羊和火车头作用的精神旗帜。①

（二）广州文化中的"洋文化"，铸就了具有开放兼容和开拓进取特征的广州精神气质

广州濒临南海，有人认为，羊城的"羊"，加上三点水，就是"洋"，即三羊，所以广州文化有很深的海洋文化（简称为"洋文化"）的背景。在历史上，广州从南越国时期开始，就已经和海外有所交往和联系。越人善舟，从秦汉时期就开辟了以广州为起点的海上丝绸之路航线，唐代的"广州通海夷道"是当时世界上最长的航线，隋唐以后广州更成为著名的东方大港。清朝"五口通商"前，广州又是中国唯一的对外贸易口岸。广州著名的"十三行"曾是中国外贸的代名词。以广州为起点的海上丝绸之路，起着联结亚欧非的纽带作用。一直到今天，中国出口商品交易会还在广州举行。

广州是海上丝绸之路的发祥地，又是我国最早实行开放的城市，由此决定了广州文化具有蓝色文明——海洋文化的底蕴，体现了中华传统文化与海洋文化交汇的独特现象。梁启超在《地理与文明之关系》一文中指

① 《习近平同法国总统马克龙在广州非正式会晤》，载《人民日报》2023年4月8日。

出："海也者，能发人进取雄心者也……彼航海者，其所求固自利也，然求之之始，却不可不先置利害于度外，以性命财产为孤注，冒万险于一掷之。故久于海上者，能使其精神日以勇猛，日以高尚，此古来濒海之民，所以比于陆居者活气较胜，进取较锐。虽同一种族，而能忽成独立之国民也。"①广州濒临大海，自古以来又与海外有着频繁的商贸往来，所以自然地就有着海洋人那种敢于"冒万险于一掷之"的个性。可以说正是大海浇铸了广州人外向型即敢于犯难冒险的"海洋性格"。而在海洋变幻莫测的风暴、浪涌之中，如无一种随机应变、灵活敏锐的个性，避险趋易、化险为夷，则人时刻可能葬身鱼腹；此外，在辽阔的大海上百舸争流，又更易激发起人们争强好胜的竞逐心理，"好为天下先"因此成为广州人最直接的秉性，而这一秉性自然地促使他们更进一步地自立自强。从另一个角度来看，"海纳百川，有容乃大"就是"广"，海洋文化的开放性奠定了"广州"之"广"：广州自古就民丰物阜、充满商机，是谓"广"；广州文化多元化，居民来源多元化，消费多样化，亦谓"广"。广州"洋文化"的开放性、多元性、兼容性、商业性、开拓性，客观上锻造了开放兼容、开拓进取的"广州人精神"。

（三）广州文化中的"商文化"，铸就了具有拼搏进取、诚实守信特征的"新时期广州人精神"

由古至今，广州一直以突出的商业文化个性闻名中国。《汉书·地理志》记载，番禺"处近海，多犀象、玳瑁、珠玑、银、铜、果布之凑，中国往商贾者多取富焉。番禺，其一都会也"。此记载证明，早在2000多年前的汉代，广州已是中国南部海内外商品的集散地，中原人到此贸易，后来多成了富翁。而《盐铁论》记载，北方商人把四川等地的货物运到南海

---

① 梁启超：《地理与文明之关系》，《梁启超全集》第4卷，北京出版社，1999年，第944页。

交换珠玑、犀、象等珍物。汉武帝平南越除边关后，大量岭南佳果北上，北方竟出现"民间厌橘柚"之事，[①]可见广州当时商业的繁盛。

由于广州濒临南海，长期和海外交往，持久和迅速发展的商业使中国传统的"贵义贱利"的观念在广州人中逐渐淡化，重商趋利、诚实守信的商品意识渐趋强烈。广州人的商品意识，不仅表现在一般市民经商谋利上，就是历代官吏、读书人也不以经商为耻，纷纷加入经商行列。广州人不仅乐于在本土经商，足迹还踏遍全国，甚至甘冒风险到海外谋利。到唐代，广州已成为世界著名的东方贸易大港，国内许多商品如丝绸、陶瓷、铁器、铜钱、金银、纸笔等都从广州输往外番诸国，而外国输入广州的商品有珠宝、香药、象牙等。最为有趣的是，唐玄宗时，为四海之神封王，给广州的南海神封号是"广利王"，"广利"二字，就是广招天下贸易之利的意思。所以广州人的商品意识是很早就已形成的。元代时广州已与140多个国家建立了贸易关系，明代广州成为全国33个商业中心城市之一。到了清代，广州的官吏、仕子经商已十分普遍，达到了"无官不贾，且又无贾不官"，"儒从商者为数众多"的程度。著名的"广货"亦在这一时期形成并进入国内外市场，诸如广利、广绣、广钟、广沙、广象牙雕刻、藤器、白糖、果品等。广州因此有"金山珠海，天子南库"之美誉。在这种独特的生存环境和商贸传统下，形成了颇具特色的广州"商文化"，也因此使经商所必需的拼搏进取、诚实守信成为广州人精神的核心。

三、广式生活的包容风雅

广州人是平实的，就是说他们不张扬，但很识"叹"，很会享受生活；而且，广式生活是很包容、风雅的。笔者将广州文化和广式生活形容为一

---

① （西汉）桓宽：《盐铁论》，上海人民出版社，1974年，第32—33页。

锅 "老火靓汤"，非常的包容：可以容纳多种有益健康的原材料一起慢慢炖，熬成味道鲜美的靓汤。而笔者本人对广州的感情，或者说很多人对广州的感情，也像煲老火靓汤一样，是慢慢炖，越煲越有味，滋味悠长，也是耐人寻味的。另外，广州还有一个说法和喝汤有关，就是 "饮头啖（第一口）汤"，是广州人的崇尚。"饮头啖汤" 也就是做 "领头羊"，就是 "敢为天下先" 的 "广州人精神"。而对于广式生活的风雅，笔者拟从两个方面来阐述。

（一）香飘四季的 "花文化"，铸就了具有 "尚美" 和 "求美" 特征的广州人精神和风雅的广式生活

广州气候温暖，雨水充足，一年四季鲜花常开，自古便有 "花城" 的美誉。广州人种花、爱花、赏花的历史悠久，从汉代开始，广州就已从海外引入很多花卉品种，至唐代广州的花卉已闻名全国。屈大均的《广东新语》提到明代广州已出现花市，清代广州成为最大的花卉产地，除夕逛花市更成为广州人的春节习俗之一。年三十晚，逛花市，行花街，然后买些花、柑（与金谐音）、桔（与吉谐音）回家过春节，是广州人每年必不可少的节目，把万紫千红带回家中，寓意一年花开富贵，万紫千红，大吉大利。广州之 "花" 以一年一度的迎春花市最香，迎春花市也成为享誉国内外的文化品牌。在广州，花也可以入馔，广州人饭前可以喝杯菊花茶、五花茶解热气，也可以喝霸王花汤解馋。在古汉语中，"花" 同 "华"，花城之 "花" 便是中华文化的象征。

从自然环境来看，广州的山水条件优越，为 "花文化" 的形成提供了良好的条件。广州北控五岭，近扼三江，"五岭北来峰在地，九州南尽水浮天"，是山水相连、背山面海的亚热带绿洲。罗平山脉横亘北部，800—1000 米的高山，峰峦叠翠，连绵起伏，蔚为壮观。南方最大的河流珠江贯穿市区，出狮子洋便是一望无际的南海。在辽阔的三江复合三角洲平原

上，河网密布，岛屿众多，一派水乡风情。五岭滚滚连越秀，珠江滔滔抱羊城。四季花开堆锦绣，长年春光醉游人。

此外，从人工环境来看，广州是岭南文化的中心和广府文化的发源地，其人工环境具有丰富的文化内涵和南方特色，进一步提升了"花文化"的品位。广州有100多处富有山水特色的岭南园林，例如各类公园、花圃、游乐园、动物园、度假区和旅游景区；有一批花园式住宅小区，园林式宾馆、酒家和茶楼；有富有南方特色的林荫大道、绿化广场、街心花园、街头小景和机关、单位、住宅的庭院绿化景观；有一批具有地方特色的岭南建筑，例如各式古建筑、近现代优秀建筑、传统民居（西关大屋、竹筒屋）、商业骑楼街，近代洋楼建筑、书院、祠堂，现代超高层建筑，各式跨江桥梁、高速公路、快速道路，多层立体交叉桥和地铁，等等。

"尚美"和"求美"的广州人重视保护山水资源和生态环境。根据《广州市绿地系统规划（2021—2035）》（以下简称《规划》），①到2035年，广州全市规划建成森林公园54个，面积共计77 906.85公顷。其中，规划新增7个，面积共计5481.70公顷，分别为白云六片山森林公园、黄埔油麻山森林公园、南沙大山塿森林公园、南沙南大山森林公园、花都称砣顶森林公园、从化通天蜡烛森林公园、增城南坑顶森林公园。《规划》提出，以建设"活力公园城市"为目标愿景，构筑"森林环城、绿廊织城、公园满城"的美好图景，到2035年，天蓝、地绿、水清、景美的生态画卷成为广州亮丽名片，全面建成绿色生态网络健康稳固、绿色服务普惠共享、岭南园林传承创新、花城文化精彩纷呈的活力公园城市和人与自然和谐共生的现代化绿美广州样板。

可以说，地处热带亚热带的广州，四季如春，青山滴翠，绿水长流，

气韵

---

① 《广州市人民政府办公厅关于印发广州市绿地系统规划（2021—2035）的通知》，广州市人民政府官网，https://www.gz.gov.cn/zwgk/ghjh/zxgh/content/post_9224755.html。

园林美景，五彩缤纷。山美、水美、城美、人情美，不愧是南国的花城。广州正以美丽中国先行区建设为统领，建设绿美广州、低碳广州、山水广州，打造人与自然和谐共生的"美丽山水花城"。广州的"花文化"，锻造了"尚美""求美"的"新时期广州人精神"以及风雅的广式生活。

（二）源远流长的"食文化"，铸就了具有务实创新、敢闯敢试特征的广州人精神和广式生活的风雅

饮食文化（简称"食文化"）自古以来就是广州文化的重要组成部分。古广州一带河汊纵横，雨量充沛，气候宜人，其西面、东面和北面丘陵环绕、林丰草茂，岭南佳果丰富，飞禽走兽亦多；南面临海，滩涂辽阔，出产不少咸淡水产和两栖类动物，这使得古广州成为中国饮食资源最丰富的地区之一。

粤菜的形成历史悠久，大量中原人移民岭南，使广州饮食文化深受中原影响，早在汉魏时，广州的蛇肴、烤鹅和鱼羹已有影响；宋末时，宋帝带厨南逃，不少宫廷美食流传到广州民间；鸦片战争后，欧美各国的传教士和商人大量涌入，广州万商云集，为饮食业的发展提供了广阔市场。粤菜博采中原美食和西餐之长，再吸收广东境内地方菜的优点，正如广州的文化，融汇古今、贯通中西，形成了有别于国内其他地区、独具特色的广州饮食文化，并赢得了"食在广州"的美称，名扬海内外。每年都有无数游客慕名而来，品尝美味佳肴，感受这独特的广州"食文化"。

俗话说"一方水土养一方人"，具有丰富文化内涵的广州"食文化"，直接推动了广州人精神的形成，使之呈现出以下特点。第一，务实精神。善食的广州人老实、朴实、务实、求实，不爱虚名，不好张扬，实重于虚，行先于言，里重于表，在现代高速发展的社会中不浮不躁。广州人的口头语"抵食"（值得吃）、"抵不抵"（值不值）就是一种饮食文化观，是广州人务实的写照。此外，广州人吃饱不浪费，吃不完"打包"回去，也

体现了广州人爱惜食物和勤俭节约的务实精神。第二，开放精神。广州地处沿海，交通便利，自古就是中外经济、文化交流的重埠。开放的环境，赋予了广州人开放的思维方式，反映到饮食上就是一种"无所不吃"的开放心态，广州街头遍布南北各地风味的饭店餐馆，几乎全国各大菜系、世界各地风味都可以找到。第三，开拓创新精神。广州人什么都敢吃，并善于发掘传统地方风味食品和食法，不断移植改造，推陈出新。粤菜是鲜味的代表作，"生猛海鲜"是粤菜的招牌。粤菜厨师中流传着这样的祖训："有传统，无正宗。"这充分体现了广州人敢为天下先的勇气和开拓创新的精神。此外，"饮头啖汤"，是广州人的崇尚。"饮头啖汤"也就是做"领头羊"，就是"敢为天下先"的广州人精神。

另外，粤菜的菜名很注重顾客心理，命名很风雅。例如著名小吃豆花，北方叫豆腐脑，广州叫豆腐花；猪蹄，北方叫肘子，广州叫猪手；北方叫猪血，广州叫猪红；……是不是很风雅呢？另外，东北菜里的"松仁玉米"，到了粤菜里便改叫"金玉满堂"。以下菜名的对照（右边为粤菜菜名），便是有力的佐证：

清蒸鲩鱼——年有余利

金粟鱼肚羹——金盛华庭

猪舌扒北菇——顺利金钱

香烧乳鸽皇——和平万岁

脆皮鸡——彩凤迎春

……

所谓"食在广州"，以粤菜为主的广州饮食早已扬名天下。从尊重食物的原态到菜名的风雅，体现了粤菜的传统美学与粤人生活的滋味悠长，也充分说明了广式生活的平实与风雅。

习近平总书记说，"人民对美好生活的向往就是我们的奋斗目标",① "一个民族需要有民族精神，一个城市同样需要有城市精神。城市精神彰显着一个城市的特色风貌。要结合自己的历史传承、区域文化、时代要求，打造自己的城市精神，对外树立形象，对内凝聚人心"。② 广式生活既是对美好生活的诠释，也是广州城市精神在人民生活层面的体现。广州既是一座有着深厚文化底蕴的历史文化名城，又是一座充满活力的创新之城，展现出了独特的城市人文精神。未来广州将抓住大好发展机遇，继续在"四个出新出彩"中实现老城市新活力，建设岭南文化中心，持续提升科技教育文化中心和国际科创中心重要承载地的能力水平，使人民群众的生活品质更高，广式生活更美好！

作者简介 ｜

温朝霞，中共广州市委党校（广州行政学院）校刊编辑部副主任、《探求》杂志社副主编，主要研究方向为岭南文化、城市文化、文化产业

---

① 《习近平主持召开企业和专家座谈会强调　紧扣推进中国式现代化主题　进一步全面深化改革》，载《人民日报》2024年5月24日。
② 习近平：《坚定文化自信，建设社会主义文化强国》，载《求是》2019年第12期。

一家酒店和一座有性格的城市
——在白天鹅宾馆读懂广式生活

———

赵安然　陈雅涵　柳立子

摘要： 位于广州母亲河珠江的三流汇聚之处、广东省历史文化街区沙面岛之滨的白天鹅宾馆，见证了广州40多年改革开放的重要历程，而这40多年的每一天无不上演着最具广式生活韵味的场景。本文以中国第一家五星级酒店——广州白天鹅宾馆为研究对象，基于档案史料、口述历史与建筑空间分析，运用"广式生活"内涵框架，从多维度解构其实践范式，探究该酒店如何自1983年建成以来持续承载着广府生活美学的具象化实践，并成为中国对外合作制度创新与地域文化传播的双重载体。研究表明，白天鹅宾馆作为物质空间与文化实践的复合体，其40余年的发展轨迹不仅映射了中国酒店业制度变迁的微观史，更揭示出改革开放语境下地域文化全球化的独特路径。

关键词： 改革开放；"三自方针"；"四门大开"；岭南文化

气
韵

　　每一座城市都是一个独立的个体，有着自己独特的气质，市民群体性的价值观及生活观是构成这种独特气质的基础。亚里士多德说："人们来到城市，是为了生活，人们居住在城市，是为了生活得更加美好。"[①]曾任

————————

① 转引自杜维明：《城市化与核心价值的文明对话》，载《光明日报》2010年7月1日第11版。

联合国人居署执行主任的华安·克洛斯也有类似的观点："无论是国内还是国际移徙，95%的人都出于经济原因或者为追求更好的生活而进入城镇地区。城市化的内涵不仅仅意味着人们被吸引到城市、被纳入到城市生活体系之中的过程，更深层次的是与城市相关的生活方式的鲜明特征在进入城市生活的人身上不断增强的过程。"

城市市民在衣食住行、就业、文艺、休闲等方方面面的选择与偏好，表达着他们特有的生活态度，反映了城市市民的群体生活状态。广州恰恰是这么一座个性独特的城市，始终致力于满足人的需求、尊重人的价值、兼顾人的情感，城市与居民互利共赢、共同发展，居民与城市心灵契合，共同演奏着和谐优美的乐章。

广州人从不迷信任何脱离实际的抽象理想，而是密切关注物质生活与精神生活的内在关联，始终倡导理论认知与实践行动的互动闭环，持续坚守源于现实又面向未来的生活方式。改革开放伊始就酝酿兴建的白天鹅宾馆诞生于广州并非偶然，恰是有性格的广州将改革开放付诸实践的率先推进，也是广式生活作为广州人群体乃至城市的价值理想的生动见证。

一、广式探索：三面汇流托举天鹅展翅

"白天鹅不仅是一间酒店，更是改革开放正确路线的见证。"在《一家酒店和一个伟大时代：白天鹅宾馆传奇》一书的序言之前，记录着这么一句话。这本书出版于改革开放40周年之际，之所以称白天鹅为"改革开放正确路线的见证"，只因白天鹅宾馆自筹划之日起，就与改革开放的步伐紧密相连，由中央、广东和香港爱国侨商三方协力推动。

改革开放的总设计师邓小平同志在1978年作出重要指示：在全国几大城市规划建造几家具备国际水准的旅游饭店。随后广东省委很快成立了"省旅游工程领导小组"。

白天鹅宾馆展览馆门口正对的柜子里，有一封字迹苍劲有力的信件。这封来自1979年的信件抬头是时任国务院副总理的余秋里，落款则是时任广东省委书记的习仲勋先生。全文仅304字，用最朴实、真诚的言语表达了与霍英东先生等人达成投资计划，且需要国家支持早日启动项目的意图。习仲勋书记的信件实质地撬动了中央、省市、香港的三面联动，加速推进了旅游业招商引资的重点项目。

这个酒店项目也被视为粤港澳三地在改革开放之初的首次梦幻联动。在此信寄出之前，已有一场合作洽谈于1979年1月在澳门的葡京酒店举行，甲方是香港霍英东彭国珍投资公司，乙方则为广东省旅游工程赴港考察工作小组。在这场会谈上顺利签订的《广州沙面白鹅潭投资兴建旅馆计划意向书草案》，也成为日后中外合作建设白天鹅宾馆的各类工作推进的基础和引证。1979年4月5日，国务院利用侨资、外资筹建旅游饭店领导小组办公室发出了批复文件。至此，历时10个月的外商在广州兴建旅游饭店项目正式被批准立项。这就是白天鹅宾馆的孕育过程。

白天鹅宾馆自始至终离不开的灵魂人物之一，就是前述书中那句名言的作者、白天鹅宾馆投资方之一——霍英东先生。习仲勋书记的信件中将其评价为"爱国资本家"，"是广东人，有乡梓之情，希望在珠江河畔能看到第一个建成大旅馆一间"。习仲勋书记对霍英东先生家国情怀的评价，注定了白天鹅宾馆在未来的日子将与广州城牢牢绑定，酒店围绕珠江水而生的命运，也使它成为广州的城市变迁见证者——见证广州因珠江而兴，而对外开放走向国际。

白天鹅的选址，也透出了霍英东先生对珠江水和家乡的深情，"如果单纯想赚钱，就把宾馆建在离飞机场、火车站最近的市区。但各国的宾客每到一个国家，都希望住在这个国家最有地理和文化特点的酒店"。他希望住进这家酒店的客人不仅对服务感到满意，更能感受到广州风光和中华文化。因此，在当时广州方面给出的选址中，他唯一心仪的就是白鹅潭畔沙面岛边上的一块烂滩涂。

沙面曾是中西文化交汇的地方，为外商所熟知，东北侧是中国历史上对外开放的标志区域十三行，清代"一口通商"之处和海上丝绸之路的起点；西堤一带是民国时期广州的金融和贸易核心区，地位堪比上海外滩，在此地建造宾馆更能彰显国家改革开放的决心。但是，与其他选址相比，沙面的滩涂地质条件最差、施工难度最大、建造成本最高。比如，沙面岛是一个完整的风貌建筑群，要避免新建道路切断风景线，对当时的设计来说是个难题。后来，一位国内设计师用一条紧挨江边的专用引桥连通了沿江西路和宾馆平台，既提高了宾馆的通达性，亦保持了沙面风景的完整性。最终，在省市政府和霍英东先生的共同坚持下，这个三流汇聚的滩涂成了白天鹅宾馆的孕育之地、展翅之滨。

此后的推进工作，无处不体现了在国家的支持下，省市政府和侨商敢于创新，共同探索中外合作建设酒店机制的决心。经翻阅多份广东与香港方面的往来文件、中外合作协议、贷款协议等资料后发现，文中多次出现"由甲方负责投资""国家不需要投资""甲方无条件将经营管理权交还国家"等表述。白天鹅首创的"外商投资+银行贷款"模式是改革开放之初招商引资的机制创新。

随后，白天鹅再次创新，大胆启用"三自方针"，即由中国人自行设计、自行建设和采购、自行经营管理白天鹅。在后世看来，"三自方针"是在改革开放之初鼓舞中国建筑设计和旅游业界士气之举，但对当时的霍英东先生而言，则是一个经验老到的商人基于实际情况考量、敢为人先的一场冒险。投资方测算发现，由于宾馆资金紧张，到施工后期只剩300万美元的资金，如不精打细算地自行采购和管理，至少会存在三分之一的资金缺口。因此，无论从展现国家形象的角度还是从商业经营的角度，白天鹅"必须走'三自'的道路"，且要运用敢为人先的精神，蹚出一条改革之路。

从1984年1月到1985年2月短短一年时间内，邓小平同志三顾白天鹅宾馆，最后一次临行前，他还特意自己掏钱买了好些白天鹅宾馆面包，说要带回去回味，并留下了"邓小平"三个苍劲有力的大字。改革开放的总设计师邓小平同志先后三次视察同一家酒店，这充分证明了白天鹅宾馆已经成为中国改革开放的纪实标签。所以霍英东在香港接受媒体采访时专门回顾了白天鹅宾馆的创建历程，意味深长地发出感慨："白天鹅不仅是一家宾馆，更是改革开放正确路线的见证。"

二、广式建筑：六维玉屏镌刻濯月故水

对1979年的广州而言，开放、创新之路并不好走。以白天鹅的设计建造为例，当时内地的建筑设计人员很长时间没有与外界交流，对国际上的建筑技术发展到什么水平不够了解，也对国外的高层建筑规范知之甚少，对国际宾馆的设计、建造以及管理更是没有概念。香港团队一直担心，由国内的建筑师负责设计，白天鹅是否会设计成毫无特色的"火柴盒"样式，内部装修设计是否又跟得上国际水准。

面对各种声音，决定白天鹅由中国人主导设计的力量主要来自两方面：一是国内有关领导人的关心，他们一直要求宾馆的建筑、机电等专业设计应由国内设计师主导；二是霍英东的决心，"在国内建设大宾馆，外国设计师无法在短时间内弄懂中国文化和艺术，只有我们中国的设计师才懂中国文化和艺术表现，才能够把政府的要求和酒店运营的需求最终完美地融合满足"。霍英东先生选择并笃定地相信两位中国设计师——佘畯南和莫伯治。为了让设计人员多了解国际建筑发展，激发灵感，他决定亲自带设计团队到香港和国外"走走看看"。1979年1月，在霍英东先生的安排下、在时任广州市副市长的林西带领下，建筑大师佘畯南、莫伯治及内地设计、施工骨干团队，赴香港考察，住最高级的酒店，参观最著名的建

筑物，与香港的著名建筑设计师座谈。

果然，两位中国设计师不负众望，在充分学习境外先进经验、结合国内条件和沙面地理环境，给出了白天鹅的设计方案。以国内专家为核心的设计团队联合广州第二建筑工程公司，填江造地、御风定砣，建造出根基稳固且垂直偏差仅为3毫米半的34层现代楼宇。中西合璧的白天鹅宾馆外形是乳白色的"腰鼓形"，宛如一面玉屏临江而立，高贵而优雅，迎接海上八方来客。远远看去，又宛若一只优雅的天鹅，在三江托举之上意欲展翅。

白天鹅宾馆的设计内外兼修，室内最精彩的部分当属中庭。中庭灵感源自岭南建筑特别是西关大屋的"天井"结构，起到采光、透气的作用，彰显建筑物通透、大气之感。于白天鹅而言，中庭是酒店动线交互中心，亦是室内园林之所在，游子、游客打卡的焦点——"故乡水"。

步入白天鹅宾馆大堂，循着阳光前行，便来到中庭观景台，一幅岭南园林图景如仙境般呈现在游客面前：只见石山前一水飞瀑，带着悦耳的水声倾流而下，在阳光下如绢如雾，石山之下，池水淙淙汇流、锦鲤灿灿金光，两岸花团锦簇，山顶亭台楼阁。六角亭的牌匾镌刻"濯月"二字，下面楹联写着"故人情重一江水，南国春深万树花"。左侧"故乡水"三个大字是这幅图景的点睛之笔，点出了白天鹅宾馆的"精、气、神"，更点出了霍英东及一众海外游子的思乡之情。"故乡水"旁是一行刚劲字体——"别来此处最萦牵"，将思乡寻根的桑梓之情表露无遗。佘畯南将这一空间理念以"六维空间"理论释之，即在长、宽、高传统"三维"基础上，融合声音、光照、人的动线，让整体景致"动起来"，让游客移步换景，将建筑的天然性、观赏性与实用性巧妙融合。

"故乡水"前每天都是络绎不绝的游人在拍照，不仅因为它是这个"六维空间"中让人眼前一亮的岭南园林，更因为它是最具中国代表性的符号，承载着海外游子们对祖国大地的情感寄托。宾馆外是珠江水三流汇聚，宾馆内是故乡水不停歇地流淌，正如海外游子随江海回归故乡，一脉相承。也有人认为这是广式建筑善用风水的做法：风水讲究以水为财，珠江奔腾不息、航船百舸争流，将这三路"外水"引入"内水"，意为将各路财气聚入白天鹅。

而"引水"之举全靠南侧的临江玻璃幕墙。这片幕墙总长度达72米，每片玻璃高7米、宽2.5米、厚19毫米，纯净无杂质，透光、隔噪效果很好，还可防台风。这在20世纪80年代初绝对是领时代之先的，由霍英东亲自带着建筑团队参观香港维港的丽晶大酒店后拍板，并从英国定制。为何这面玻璃幕墙如此重要？因为它代表的是一扇中国对外开放的窗口，代表了华人的胸襟与视野。

随着设计和建造的推进，白天鹅宾馆的轮廓渐渐清晰。这时一个念头在霍英东脑中浮起：这座代表国家改革开放新形象的宾馆，该有一个标识，而这个标识亦是白天鹅宾馆的商标。霍英东聘请美国著名酒店设计公司 Hirsch Bedner Associates（简称HBA）操刀，其设计理念源于羊城八景之一——鹅潭夜月：标识颜色采用锈红色和白色，形状仿佛一轮圆月映照下，一只白天鹅浮游在江面上，低头吟唱，又像月亮、天鹅倒映在江面，简洁高雅、韵味悠远。

1994年10月，白天鹅宾馆的标识获得国家工商局的正式批准，光荣地成为中国第001号服务商标（第42类769001号）。这个标识被沿用至今，成为白天鹅宾馆乃至广州这座城市国际化形象对外传播的一个符号，也让广州有了第一张对外交流的"名片"。

三、广式美食：宾客至上运尽匠心匠行

如果说建筑是凝固的诗，那么美食则是流动的乐章，"食在广州"早已成为广州连接本土、连接世界的话语。"将来你有本事，就请我们到白

天鹅饮茶。"——不少广州的70后、80后都听过长辈这番期盼。这不仅说明白天鹅宾馆在广州人心目中是地位和身份的象征，也是对以白天鹅为代表的广州美食的称赞。因开业之始，白天鹅宾馆即以三十个中西餐厅开创了中国高端酒店餐饮体系的先河。

白天鹅餐饮首次惊艳亮相，可追溯到开业前的"试业晚宴"，1982年10月14日，霍英东先生要求仍在试业期间的白天鹅宾馆办一场晚宴，招待省市领导和贵宾。殊不知，当天早上厨房是炉灶还未安好，地上的淤泥、积水还未清理的状态，霍英东先生明确要求厨房主管："今晚我已邀请任仲夷书记等领导来宾馆吃晚饭，就算四菜一汤，你也要给我弄两桌出来。"这位厨房主管是后来成为宾馆副总经理的彭树挺。他曾回忆，除了召集各施工单位完成场地清理、炉灶安装调试和通电、通燃气外，做一场高端的宴会还有很多东西要准备，包括数十种食材、精美的陈设和银器餐具。而当晚到场的宾客也不是"两桌"，而是一百多位贵宾，开了二十桌；菜式也不是"四菜一汤"，而是真正颇具规模的高档晚宴。有人统计过，当晚使用的餐具达一千多件，各种玻璃杯有二十九个系列、上百种。

高规格的"试业晚宴"为白天鹅的餐饮发展奠定了坚实的基础，而酒店众多餐厅中，当属"故乡水"背后的"玉堂春暖"中餐厅最为人津津乐道。在设计方面，该餐厅是按照广州西关大宅格局设计，满洲花窗、潮州木雕挂落、屏风、回廊，每一处都流淌着岭南文化气息，而中心鱼池则是此景的"景眼"。在菜式方面，这个岭南园林餐厅有哪些粤式美食？它不仅有"散养120天的葵花鸡"常年蝉联各项美食榜单，还有既保留了广式烧腊蜜香酥脆、又融入东南亚香草清新的"香茅乳鸽"。春节期间的"金玉满堂盆菜"以鲍参翅肚为底，铺陈白天鹅餐饮的招牌风味。这种层层叠加的烹饪美学，暗合广府年俗中"九大簋"的宴客传统，更复刻了珠江三角洲"祠堂围炉"的集体记忆。

白天鹅的广式餐饮还肩负着一个使命——美食外交。因此，在这里不仅中餐得意，世界美食也得到完美呈现。20世纪80年代初，日本作为"亚洲四小龙"之一，其制造技术和管理方式在当时都处于世界领先水平，为推进中日邦交正常化下的招商引资提供平台，霍英东先生顶着各方压力，于1982年12月在白天鹅开设了华南第一家日本餐厅——平田餐厅。然而，平田餐厅的起步并不顺利。一方面是日料中的"刺身"并非国人饮食中的常客，食客对于生食的接受度普遍较低；另一方面则是因为当时国内的海鲜捕捞及加工产业尚未跟上改革开放的步伐，餐厅要获得能够满足生食标准的日料食材也实属不易。可见，改革开放覆盖方方面面，不仅包括经济开放、产业升级和招商引资，还包括了国人饮食口味等软性因素。

除了在日料领域的突破，白天鹅宾馆对于法式西餐的匠心追求同样地道，白天鹅宾馆的"丝绸之路扒房"就曾获得了重要人物的肯定。1984年邓小平首次下榻白天鹅宾馆时便到该西餐厅用餐，曾留学法国多年的小平同志盛赞："这里的西餐做得很好，很正宗。"[1]1985年，第三次下榻白天鹅宾馆的小平同志在临走前还不忘自己掏钱买上些法式面包带回上海。

与改革开放拥抱世界一样，白天鹅宾馆以美食为媒介，让世界友人与岭南文化对话，"美食外交"的精彩剧目在这里上演了40多年。因时常接待国家元首及政府首脑，为了展现中国的饮食文化，又为满足每位贵宾的口味，白天鹅餐饮团队会根据宾客的饮食习惯定制菜单，确保每一道菜都能既满足宾客需求又传达出中国味道。在粤菜传统的"八宝冬瓜盅"内加入德国总理科尔喜爱的火腿；在金秋菊花盛开时，以油炸的"鹅谭菊花鱼"招待意大利总理安德雷奥蒂；在驰名中外的粤式点心基础上，以"月映仙兔"为名，向当时的英国女王伊丽莎白二世讲述中国神话故事的唯美意境。

气
韵

---

[1] 张添主编：《一家酒店和一个伟大的时代：白天鹅宾馆传奇》，广东旅游出版社，2018年，第130页。

此外，酒店餐饮还善于以美食节的形式串联各国各地的风味与味蕾。早在20世纪八九十年代，白天鹅便举办了美国加州葡萄园美食节和南非美食节，在新世纪到来后又陆续推出扬州美食节、金陵美食节、以"寻根怀古"为主题的《红楼梦》美食节等。看似独立的美食策划，却是串联岭南文化与中外文化的纽带，为旅客及食客带来更加丰富的味觉体验和更具新鲜感的消费体验，也促使广式美食为食客作出的每次华丽转变，都展现出以人为本的企业文化和广州城市精神。

白天鹅宾馆对于美食的匠心追求既守住了"鸡有鸡味，鱼有鱼味"的广式执着，也拥抱"无问西东，兼容并蓄"的国际视野；既能透过"玉堂春暖"的满洲窗花看见十三行商船的帆影，也能从一枚迷你月饼的法式酥皮中咀嚼出岭南文化的开放与韧性；通过餐厅和美食将城市精神转化为可体验、可传播的"文化语法"，让人在品味美食之中读懂广州。

四、广式管理："四门大开"展现世界一流

"三自方针"道路的最后一关，是管理关。"不要说内地，当时连香港都没有一家五星级酒店是自行管理的。"霍英东先生曾言，白天鹅宾馆在管理上有两种选择：一是交由外国管理集团管理，二是完全交由国内酒店业人士管理。显然，白天鹅选择了后者，并自此创造出独具一格又蕴含岭南人文和情感温度的管理风格。

最为人乐道、又最具颠覆性的管理策略就是"四门大开"。要知道，当年内地的宾馆为了确保安全，是需要有工作证、介绍信才能进入的，对老百姓而言，是个近在眼前却"距离"遥远的场所，更何况是白天鹅这一涉外宾馆。

"这样不行！"霍英东先生坚持酒店应该打开门做生意，白天鹅宾馆必须"四门大开，迎天下客"。此举得到国家领导杨尚昆同志的支持："过去

的酒店宾馆越高级越封闭，壁垒越来越森严，不让老百姓进去。现在改革开放了，广州是个试点，应该让老百姓进来，四门大开。"

白天鹅宾馆开业当日，四门大开也历经波折：一大早，仿佛全广州的人都来了，穿人字拖的，穿背心的，甚至光着膀子，背着活鸡、活鸭的市民都想进来看一看，就在这样的冲击之下，白天鹅宾馆完成了首日营业。

"四门大开"让老百姓见识到了室内岭南园林、大理石地砖，以及洗手间是有服务员递擦手纸的，更让改革开放的春风吹到了老百姓的心里：他们能平等地享受开放的红利。这是广州的开放与上海的开放的不同之处。具体而言，20世纪八九十年代的上海，只有领导人物和商业人士，才有机会获得在国际星级酒店登堂入室的资格。而广州因为有了白天鹅的"四门大开"，广州人从白天鹅这扇门就能接触到国际最高标准的服务，看到最新潮流的商业动向，白天鹅也成为中国与世界交流的舞台。1984年2月，白天鹅宾馆开业一周年，这里上演了广州第一次大型国际时装表演，从香港聘请了10名国际专业时装模特，向到场的观众展示了近300件时装，包括法国时装设计师皮尔·卡丹的时装系列，吸引了港澳人士、驻穗外宾和广州有关人士400多人观看。1988年12月24日，白天鹅宾馆85米高的主楼立面和600多米长的引桥，亮起一幅流光溢彩的灯饰画卷，与珠江水色互相辉映，甚似香港维港夜景。自此，"圣诞到白天鹅睇彩灯"，跟中庭三层高的圣诞树拍照，成为广州人数十年来的习惯。

白天鹅坚持以专业的服务标准来迎接每天的"泼天流量"，并在国内酒店业中率先提出了"宾客至上，服务第一"的理念。比如宾馆电话总机接听电话时，一开始是以较为正规的官方语言"您好"开头、"谢谢，再见"结尾。为了让客人感觉更温暖，时任白天鹅宾馆话务班班长的谢佩芳提出"要做些改变"。于是，春节期间拨打电话的顾客惊喜地听到"恭喜发财"，圣诞前夕会听到"圣诞快乐"等。类似的节日问候语在20世纪80年代是超前的、突破思想禁锢的，却又是代表着开放自由、联通世界的，

气
韵

让不少华侨和外籍客人为之感动、共鸣。

为提升管理质量，早在1985年，白天鹅就成为国内首个引进电脑管理系统的酒店，与此同时，宾馆每年定向选送馆内优秀人员到国内外顶尖学校进修酒店管理专业，逐渐形成了一支精通业务的核心管理团队。

那么，始终用最高标准要求自己的白天鹅，与国际酒店管理水平有多大差距？当时白天鹅开业后，霍英东先生与团队一直在思考，或者说是力争对标。据霍英东先生观察，在团队的不懈努力下，白天鹅宾馆无论在设备设施、员工素质、服务质量等方面都保持了较高的水平，已经具备了世界一流酒店的素质和条件，可以申报加入世界一流酒店组织（the Leading Hotels of the World，简称"LHW"，中文名后改为"立鼎世酒店集团"）。

在霍英东先生的申请下，1985年LHW派员来到广州，经过一番考察，所有考评人员都被白天鹅征服了，一致认为这家酒店设计风格独特，设备设施高级，管理和服务也十分优秀，完全达到了国际一流酒店水准。LHW名誉主席、前任总裁沃特·施耐德当即表示，他一走进白天鹅宾馆大堂就被吸引住了，感到非常惊讶和高兴："我亲眼看到中国人能管理好酒店，应当像白天鹅一样由中国人去管理中国的酒店，不需要都让外国人去管。"LHW于1985年7月正式吸纳白天鹅宾馆成为该组织成员，这也是中国的酒店首次加入LHW并受邀派员出席年会。白天鹅宾馆率先加入LHW，证明了中国人可以管理好自己的酒店，并率先采用LQA（Leading Quality Assurance，领先质量保证）的管理标准。到1990年成为国家第一批五星级酒店之一，白天鹅宾馆同时执行LQA和五星级酒店两套引领性的管理标准。

为对标国际酒店管理标准，白天鹅培养出中国第一代"金钥匙"。20世纪50年代，欧洲金钥匙大酒店组织在法国巴黎成立，"金钥匙"是指身着一身考究的燕尾服、衣领上别着一对交叉的"金钥匙"徽号、给客人排忧解难的酒店专业人员。1987年，白天鹅率先引入国际"金钥匙"服务体系，1991年时任礼宾部经理的叶世豪就成为国内加入国际金钥匙协会的第一人。关于白天鹅"金钥匙"团队，最为人津津乐道的故事，当数接待比尔·盖茨。1995年年底，世界首富比尔·盖茨应邀从香港到白天鹅宾馆举行商业演讲会，微软香港公司向白天鹅宾馆提出，最好能调用直升飞机开辟从南沙到沙滘岛的特别航线。租借直升机的任务落到了当时宾馆的几位"金钥匙"身上，拿航线批文、实地踩点考察、确定接待方案，待一切完善后，出于职业习惯，"金钥匙"们又提出两个应急预案。盖茨如期乘坐水翼船抵达南沙，可惜天公不作美，直升机无法起飞，应急预案迅即启动，改从陆路到达沙滘岛，立即登上快艇。15分钟后，比尔·盖茨如期出现在白天鹅宾馆会议中心的讲台上。

白天鹅深知，要有管理引领，先要有人才引领，不仅将现代酒店管理与中国国情、岭南文化融合，创造性地打造出一套管理理念与制度，而且毫不吝啬地向内地酒店业输送经验和人才。白天鹅也因此被誉为"中国酒店业的黄埔军校"，不仅派出经验丰富的管理人员到同行酒店去讲课，也接受全国同行到白天鹅宾馆学习交流和参加培训。除了分享经验、培养人才之外，白天鹅宾馆还在国内首先出版《白天鹅宾馆管理实务》这本指导酒店完善所有部门管理的规范性书籍，并持续更新了五版，被中国酒店人称为"中国酒店业必备圣经"。

自开业以来，白天鹅宾馆经历了三次"管理进阶"。第一阶段是走出去、学回来，大量酒店管理人员和骨干人才在霍英东先生的支持下到海外培训和交流，学习国际最先进的酒店经营管理经验；第二阶段是中西结合后创造出一套适合自身的管理机制；而第三阶段就是白天鹅2015年改造复业之后的守正创新、自我超越，这得益于广州这片改革创新的沃土和敢为人先的人们。

气
韵

五、广式服务：平等相待长迎八方来朋

作为中国内地第一家五星级酒店，白天鹅宾馆一直是中国重要的对外交流"舞台"和广式生活的展示"窗口"，更是中国对外开放的"立体化叙事空间"。

早在外宾到来之前，改革开放总设计师邓小平就于1984年1月亲临了开业近一年的白天鹅宾馆视察。他观酒店大堂的"故乡水"，品"丝绸之路扒房"的西餐，又站在28楼俯瞰珠江景色连声赞道："白天鹅好！比美国的酒店还要好！"[①]80岁老者言语间透露出的欣喜，今日反复品读，仍然令人深受振奋。1985年，邓小平又两度到访白天鹅，并留下了珍贵墨宝。此后，白天鹅宾馆又陆续接待了胡耀邦、田纪云、李瑞环、朱镕基、杨尚昆、荣毅仁、董建华等国家重要领导人。

白天鹅宾馆40多年来接待过多位外国元首和跨国企业家，成为"宾馆外交"的重要平台。1986年，白天鹅宾馆迎来了英国女王伊丽莎白二世及其丈夫爱丁堡公爵。这是新中国成立以来，英国官方首次友好访问中国。加之英女王是为香港回归而来，更是为两国的未来而来，而广州作为其此次访华行程的最后一站，能否高质量地完成任务，关系到这一重大外交事件是否能够圆满落幕。为此，白天鹅进行了一系列软硬件的精密筹备。如酒店餐饮部深入了解英女王的饮食习惯，甚至根据她的血型，专门准备了既富有家宴的人情味，又带有粤式饮食风味的"五菜一汤"。就连这次接待宴的餐具也是特别定制的"天鹅样式"产品，现作为白天鹅宾馆重要的历史时间符号展陈于酒店的展览馆中。英女王在白天鹅宾馆逗留的时间仅有两小时零十分钟，宾馆每个人却严阵以待，因为接待工作的一举一动背

---

① 杨小鹏主编，雷铎编著：《光荣与求索：霍英东之梦与白天鹅之路》，中国旅游出版社，2000年，第206页。

后都体现了中国改革开放的新面貌。

除了在中英两国外交中扮演着重要的参与者及见证者，白天鹅宾馆在中美友好关系中也扮演了重要角色。美国总统尼克松于1985年9月的第五次访华行程中，选择下榻白天鹅宾馆，由此体验到了专业的酒店服务，更看到广州乃至中国改革开放的新面貌。"我曾经住过美国和全世界许多酒店的总统套间，但我认为没有一间能与白天鹅宾馆相比。其精美的菜式、优质的服务和超水准的诚挚接待给我们留下了深刻的印象。到中国的第五次访问将永远留在我的记忆中。我认为白天鹅宾馆的特色是优雅舒适。……从这么好的管理水平，可以看到广东的人才是杰出的。"①尼克松在白天鹅的贵宾留言本上留下这样一段话，表面是对酒店运营管理水平的肯定，但本质上是对中国改革开放路径的认可。

白天鹅宾馆的服务水准不仅体现在广式温情的接待上，更表现在对安保、通信等范畴的危机管控能力上。例如1982年，为接待时任美国副总统的布什访华，白天鹅宾馆与美方安保人员协同封锁总统所住楼层，协助美方安置重达五吨的保卫设施，还特别准备了一类似电梯间的避难间，将安保措施做到万无一失。此外，在通信尚不发达的20世纪八九十年代，为了完成1987年接待香港基本法起草委员会的任务，白天鹅宾馆配备了跨国、跨地区的长途电话，让霍英东、李嘉诚、包玉刚等商界精英既能专注讨论香港基本法起草事宜，又能远程指挥企业在港业务。此外，1996年，广州有史以来规格最高的国际性首脑会议——亚太城市首脑会议在白天鹅举办，白天鹅引入了多套世界一流的同声传译设备，确保会议顺利进行。

截至2024年，白天鹅宾馆共接待了超过50个国家近200位元首和政府

---

① 张添主编：《一家酒店和一个伟大的时代：白天鹅宾馆传奇》，广东旅游出版社，2018年，第142页。

首脑，^①既遵循国际一流的酒店经营标准，又坚持兼容并蓄的本土特色。这得益于广州千年来对外通商延续下来的国际视野，能兼容并包，照顾不同国家和文化背景的需求，是中国"求同存异""和而不同"文化精髓的具象化表达，亦展现了广州海纳百川、平等以待的城市精神。

与广州城市精神一样，白天鹅宾馆不仅服务国内外重要嘉宾和活动，更是自"四门大开"就以温暖的广式服务"让人民群众感受改革开放"的力量。比如，20世纪80年代，酒店就决定劳斯莱斯车队不仅要完成外交任务，还要用于顾客的婚宴套餐产品中，让世界顶级豪车成为接亲座驾，让老百姓也有机会在人生的重要时刻享受到豪华服务。

每逢人生大事、节日庆典，老百姓总会第一时间想到白天鹅的广式服务和象征意义。"70后80后广州人都有一张与白天鹅圣诞树的合照"，这个集体回忆来自白天鹅宾馆在20世纪80年代末引入的圣诞树装饰。这棵圣诞树有三层楼高，在广州"独树一帜"，用现代的词来说，就是"网红打卡点"。类似地，"50后60后华侨都有一张与故乡水的合照"——和霍英东先生一样，无数游子们被"故乡水"场景感动，正所谓"曲桥锁双眉，自在鱼儿尾。何时归家日？但听故乡水！"^②因20世纪八九十年代，美国驻广州领事馆租用白天鹅的江畔楼作为签证中心，在这里获得移民签证的华人，大多都会在旁边的白天鹅宾馆用餐或拍照留念。这样的照片寄托了老华侨们对故乡最深的眷念，以至华侨们每次回国，总要到广州白天鹅宾馆故地重游，表达桑梓深情。

白天鹅以独特的服务呈现，治愈了一代又一代人的乡愁，唤起了代代中国人的情感共鸣，不仅体现了其作为"城市客厅"的定位，也强化了人

---

① 《广州白天鹅宾馆高质量完成意大利总统马塔雷拉接待任务》，网易，2024年11月13日，https://www.163.com/dy/article/JGRKTF510536QGL3.html。
② 张添主编：《一家酒店和一个伟大的时代：白天鹅宾馆传奇》，广东旅游出版社，2018年，第42页。

们对"开放广州"的文化认同。更需要强调的是，"高端而不高冷"正是广式服务的温暖之处，也是广州的城市性格使然。时至今日，白天鹅宾馆一如既往坚持面向全球各种类型的旅客提供多元化服务，白天鹅宾馆总经理林镇海整理出的87个服务点覆盖线上线下营销、交通通达方式、消费习惯，最后落到酒店个性化服务。其理念和广州的城市治理一样注重普惠性和精细化，在服务、建筑、饮食、文化等方方面面对外宾、归侨以及普通百姓细说着中国的故事。

六、广式文化：本土荟萃国际同生共长

与广州对外交往史一样，白天鹅的故事也发生在荔湾沙面岛一带，地理与时空的交织注定了白天鹅与广州城市文化的同频共振。白天鹅与本土文化的融合无处不在，不仅体现在其是沙面岛上欧陆建筑最集中的"露天博物馆"，更体现在其建筑空间、住宿餐饮、非遗传承、社区共建等各个方面都传达着岭南文化特色及"从容娴雅"的广式生活方式。

以中国人的高标准美术作品来展示中国风采最合适不过。在酒店开业前，霍英东先生通过各种途径找到了华南地区唯一高等美术学府——广州美术学院，希望他们能够为即将开业的白天鹅宾馆提供一定数量的美术作品。师生们知道要为这座代表开放的高星级酒店准备艺术品，热情非常高涨，很短时间内便完成了数千幅国画、油画、版画，一直展示在宾馆的客房、餐厅里。

同时，霍英东先生在各地搜罗岭南文化的艺术家和作品。比如被称为白天鹅镇馆之宝、由佛山陶瓷雕塑大师刘泽棉和刘炳创作的《十八罗汉》雕塑，取材自吴道子名作《八十七神仙卷》的漆器画屏，中庭郁翠玲珑的玉船、玉塔雕塑，还有各处空间抬头可见的来自秦咢生、李曲斋、启功等书法大家亲笔书写的牌匾、对联，展示在总统套房楼层的黎雄才、关山月

等大师的画作，等等。2015年白天鹅改造后的客房和公共区域都增加了多件艺术作品，包括一级美术师许钦松先生的作品，[①]以及日本艺术家中桥武春利用大堂三层酒塔为背景制作的《云山珠水明月红棉》大型铁艺艺术品、当代艺术家沈烈毅利用玉船底座制作的《珠水帆影》不锈钢禅意艺术品、当代画家陈心懋的现代国画艺术品等，移步换景、故事不断，使得白天鹅宾馆真正成为一座中国对外展示和传播岭南文化的"博物馆"，每天举办着永不落幕的展览。这种观照历史、世代传承的人文情怀，一直被根植于白天鹅和广州城的文化基因中。

白天鹅在不遗余力呈现岭南文化瑰宝的同时，还广纳世界艺术元素。自千禧年起，白天鹅宾馆与广州交响乐团建立了合作关系，吸引小提琴大师帕尔曼、作曲家谭盾、指挥家余隆等在内的诸多国内外音乐大家莅临。不知是霍英东先生与大提琴家马友友先生同为异乡游子的心灵感应，还是中华文化基因唤醒的共同记忆，马友友于1998年在美国创办的跨国音乐项目同样名为"丝绸之路"（The Silk Road Ensemble），致力于探索和呈现丝绸之路沿线地区的音乐传统。这一故事是宏观的世界文化与微观的酒店叙事的交叠，也是文化旅游业与卓越音乐家的跨界互通，随后还促成了白天鹅宾馆与广东青年音乐周这一重要文化活动的深度合作，延续了白天鹅的文化传承与文化传播。

可见，白天鹅宾馆早已超越了简单的居住功能，持续向世界传递着一种文化，展示着一座城市的生活方式——"传统与现代共生、本土与国际对话"。一是"酒店+园林"和"酒店+艺术"的方式阐释着岭南文化特色，为宾客带来独特的视觉及听觉体验。二是通过"酒店+非遗"的方式，在酒店内举办非遗课堂，邀请宾客体验广彩绘制、窗花剪纸、竹编织

[①]《南方都市报》：《承载广州人回忆的白天鹅宾馆，原来变成了这样！》，"广州有咩事"微信公众号，2015年7月4日。https://mp.weixin.qq.com/s/19TQxeTFaWPRXhY8pjMLYQ

染、月饼制作等手工艺制作，促进文化参与及传播。三是通过"酒店＋旅游"的方式，串联珠江沿岸文化经典，提供深度带游沙面等特色服务，推出"古树打卡"活动，使宾客沉浸式感受广州及白天鹅的文化底蕴。四是通过"酒店＋社区"的方式，参与沙面岛的文化遗产保护，倡导社区活化，积极履行企业的社会责任。五是通过"酒店＋音乐"的方式，携手星海音乐厅等主体推出"四季雅乐季"等文化品牌，以文人茶聚、主题晚宴和音乐聆赏等形式，融合跨文化名家导赏，在不同季节拾取"琴棋书画诗酒茶花"的乐趣，让旅客在轻松优雅的聚会中，感受中华传统文化艺术之美，体验广式生活之趣。六是通过"酒店＋数字化"的方式，借助社交媒体与不同国家、不同文化、不同年龄段的消费者互联互通，并通过直播等现代热门方式串联线上参与及线下体验，旨在形成"分享—互动—参与—分享"的良性循环。

通过多元化的"酒店＋"要素，白天鹅传播着岭南文化和广式生活方式，更提升着酒店经营的韧劲。酒店不仅要为客人提供舒适的客房、美味的餐饮，更应为客人提供高品质的旅行体验，成为客人品质生活的重要载体。

七、结语

中央电视台科教频道制作的系列纪录片《四十年四十个第一》在2018年播出，通过40年来人民生产生活中发生的"第一"，展现改革开放的成就。作为其中的主角之一，白天鹅宾馆40多年来更是在设计、运营和服务上创下了18个"第一"。

从40多年前"四门大开"的引领改革，到40多年后不忘初心的守正出新，白天鹅宾馆诉说的一段历史，是"敢为人先"的开放，也是广式文化的包容、自在，更是对无分阶层的人民美好生活的向往：各国政要和名人在白天鹅找到他们想要体验的广州文化，老百姓在这里找到舒适、有品质的体验感受，岭南文化在这里传播、传承，广式生活在这里走向世界。正如林镇海所言，引领文化的更高方式是引领文明，文化传播的最高方式是文明的传播。

如今，广式生活成为一种被广泛认可的文明而存在，是广州这座城市的韧性，亦是最捕获人心的文明传播，透过白天鹅这扇窗、广州这扇南大门，世界读懂了广州，并争相体验广式生活的魅力。

生于改革开放的广州，一路展翅飞向世界，白天鹅宾馆沉淀的是改革开放历经挑战的选择和积累，传播的是岭南文化和广式生活的场景和素材，见证的是中国式现代化的人民美好生活。

作者简介

赵安然，广州岭南文化研究会项目总监，广州市社会科学院城市文化研究所客座研究员

陈雅涵，广州市社科院城市文化研究所助理研究员、博士

柳立子，广州市社科院城市文化研究所所长、研究员、博士

广式生活文化基因的读取与传承

陶乃韩　柳立子　陈　馨

摘要： 本文以拥有2200余年建城史的广州为研究对象，通过城市文化基因的视角系统解析广府文化特质的形成机制与传承路径。研究表明，"勇于尝鲜"的创新精神、"利民厚生"的人本理念、"中和通达"的包容品格以及"乐天自得"的生活哲学，串联了广州独特的历史记忆，共同构成了贯穿广州城市发展脉络的核心文化基因群。这些文化基因通过历史自然积累和动态演化机制，在生活习俗、贸易实践等维度实现自我调适与迭代更新，延续着广州人的集体记忆和文化认同。本研究为理解岭南文化演进提供了理论基础，也为当代城市文化建设中的传统基因活化策略提供了依据。

关键词： 广式；城市生活方式；文化基因；文化传承

"广式"已然是一个很深入人心的词语，一百度"广式"就自动关联出各种各样的以广州为核心的岭南地域生活元素和场景，比如广式煲汤、广式凉茶、广式餐饮、广式家居、广式时装、广式音乐茶座、广式商住楼、广式服务，而且都代表一种较高品质的指向。实际上这些都是以广州为核心的岭南地域人群在所处的地域范围内，千百年来对美好生活的向往和追求的累积，从而带着明显区别于其他地域的演变文脉和特质，并持续为岭南地域人群提供着共同的生活行动指南。岭南地域人群也正是在这样

气

韵

的生活传承与文化认同中繁衍生息，不断实现与探求着个人、群体乃至城市的生命价值与存在意义，由此岭南文化不仅收录在地域研究的书籍文字里，收藏在当地博物馆的文物里，更体现和贯穿于岭南居民独具特色的广式日常生活的细节里。

作为"文化研究"奠基者的英国学者雷蒙德·威廉斯提出，文化是整个生活方式，打破了文化是少数人专属的观念，将文化研究引入日常生活和实践之中，使文化真正成为普通人的文化。[①]我国著名学者梁漱溟也说，文化"不过是那一民族生活的样法"[②]。岭南文化，千年根脉传承不断，总体经历了本根文化孕育期、百越文化共融期、汉越文化融合期、中西文化碰撞期和现当代文化发展期等五个时期的持续沉淀与创新传承。多元类型的文化基因穿越时空稳定贯通，在历史演化中不断调节完善，延续着广式生活的悠远记忆和深沉眷恋。本文尝试提取出"勇于尝鲜""厚生重情""中和通达""乐天自得"等四个文化基因，对广式生活展开单元式、片段式解读。

一、勇于尝鲜：多元文化交融汇聚的胆识智慧

"勇于尝鲜"是指岭南人在特殊关键历史节点，总能够看清潮流、把准关键、撷取真味的文化基因，是广式生活直觉敏锐、入时创新特质的表征。

---

① [英] 雷蒙德·威廉斯：《文化与社会》，吴松江、张文定译，北京大学出版社，1991年，第18—19页。雷蒙德·威廉斯深入剖析了"文化"一词的多重含义及其演变，指出关于文化存在五个层面的理解：1.文化是心灵的普遍状态或习惯；2.文化是整个社会中知识发展的普遍状态；3.文化是各种艺术的普遍状态；4.文化是物质、知识与精神所构成的整个生活方式；5.文化后来还成为引发敌意或令人困惑的字眼。在该书中，雷蒙德·威廉斯特别赞同文化作为整个生活方式的看法，这一观点对后来的文化研究产生了巨大影响。
② 梁漱溟：《东西文化及其哲学》，上海人民出版社，2006年，第31页。

　　鲜是指"味美的食物""最佳的状态"，岭南人的"勇于尝鲜"最直接源自其特殊的地域环境。南越先人们面对天气复杂多变、环境湿热又富饶多产的自然环境，面对数量品种众多的生鲜猛怪，"敢鲜"有一种豪气，"识鲜"是一种智慧。同时深受中原传统优秀文化熏陶，比如"治国如烹鲜"就强调成事的核心要义是恰到好处，既要把握趋势又要讲究方法。再经过中西文化交汇中各种"折中中西、中西结合"的长期实践，深融发展出一种敢于并善于抓住时机的创造力和更新力，综合造就出"既锐意进取、又尝鲜知止"的广式生活基因，并活跃在每一个岭南人的血脉中。

　　岭南人也正是因为始终坚信并不断实践着"尝鲜者日新，日新者有成"的信条，乐于自我更新、敢于推陈出新、勇于求新进取，才能在历史大潮中不断调适自身、与时俱进，以常新的精神推动地区的持续发展。从秦汉时期的贸易都会开始，到唐宋成为海上贸易中心，到清代一口通商独占对外贸易，再到引领近现代工业和技术转型，在不同的历史时期，以广州为核心的岭南地区始终保持着勇于融入时代的状态，展现出"勇于尝鲜"的创新态度和"日新其德"的进取精神，推动着该地的持续繁荣与创新发展。

　　需要特别指出的是，岭南人呈现"勇于尝鲜"进取精神的同时，更懂得"善鲜者知止，知止有度"。"鲜"机稍纵即逝，合于时令的时物、合于时务的时事才够"鲜"，知"进"识"退"、知"取"敢"舍"，才真正"敢行人所不敢行"，也才真正拥有进退有度、取舍有道的游刃有余。这种价值观念和行为尺度总会展现出岭南人特有的一种日常批判智慧，显现为在各种大事小情处置上的一种收摄能力。以南宋名相崔与之、南宋探花李昂英、明代著名思想家陈白沙等为代表的众多岭南历史文化名人，总能在大是大非面前坚持己见，但遇事不可行之时就激流勇退，另图报国为民途径。明代广州大儒湛甘泉就曾说，"不识时，是不识道也"，"随时者道也，

气
韵

生今之世，反古之道，灾必逮夫身”。[①]

　　这种“不陷溺其中”的理性处事风格和生活态度，是岭南人“勇于尝鲜”文化基因的一体两面之呈现，与时偕行，争鲜而不泥，是在长期面对多元化选择前保持开放性和独立性的逻辑自洽。以明清的书院教育改革及至延续近代的学校改革为例，无一不体现出岭南人一贯革新求变的理想与实践。在明代，大儒湛甘泉于官学体系外创建了大量书院来传播具有时代先进性的陈湛心学，促进了岭南书院和明代书院的大发展，也为岭南地区书院在晚清数量位居全国前列奠定了基础。清末民初，广州教育发展更是大有日新之势。如作为广东海防教育发端的广东实学馆，先后历经三任两广总督持续努力：刘坤一捐资15万两银筹备；张树声悉心兴建、病危遗折仍坚持不渝；张之洞先改名博学馆，再扩建成广东水陆师学堂；与张之洞创办伊始就新设外语和数学的广雅书院，同为广州大力兴办新式教育的出发点，成为我国辛亥革命前教育改革的典范。如南武学堂首设体育课程，开男女同校之先河，与外国人在广州创办真光书院、南华医学堂等，积极传播新科学技术。除此之外，广州还积极兴办幼儿教育，新学普遍实施“六三三学制”、课程表制度、家访制度等，之后陆续普及至全国，部分制度影响至今。这些都是岭南人“勇于尝鲜”精神的体现，是建立在岭南人寄望生活不断变得更美好的内驱力基础之上的。

二、厚生重情：汉越文化双向强化的本真升华

　　“厚生重情”是指岭南文化中好生乐生、热爱生活、讲究情意的文化基因，是广式生活平民性、民生性、务实性特质的表征。

　　岭南本根文化从发展源起就遵循男女平等、百越和融，先民早期的土

---

① 湛若水：《湛若水全集》，上海古籍出版社，2020年，第15册，第273页。

著生活保有成员关系的平等、氏族部落的平等，没有中原封建社会那样的严格等级制度。这作为一种社会生产和文化生活的氛围，长远影响着岭南地区的文化特质。再加上岭南先民由农耕与渔猎并存的生活经验中发展出来的人与自然、人与人之间的和谐相处理念，使得广式生活更注重个体间的平等与互助。依水而居、看天吃饭的生存体验让岭南人非常重视日常生活与生计保障，也更注重家庭关系的维持和相互依存，表现出较强的、自发式的伦理价值观念，这是根植于岭南人的日常生活经验之中的本能性文化基因传承。

在相当长的历史时期，岭南一直处于中华文明的边缘地带，原住民都是努力"揾食"的普通人。而岭南历史上也经历了漫长的来自中原或北部区域的民户南迁，其中包括相当数量的"谪徙民""罪官""贾人"的迁移输入。禅宗六祖惠能大师就在《坛经》中自我介绍，"惠能严父，本贯范阳，左降流于岭南，作新州百姓"。[①]六祖惠能就是贬官的后裔，言语间透着岭南百姓面对身世变迁之后心境平和、看重生活、回归民本的自信与达观。惠能求法时，他师傅对他说："汝是岭南人，又是獦獠，若为堪作佛？"[②]对"獦獠"这样带有一定蔑称的说法，惠能并不介意，也没有因此自弃自屈，而是不卑不亢地说："人虽有南北，佛性本无南北；獦獠身与和尚不同，佛性有何差别？"[③]

随着中原文化不断传入，中华文化传统中一直存在着的"好生乐生"的"民本论"思维，进一步强化了岭南的人文基础。中原文化从来都把繁衍后代、生生不息视为一种责任和伦理，把一切能使之生、利于生的事物都看成好的、有价值的。自南宋广州崔与之成为徒步千里到南宋都城临安入太学并考中进士的第一人以后，岭南文化精英积极汲取了这个大传统中

气
韵

---

① 惠能：《坛经》，中华书局，2013年，第2页。
② 惠能：《坛经》，中华书局，2013年，第7页。
③ 惠能：《坛经》，中华书局，2013年，第7—8页。

的"敬德保民"精神，通过自己的实践和理论，将"安民、利民、惠民、养民、为民"的民本思想内化为岭南文脉中为知识精神阶层所禀持的思想观念。从李昂英的"惠利生民为先"①、湛甘泉的"天下民庶，实为邦本"②，到康有为的"仁者，在天为生生之理，在人为博爱之德"③、孙中山的"民生就是人民的生活——社会的生存、国民的生计、群众的生命便是"④，这些引领时代的思想，既带着岭南人特有的朴素价值情感，更浸润着深厚的中华文化传统中民本论、民生论的因子。

广州的千年商都地位，自有其天然地理环境作为基础，更由其社会文化心理造成。在岭南，社会上下几乎不存在轻商观念，文化精英阶层也非常重视民间生计，注重对百姓生计呼声的响应，而不是执着于某种特定的意识形态或者学术意见。崔与之称"无以学术杀天下后世"⑤，湛甘泉说"凡人心所愿欲的勾当，这便是善"⑥，李昂英说到惠能以卖柴供养他母亲为生时称"毕竟单传端的处，卖薪供母是心源"⑦。在这样的城市社会中，精英商贾有着较大的发展空间，普通民众也具有大量的商业发展机会，政府与市民在鼓励民生方面容易达成共识。南宋时，广州曾创造性地设立了备安库，政府将公共财政备安库的资金低息贷与民众，让民众有营生发展的资本，政府财政也有收入，从而形成良性互动。这样的价值选择和文化氛围，背后是岭南文脉对人伦日常和民生日用的正视，从而成为延续在广式生活中的一种厚生重情的传统。

---

① 李昂英：《文溪存稿》，暨南大学出版社，1994年，第42页。
② 湛若水：《湛若水全集》，上海古籍出版社，2020年，第12册，第11页。
③ 康有为：《康有为全集》，中国人民大学出版社，2007年，第5集，第379页。
④ 孙中山：《孙中山全集》，中华书局，1986年，第355页。
⑤ 崔与之：《宋丞相崔清献公全录》，广东人民出版社，2008年，第170页。
⑥ 湛若水：《湛若水全集》，上海古籍出版社，2020年，第12册，第246页。
⑦ 李昂英：《文溪存稿》，暨南大学出版社，1994年，第182—183页。

三、中和通达：海洋贸易实践锻铸的应变理性

"中和通达"是指岭南文化中通达知变、开放包容、和合共赢的文化基因，是广式生活包容性、开放性、调和性特质的表征。

岭南文化发育早期，特别相对于中原文化而言，是一种后发式、边缘性的文明形态，在长期的百越和融、多次的中原人口规模化输入的过程中，不断提升自身社会经济能力和文化发展水平，客观上养成了从外来文化中吸收精华的内驱力和扩容度。及至海外文化随商贸往来输入时，岭南文脉中这种见多不怪、宽广包容的视野与心态，让岭南人得以与海外文化自主平等地和融交往，并在日常生活、风俗习惯、商贸交往等各个方面展现出较强的相互尊重、灵活应对、平衡和谐、互惠互利的能力与状态，自发地生出一种"海国超迈之意量"。

位于南海之滨的岭南，据有重要的海洋地理位置，既受到中外各地文化的影响，也乘风远航，影响着海外的文化。古代历朝政府也愿意将岭南这个"荒服"作为外贸的安全试验带、文化的缓冲隔离区，这使广州在中国的朝代更替中，成为世界历史上唯一千年不衰的商都港城，在不同历史时期都是我国外国人居住和出入最多的城市之一。因此，在与来自世界各地不同种族、不同信仰的人打交道的过程中，广州人民不容易被某种见解或眼光绑定，面对不同的文化或现象，也容易取其所长，而不囿于其所短，杂糅而和会之。

正如梁启超所说，"海也者，能发人进取之雄心者也。……久于海上者，能使其精神日以勇猛，日以高尚，此古来濒海之民所以比于陆居者活气较胜，进取较锐"[1]。也正是海洋带来的"活气"与"进取"，使岭南人在与众多前来广州经商或借路广州的外来商人、宗教人士、官员等在经营与

---

[1] 梁启超：《梁启超全集》，中国人民大学出版社，2018年，第2集，第482页。

文化等多维度的接触中，形成包容性和开放性强的"中和通达"的能力，也越发认识到吸收有益的外来文化的作用和意义。因此岭南人总体给人温和、"凡事好商量"的印象，乐于关注他人的需要，注意尊重他人的禁忌，保持礼貌待人与适当的交往距离，尽量避免激烈冲突和不必要的对抗。

在商业实践中，岭南人强调诚实守信、和合共赢，崇尚和气生财、互惠互利，乐于通过"讲数"来化解冲突、解决问题。因此岭南人注重发展长期合作关系，注意通过友好协商、取之有节、互惠共赢的合作方式，构建持久而稳定的商业伙伴关系。在商人之间、客商之间建立和谐的、可持续的商业合作关系，对"捞一票走人"有一种文化内源性反感，既有坚守，也有变通，注重灵活便捷，尽量和谐共生。以清代广州十三行为最突出代表，作为官方特许的对外贸易商行，对外与外国商人交易，对内协助清政府管理外商，并从中斡旋解决贸易、民事、政治等中外纠纷，与政府一道建立起"以官制商，以商制夷"的对外交流贸易模式，成就了"金山珠海，天子南库"的兴盛局面。这种模式下，十三行作为介于官与民之间、在夹缝中求生存的半官半商性质的商人群体，其顺畅运作殊为不易，是需要超常的商业智慧、契约精神和应变能力的。行商们也正是以这种超凡的气魄和卓殊的能力，在商贸合作过程中，充分重视情感交流、强调人格尊严，在有特殊需要时不囿于一隅、不执于一端，以责任担当赢得清政府的充分信赖，以人格品质得到外国客商的十足信任，使得广州国际商贸业得以迅猛发展，有力推进中西贸易和文化交流，"十三行"也因此成为中外贸易影响深远的招牌。这都有赖于广式生活"变通求存"的社会文化基础，更是广州商业千年不衰的一个文化内因的表现。

四、乐天自得：率真平易生命价值的精神理想

"乐天自得"指岭南文化中乐天达观、活在当下、自信自适的文化基

因，是广式生活悦乐性、现实性、自主性的表征。

"乐天"根植于岭南人对宇宙、自然、环境和天人关系的深刻理解和尊重，是交融汇通儒释道不同观点的实践性智慧。岭南地域独特的自然环境，如丰富的水系、温暖的气候、繁茂的植被、富饶的物产，为人与自然提供了一种只要和谐共生就生活富足的物质前提。由此广式生活最理想的状态是人与自然和谐共处，实现人的自然、悦乐的生活状态，展现了广式生活深厚的生态智慧和对自然环境的深刻理解。比如岭南饮食上崇尚食材的原汁原味，通过简约的烹饪手法保留食材的本质味道；岭南建筑上，岭南传统建筑相当重视与自然的协调，讲求通风、采光，与自然亲近。岭南人在面对自然变化和社会变迁时，总能够保持一种平和、乐观的心态，不强求、不抗拒，通过顺应和适应形成自己强大的生命力和竞争力。而这种心性自然与人文自然，将天地自然与人的心灵的自然、本真的状态进行了贯通，突出了人的主体性和精神性，造就了岭南人独特的乐观精神。这样的自然观是过去哲学思想观念的集大成者，也强化了广式生活鲜明的、乐天达观的思想脉络。

"乐天"在中华传统文化的脉络中有深刻的历史渊源和义涵，指向天人合一的境界追求和哲学观。中国文化的主体是以儒家为代表的礼乐文化，"乐文化"是其中的重要支柱。当代中国思想家李泽厚认为，相较于国外的耻感文化和罪感文化，中国文化是一种乐感文化。《礼记·乐记》曰："乐（yue）者，乐（le）也。君子乐得其道，小人乐得其欲。"显然"乐文化"并不是单纯地指音乐，而是指以悦乐的"乐"为本质，与人心以至于万物的感动、感通，与人格的养成紧密联系在一起的乐感文化或美学文化。孔子认为自己是"发愤忘食，乐以忘忧，不知老之将至云尔"。孔子弟子"亚圣"颜回，箪食瓢饮，不改其乐。这说明中国以儒家为代表的礼乐文化所倡导的生活方式是悦乐相伴的，是一种重视人的美好悦意生活境界和安乐和谐人格养成的文化系统。所以岭南"乐"文化基因就具有了儒家文化"乐天"的因子，它不是一般人理解的肤浅的享乐主义、乐观主义，而是有深层历史文脉支撑，有"乐天成身""乐天知命"等深刻的生存论和文化论基础的。除了儒家文化的影响，广式生活中的"乐天"还具有丰富的道家思想元素、禅宗思想元素，是与岭南先民的旷达天性联系在一起，与岭南自然环境、历史文化、城市生活实践联系在一起的。其表现出来的是一种达观的顺应自然、追求与自然和谐共生的生活哲学，强调人应在顺应天道、敬天、保民、利物的生存状态中寻找天人和谐同一的生活的意义和价值。

"自得"是岭南地域人群主体性意识高扬的一种呈现。这一方面与岭南地区较早进入商品经济繁荣发展的潮流之中，与中国自明代开始的早期现代化有密切联系，从而使岭南人展现出较强的主体性意识；另一方面也与岭南地区在地理上、历史上一直处于中外文化的交汇前沿地有关，多元文化交汇的结果导致主体的独立性较强。岭南人在与外部世界的频繁交流与贸易交往中，不管时代如何变迁，始终注重保有自主发展的能力，发展出较强的市场意识与主观能动性，从而造就了其自主独立、自信自适和机敏达观的个性。岭南人的务实低调、不盲目随大流、不无意义攀比，皆源自这种对内心的自得悦乐、精神的舒张有度、主体的自立自主的追求。

陈白沙说："自得者，不累于外物，不累于耳目，不累于造次颠沛，鸢飞鱼跃，其机在我。知此者谓之善学，不知此者虽学无益也。"[1]只有获得真正的内在满足的自得之乐，人们才可能实现持续的、稳定的"乐"，在工作、生活、休闲、交往等方方面面获得意义满足与和谐之乐。岭南人的这种松弛感和悦乐观，使他们即使在面对生活中的困难和挑战时，也

---

[1] 陈献章:《陈献章集》，中华书局，1987，下册，第825页。

能保持乐观平和心态，积极从容应对，在变化中寻找稳定，于平凡中见精彩，实现心灵的自适和满足。粤语中有一个"好得意"的口头表达，是岭南人日常生活中常用来传达"惬意幸福"的特定短语：自适其志、乐得意趣，是一种发自内心的满足状态，其实更是一种对生活的热爱、对美好事物的欣赏和享受，也是广州人独特的生活哲学。广州又叫花城，这不仅仅是因为广州气候环境适宜花卉生长，关键是广州人乐意在种植鲜花和植物中收获一份自得其意的闲适。通过在庭院或阳台、路边或家中莳花养草，体会其中的生意和自然气息，享受健康与放松。总体来说，岭南人善于发现和感受日常生活中的美好，也善于在日常生活中享受放松，一顿餐食、一盆鲜花、一场粤剧、一笔交易，都能成为岭南人"好得意"的缘由和感叹，既自我满足，又不吝于赞扬，人们无时无处不感受到生活的乐趣和美好。

广式生活"乐天自得"的文化基因可以看作是对中华"乐文化""乐感文化"的一种文化继承，并且通过本土化实践与发展，表现出具有自身理论和实践特色的广式"乐文化"。在理论上，岭南文化发展出以陈白沙、湛甘泉的陈湛心学为代表的以自得之乐、自然之乐为特点的思想学说，敏感地抓住了中国传统文化中自有的世俗化、主体性的历史发展方向，将"乐文化"与岭南人的生活实践结合在一起，与人的超脱束缚的本真状态联系在一起，从而发展出具有广式生活气质的"乐文化"思想观念，深刻地影响了岭南文脉的发展。在实践上，岭南人不断提升物质与精神文化层面的创造能力，使得人们在社会生活中普遍表现出鲜明的"乐生敬业"品质。粤语有句"辛苦搵嚟自在食"的俗语，意思是辛辛苦苦赚钱就是为了舒舒服服地吃，广东人普遍信奉"忙忙碌碌赚钱，开开心心花钱"。工作中很勤劳，很有紧迫感，很讲求效率，每天努力赚钱，甚至习惯"炒更"，

气
韵

干副业，接私活，或身兼多职，目的是赚得丰厚的收入和达到高质量的生活水准。改革开放之初，勤劳的农民种地就像变幻魔术，他们根据市场行情安排生产，今年栽花卉，明年就把苗圃变成鱼塘，再下一年可能又填了鱼塘种上无公害蔬菜；国企改革下岗的工人会去卖蔬菜开铺面做小本生意，或发挥一星半点的特长去教授儿童书法、办技能班或自行创业。勤力敬业之外，岭南人也从来都很善于享受其从财物富足和经济独立中获得的存在感和价值感，追求从日用常行与人间烟火中实现人生意义、事业价值，注重珍惜当下，推崇享受人生。所以岭南人的热爱生活从"叹早茶"开始，"叹"是粤语俗语，即享受之意，"叹茶"即是一种享受。"叹茶"的茶楼一开始只是肩挑负贩者歇脚去处，但因为茶楼人气聚集，很快成为商贸发达的岭南地区各行各业买卖斟盘洽谈和互通信息的地方，工作和休闲两不误的"叹茶"逐渐成为广式生活的一大重要特色。之后"叹茶"被精明的商家从早茶延伸经营出下午茶和夜茶，再加上午饭、晚餐和消夜，在广州，一天二十四小时可以随处找到资讯交流、社群聚会、商务谈判、自我夸饰、消遣娱乐、扩展人际关系、舒缓生活压力的消费场所和社交平台。岭南人这种"带着享乐情怀搏命揾钱"，务实追求舒适、快乐、美好的生活的群体性思维模式和行为倾向，使广州的日常生活处处充满着活力，处处洋溢着祥和。

广式生活文化基因，是对生物学概念的借用，是岭南地域人群通过先天遗传和后天习得，主动或被动、自觉与不自觉地置入地域建设和发展过程中的信息单元及链路，反映着岭南地域不同历史时期文化发展演进的内在逻辑，体现出当代人对待城市历史文化的立场和态度。也正是因为这些文化基因具有的坚韧性和包容性，其组成要素在系统内部和系统之间从不会停止物质、能量、信息的交换，而是历经时代的变迁而不断进化，并不断反映在城市形态发展及城市特色形成中。尽管广式生活文化基因难以用数据量化与比较，却在岭南文脉发展中直观呈现，见证城市历史、代表城市现在、指引城市未来，并不断串联起岭南既国际、又乡土，既现代、又传统，既温柔、又刚劲，既闲适、又奋斗的前世今生，还有未来。

气
韵

作者简介

陶乃韩，广州市社科院城市文化研究所助理研究员、博士

柳立子，广州市社科院城市文化研究所所长、研究员、博士

陈馨，广州市文物考古研究院文化遗产保护研究部主任、副研究馆员